Mit dem Herzen sehen

Wilfried Härle
Ilze Ķezbere-Härle

Mit dem Herzen sehen

Predigten für das ganze Kirchenjahr

Mit einer kurzen Anleitung zur Erarbeitung
von Predigten über biblische Texte

EVANGELISCHE VERLAGSANSTALT
Leipzig

Bibliographische Information der Deutschen Nationalbibliothek
Die Deutsche Nationalbibliothek verzeichnet diese Publikation in
der Deutschen Nationalbibliografie; detaillierte bibliografische Daten
sind im Internet über ‹http://dnb.dnb.de› abrufbar.

2., verb. Aufl. 2016
© 2015 by Evangelische Verlagsanstalt GmbH, Leipzig
Printed in Germany · H 7951

Gedruckt auf alterungsbeständigem Papier

Cover: Kai-Michael Gustmann
Coverbild: Reformationsaltar, Lucas Cranach d. Ä. und d. J., Stadtkirche
        St. Marien Wittenberg, Predella: Die evangelische Predigt (Ausschnitt)
Satz: Evangelische Verlagsanstalt, Leipzig
Druck und Binden: Hubert & Co., Göttingen

ISBN 978-3-374-04234-0
www.eva-leipzig.de

Einleitung

Oft bin ich gefragt worden, ob man meine Predigten nicht auch in schriftlicher Fassung bekommen könne, sei es als Predigtmanuskripte, sei es in einem ganzen Predigtband. Von dringenden Fällen abgesehen, habe ich das immer abgelehnt, weil ich meine Predigten zwar gründlich schriftlich vorbereite, dann aber ganz frei halte. Und dabei entstehen sie erst in ihrer endgültigen Fassung – gewissermaßen im Austausch mit der Gemeinde. Wenn ich dann auf Bitten hin doch gelegentlich den Versuch unternommen habe, nachträglich die tatsächlich gehaltene Predigt in Schriftform zu bringen, fand ich das immer unbefriedigend. Die schriftliche Fassung wirkte auf mich wie eine Röntgenaufnahme im Vergleich zu einer Fotografie.

Das hat sich aber – ich weiß selbst nicht genau, wodurch – in den zurückliegenden Jahren allmählich verändert. Ohne dass ich auf den freien Predigtvortrag verzichten muss(te), bekamen die schriftlichen Fassungen immer größere Ähnlichkeit zum gesprochenen Wort. Und damit verlor ich nach und nach die Hemmung, meine schriftlichen Predigten aus der Hand zu geben. Und dasselbe gilt für die Predigten meiner Ehefrau. In unserer jetzigen (neben)beruflichen Tätigkeit als Seelsorger an zwei Seniorenwohnstiften des Augustinum in Stuttgart ist das ein großer Gewinn. So können wir unsere Predigtmanuskripte an

Bewohner weitergeben, die aus gesundheitlichen Gründen nicht am Gottesdienst teilnehmen können oder die das Gehörte gerne noch einmal in Ruhe nachlesen möchten. Deshalb widmen wir diesen Predigtband den Bewohnern unserer Wohnstifte sowie den Mitarbeitern und den Direktoren, Petra Hellenthal und Markus Burgmeier, die unsere Arbeit als Seelsorger stets tatkräftig unterstützen.

Der Band ist vor allem für Personen gedacht, die sich intensiver mit der *biblischen Überlieferung* und dem *christlichen Glauben* beschäftigen möchten oder die gelegentlich oder regelmäßig Lesepredigten zu halten haben und dafür geeignete Texte suchen. Und selbst Pfarrer(innen) kommen immer wieder einmal in die Lage, dass sie – z. B. wegen eines Krankheitsfalles – ganz kurzfristig einspringen und einen kompletten Gottesdienst halten müssen, auf den sie sich nicht in Ruhe vorbereiten konnten. Dafür sollten sie dann in diesem Band alle Texte, die sie benötigen – abgesehen von den Gebeten – gebrauchsfertig vorfinden. Das bedeutet auch, dass allen hier veröffentlichten Predigten passende Gesangbuchlieder, Wochenpsalmen und Schriftlesungen beigefügt sind.

Das hat überdies den Vorteil, dass Menschen für sich allein oder im Familienkreis nicht nur eine Predigt lesen, sondern auch den Gottesdienst aus der Ferne mitfeiern können. Dem dienen auch die jeweils angegebenen *beiden* Schriftlesungen. Für die evangelische Kirche, die sich selbst als „Kirche des Wortes" versteht, wäre es ein Gewinn, wenn wieder in jedem Gottesdienst ein alttestamentlicher Text, eine neutestamentliche Epistel und ein Evangelientext zu

Gehör kämen. Das könnten wir von der römisch-katholischen Kirche lernen.

Über die genannten Verwendungszwecke hinaus kann ich mir gut vorstellen, dass Prediger(innen), die sich mit einem bestimmten Text oder Fest des Kirchenjahres schwer tun, hier Anregungen finden können, die sie mehr oder weniger (un)verändert in einer eigenen Predigt *verarbeiten* oder als eigene Predigten *übernehmen*. Mit der Veröffentlichung dieses Bandes sind die darin enthaltenen Predigten insofern zum Allgemeingut geworden, als sie ungehemmt benutzt werden können und sollen. Alle Predigten und Gottesdienstelemente wurden in der Praxis erprobt und bieten insofern eine gewisse „Gewähr".

Die meisten Predigten entstanden in diesem Jahrhundert. Davon macht nur *eine* Predigt eine deutliche Ausnahme. Bei der Vorbereitung dieses Bandes fand ich die Predigt wieder, die ich vor mehr als 50 Jahren als meine erste Predigt im Theologiestudium verfertigt und eingereicht hatte. Und da ich mich mit ihr – zu meiner eigenen Überraschung – noch gut identifizieren kann, habe ich sie mit in diesen Band aufgenommen. An *einem* altertümlichen Wort, das mehrfach in ihr vorkommt, erkennt man, dass sie schon vor langer Zeit entstanden sein muss.

Dieser Predigtband ist in zweierlei Hinsicht eine *Gemeinschaftsarbeit* zwischen meiner Ehefrau, Dr. Ilze Ķezbere-Härle, und mir. Zum einen haben wir fast alle Predigten während ihrer Entstehung miteinander besprochen und waren wechselseitig unsere ersten Predigthörer. Zum anderen stammen vier Predigten ganz von meiner Frau, und zwar die Predigten zu *Silvester, Epiphanias, Gründonnerstag* und *Karfreitag* („Teure Gnade"). Angesichts des Anteils am Gesamtumfang bezeichnet sie diese vier Predigten gerne als ihren „Zehnten".

In den Predigten kommen häufig Klammerzeichen vor. Meist umschließen sie Bibelstellen oder knappe Literaturangaben, die der Information dienen, aber im Gottesdienst *nicht* vorgelesen werden sollten. Gelegentlich stehen in den Klammern auch kurze Textstücke, auf die man beim Vorlesen verzichten kann, wenn man das möchte, ohne dass dadurch der Sinnzusammenhang gestört wird oder verloren geht.

Das Verzeichnis der *Bibelstellen* dient dazu, einerseits die Predigttexte anhand der fettgedruckten Stellenangaben „auf einen Blick" zu finden und andererseits auch solche Bibelstellen zu entdecken, die in Predigten vorkommen, ohne dass sie selbst Predigttexte oder Teile davon sind.

Verlegerisch ist die Veröffentlichung von Predigtbänden im Allgemeinen ein Risiko. Dass die Evangelische Verlagsanstalt dieses Risiko ohne zu zögern eingegangen ist, verdanken wir Frau Dr. Annette Weidhas. Von ihr stammt auch die Idee, dem Predigtband eine kurze Anleitung zur Erarbeitung von Predigten über biblische Texte beizufügen. Ich habe diese Anregung gerne aufgenommen, weil damit einerseits unsere eigene Arbeitsmethode durchsichtig wird und andererseits vielleicht ein kleiner Beitrag dazu geleistet werden kann, auch Menschen, die kein Theologiestudium absolviert haben oder deren Studium schon weit zurück liegt, zur Schriftauslegung zu ermutigen. Diese sollten sich vom Zutrauen in den Reichtum der biblischen Botschaft und in die Ergiebigkeit des Wortlauts der biblischen Texte inspirieren lassen.

Zu danken haben wir als Autoren zusammen mit dem Verlag für die Bereitschaft mehrerer Landeskirchen bzw. Dekanate und des Augustinum, München, durch Mindestabnahmen einen erheblichen Beitrag zur Wirtschaftlichkeit dieses publizistischen Vorhabens zu leisten. Dafür sei namentlich (in alphabetischer Reihenfolge) gedankt: Frau Dr. Christiane Braungart, Herrn Vizepräsident Dr. Friedrich Hauschildt, Herrn Pfarrer Randolf Herrmann, Herrn OKR Dr. Matthias Kreplin, Herrn Schuldekan Herbert Kumpf, Herrn Prof. Dr. Markus Rückert, Herrn Dekan Klaus Schlicke, Frau Pfarrerin Irene Silbermann, Herrn Dekan Hans Stiegler, Herrn OKR Dr. Eberhard Stock und Herrn Dekan Volker Teich.

Danken möchten meine Frau und ich ferner Frau Pfarrerin Iris Habersack, die – wie schon bei einem früheren Anlass – die Last des Korrekturlesens mit uns geteilt hat. Damit sind auch diesem Buch ihr genauer Blick und ihr Urteilsvermögen zugute gekommen.

Der Titel dieses Predigtbandes („Mit dem Herzen sehen") kommt sinngemäß in mehreren Predigten vor (S. 103, 179 f. u. 314). Er hat seine Wurzeln sowohl in den „erleuchteten Augen des Herzens", von denen in Epheser 1,18 die Rede ist, als auch in der ebenso wahren wie schönen Aussage des Kleinen Prinzen von Saint-Exupéry: „Man sieht nur mit dem Herzen gut. Das Wesentliche ist für die Augen unsichtbar." Und beides passt gut zu der grundlegenden alttestamentlichen Aussage aus 1. Samuel 16,7: „Ein Mensch sieht, was vor Augen ist; der Herr aber sieht das Herz an."

Die zunehmende digitale Kommunikation in unserer Lebenswelt ist für ein solches Sehen mit dem Herzen nicht unbedingt förderlich. Deshalb sollten viele Möglichkeiten geboten werden, es neu zu entdecken und einzuüben. Predigten über biblische Texte bieten dafür eine gute Hilfe.

Ostfildern, Pfingsten 2015
Wilfried Härle

Inhalt

Der sanftmütige König

Predigttext: Matthäus 21,1–11

Als sie nun in die Nähe von Jerusalem kamen, nach Betfage an den Ölberg, sandte Jesus zwei Jünger voraus und sprach zu ihnen: Geht hin in das Dorf, das vor euch liegt, und gleich werdet ihr eine Eselin angebunden finden und ein Füllen bei ihr; bindet sie los und führt sie zu mir! Und wenn euch jemand etwas sagen wird, so sprecht: Der Herr bedarf ihrer. Sogleich wird er sie euch überlassen. Das geschah aber, damit erfüllt würde, was gesagt ist durch den Propheten, der da spricht (Sacharja 9,9): »Sagt der Tochter Zion: Siehe, dein König kommt zu dir sanftmütig und reitet auf einem Esel und auf einem Füllen, dem Jungen eines Lasttiers.« Die Jünger gingen hin und taten, wie ihnen Jesus befohlen hatte, und brachten die Eselin und das Füllen und legten ihre Kleider darauf, und er setzte sich darauf. Aber eine sehr große Menge breitete ihre Kleider auf den Weg; andere hieben Zweige von den Bäumen und streuten sie auf den Weg. Die Menge aber, die ihm voranging und nachfolgte, schrie: Hosianna dem Sohn Davids! Gelobt sei, der da kommt in dem Namen des Herrn! Hosianna in der Höhe! Und als er in Jerusalem einzog, erregte sich die ganze Stadt und fragte: Wer ist der? Die Menge aber sprach: Das ist Jesus, der Prophet aus Nazareth in Galiläa.

Liebe Gemeinde,

mit der Erzählung von Jesu Einzug in Jerusalem nach dem Matthäusevangelium beginnt die *Adventszeit*. Mit derselben Erzählung nach dem Johannesevangelium (Joh 12,12–19) wird aber auch am Palmsonntag die *Karwoche* beginnen. Das empfinden viele Menschen, denen das bewusst wird, als eine enorme Spannung, ja geradezu als einen Widerspruch. Worauf sollen wir denn durch diese Erzählung eingestimmt und vorbereitet werden – auf die Geburt Jesu, auf sein Kommen in die Welt und damit auf die *große Freude* von Weihnachten *oder* auf die Passion Jesu, auf sein Leiden und Sterben und auf die damit verbundene *Trauer und Klage*?

Die liturgische Ordnung der Predigttexte entzieht sich diesem „Entweder/Oder", weil sie darauf aufmerksam machen will, dass zwischen beidem, zwischen Krippe und Kreuz, ein tiefer innerer Zusammenhang besteht, der uns leicht aus dem Blick zu geraten droht. Das zeigt sich auch daran, dass wir oft die Adventszeit wie eine vorgezogene Weihnachtszeit empfinden und begehen. Den wenigsten Menschen ist es bewusst, dass die Adventszeit (ebenso wie die Passionszeit) eine Buß- und Fastenzeit ist. Die Erzählung vom Einzug Jesu in Jerusalem stellt uns vor die Herausforderung, diesen Zusammenhang zu bedenken.

Der Schlüssel zum Verstehen dieses Zusammenhangs liegt in einer Eigenart dieser Erzählung, die in den Evangelien geradezu einmalig ist: *Jesus setzt sich in Szene, er verschafft sich einen öffentlichen Auftritt.* Und wir bekommen als Leser und Hörer durch einen Blick hinter die Kulissen Anteil daran, wie Jesus den Einzug in die Hauptstadt bewusst vorbereitet. Jesus benutzt dabei zwei Stellen aus dem Alten Testament, also aus der damaligen Bibel, um das „Drehbuch" für diesen Auftritt zu entwerfen.

Er greift erstens zurück auf die Szene, in der der sterbende Erzvater Jakob einst seinen Sohn und Haupterben Juda segnete (1. Mose 49,10 f.) und sagte: „Es wird das Zepter nicht von Juda weichen noch der Stab des Herrschers von seinen Füßen, bis dass der Held komme, und ihm werden die Völker anhangen. Er wird seinen Esel an den Weinstock binden und seiner Eselin Füllen an die edle Rebe." Dieses Segensmotiv aus der Erzvätergeschichte nimmt unsere Erzählung dort auf, wo Jesus zwei seiner Jünger in das Dorf vorausschickt, um eine angebundene Eselin und ihr Füllen loszubinden und sie zu Jesus zu bringen. Jesus will diese beiden Tiere für seinen Einzug benutzen. Das heißt: Das, was Jakob im Juda-Segen von dem *verheißenen messianischen König* sagt, nimmt Jesus für sich in Anspruch, indem er diese Tiere losbinden und zu sich bringen lässt, um auf ihnen nach Jerusalem einzureiten.

Und fast noch deutlicher ist in unserem Predigttext zweitens die Anspielung auf die Weissagung aus dem Propheten *Sacharja*, die wir vorhin in der alttestamentlichen Schriftlesung gehört haben: „Du, Tochter Zion, freue dich sehr, und du, Tochter Jerusalem, jauchze! Siehe, dein König kommt zu dir, ein Gerechter und ein Helfer, arm und reitet auf einem Esel, auf einem Füllen der Eselin." Matthäus hat diese Weissagung in die Erzählung eingefügt und dazu ausdrücklich bemerkt, das sei geschehen, damit jenes Prophetenwort erfüllt würde. Er nimmt das so wörtlich, dass man den Eindruck bekommen muss, Jesus reite auf beiden Tieren, der Eselin und dem Füllen zugleich, was man sich nur schwer vorstellen kann. Aber so kann man die alttestamentliche Textvorlage missverstehen.

Gerade solche Details zeigen: Hier existiert ein „Drehbuch", und zwar das von dem lange erwarteten, nun endlich kommenden Messias, der die Kampfwagen und Rosse fremder Mächte aus Jerusalem hinauswirft, die Kriegsbogen zerbricht und Frieden bringt für alle Völker. Anhand dieses Drehbuchs inszeniert Jesus seinen Einzug in Jerusalem, und die Menschen verstehen offenbar sofort, was hier „gespielt" wird – auch ohne Worte. Sie reißen sich die Kleider vom Leib, hauen Zweige von den Bäumen, breiten das alles wie einen (roten) Teppich vor Jesus aus und schreien in Sprechchören: „Hosianna dem Sohne Davids! Gelobt sei, der da kommt in dem Namen des Herrn. Hosianna in der Höhe." Indem sie ihn den „Sohn Davids" nennen, der im Namen Gottes kommt, ist klar: Sie haben verstanden, dass der, der hier so einzieht, als der Messias kommt. Wenn das nicht Grund zur Aufregung und zum Jubel ist!? Matthäus schreibt: die ganze Stadt sei in Erregung geraten, und er verwendet dafür das Wort, mit dem man Erdbeben beschreibt, das heißt: die Stadt bebte und erzitterte.

Aber umso mehr fällt das andere, das Spannungsvolle auf: Der Messias kommt – nicht auf einem Schlachtross, sondern auf einem Esel oder sogar Eselsfüllen. Zu einem Angriff gegen die militärische Macht der Römer sind diese Tiere jedenfalls gänzlich ungeeignet. Wahrscheinlich gelingt damit noch nicht einmal eine ordentliche Flucht – besonders wenn man das Störrische dieser Tiere mit in Betracht zieht. Eine Bedrohung geht von ihnen jedenfalls nicht aus.

Und wo sind die *Truppen* dieses Messias? Wo ist sein *Hofstaat*? Wo ist sein *Gefolge*? Sollen das die Fischer aus

Galiläa sein, die ihn begleiten? Will er mit denen die militärische Weltmacht Rom vertreiben und den Frieden bringen? Gehört dazu nicht ein ganz anderer Herr und König als der galiläische Zimmermann, von dem es heißt, er sei „sanftmütig"?

Wenn man das so auf sich wirken lässt, stellt sich irgendwann die Frage: Ist dieser ganze Einzug nicht vielleicht eine Parodie auf die jüdische Messiashoffung? Sollen die alttestamentlichen Weissagungen durch diesen „bettel König", wie Luther ihn genannt hat, nicht geradezu lächerlich gemacht werden? Und ist es nicht tatsächlich Hohn und Spott – auch gemessen an der heutigen Situation im Nahen und Mittleren Osten, in der wir Tag für Tag brutale Morde, Attentate und Gewaltexzesse vorgeführt bekommen –, wenn einer auf einem Esel daherkommt und den Völkern so Frieden bringen will? Ist das nicht ein lächerliches oder gar ein lästerliches Schauspiel?

„Er hat Gott gelästert", wird es wenige Tage später beim Prozess Jesu heißen. Damit ist dann das *Todesurteil* über ihn gesprochen. Und die, die eben noch begeistert „Hosianna" geschrien haben, schreien nun „Kreuzige ihn!" Unversehens ist aus der begeisterten *Prozession* ein tödlich endender *Prozess* geworden.

Die Soldaten werden dabei mit Jesus ihr Messias-Spiel treiben, indem sie den, der eben noch mit Geißeln die Händler und Wechsler aus dem Tempel trieb, selber blutig geißeln, indem sie ihm als Königsschmuck einen Purpurmantel umlegen und eine Dornenkrone aufsetzen und ihn raten lassen: „Wer war es, der dich schlug?" Der als Friedenskönig nach biblischer Verheißung einzog, wird zum Spottkönig, den die Soldaten demütigen, indem sie ihn als der Juden König grüßen. Er, der anderen geholfen hat, kann sich selbst nicht helfen und stirbt mit dem Schrei nach Gott am Kreuz. Hat Jesus die alttestamentliche Weissagung parodiert, und ist dann aus dem Spiel bitterer, tödlicher Ernst geworden?

Im Gegenteil! Er hat die alttestamentliche Weissagung vom Friedenskönig ernst genommen, so ernst, dass er sie buchstäblich auf sich bezogen hat. *Darin* bestand seine angebliche „Gotteslästerung", die ihn das Leben kostete.

In unserem Predigttext schneiden sich zwei Linien, die beide Jesu Leben von Anfang an charakterisieren und bestimmen und ein Kreuz bilden: Die *eine* Linie wird dargestellt durch den *König*titel, den ihm schon die Weisen aus dem Morgenland zum Schrecken von Herodes und ganz Jerusalem zusprachen: „Wo ist der neugeborene König der Juden?" (Mt 2,2 f.) Und am Ende wird über seinem Kreuz auf Anordnung von Pilatus stehen: „Dies ist Jesus, der Juden König". (Mt 27,37) Wie ein senkrecht aufgerichtetes Zeichen begleitet dieser Königstitel das Leben Jesu vom Anfang bis zum Ende, obwohl an ihm doch so wenig Königliches nach menschlichen Maßstäben wahrzunehmen ist.

Und dann gibt es da die andere, die dazu quer verlaufende Linie, für die im Lukasevangelium die Krippe steht, und die Matthäus mit einem Wort bezeichnet, das er besonders liebt: „sanftmütig". So sagt Jesus in seiner anrührenden Einladung an die Mühseligen und Beladenen: „Ich bin sanftmütig und von Herzen demütig; kommt her zu mir, so werdet ihr Ruhe finden für eure Seelen" (Mt 11,28 f.). Und darum preist Jesus in der Bergpredigt die Sanftmütigen. Sie sind selig, „denn sie werden das Erdreich besitzen" (Mt 5,5).

Diese beiden Linien: die *Königs*linie und die Linie der *Sanftmut* schneiden sich in der Erzählung vom Einzug in Jerusalem: „Siehe, dein König kommt zu dir, sanftmütig." Und sie bilden miteinander das Kreuz, an dem der sanftmütige König der Juden wenige Tage später hingerichtet werden wird. Spannungsvoll und paradox ist das allemal, aber gerade deshalb *eine tiefe Wahrheit*. Es waren und sind letztlich immer wieder die *sanftmütigen Könige*, die unsere Welt zum Besseren verändert haben, auch wenn man manchmal lange darauf warten musste.

Von Stalin wird der Spruch überliefert: „Wie viele Bataillone hat der Papst?" Man kann sich das dröhnende Lachen gut vorstellen, das diese rhetorische Frage unter den Generälen Stalins ausgelöst haben wird. Aber die Macht, für die ein Papst wie Johannes Paul II. einstand, brauchte keine Bataillone, sondern den Mut und die Überzeugungskraft des befreienden Wortes, das die Wahrheit spricht, und dem konnte auch ein bis an die Zähne bewaffneter Kommunismus nicht widerstehen.

Das *Warten*, das zum Advent gehört, lohnt sich. Denn: „Siehe, dein König kommt zu dir, ein Gerechter und ein Helfer."

Lieder: EG 1,1–5; EG 13,1–3 oder EG 14,1.2.5; EG 9,1–3.5; EG 421
Wochenpsalm: 24
Schriftlesungen: Sacharja 9,8–10 und Römer 13,8–12

Gott ante portas

„... ante portas"/„vor den Toren" – dieser Ruf, liebe Gemeinde, verheißt normalerweise nichts Gutes – egal, ob
damit, wie im alten Rom, der nordafrikanische Heerführer
Hannibal mit seinen Truppen gemeint war, der die Tore
Roms berannte, oder ob damit – scheinbar heiter – Loriots
„Papa" angekündigt wird, der wegen seiner absurden Spar-
sucht in den vorzeitigen Ruhestand geschickt wird und
nun gegen die häuslichen Türen anrückt. Bedrohlich war
und ist beides – jedenfalls für die Betroffenen, amüsant allenfalls für die Zuschauer.

„Gott ante portas" – klingt das *auch* bedrohlich oder
eher einladend und neugierig machend? Das hängt wohl
davon ab, ob ein Mensch mit dem Wort „Gott" überhaupt
noch etwas, und wenn ja, etwas Positives verbindet und anfangen kann. Manche Menschen haben wohl gar kein Interesse mehr an diesem ungebetenen Gast. Und für die anderen hängt es wohl von ihrem Gottesbild und ihrer Gottesbeziehung ab, was der Gedanke an einen solchen Besuch
bei ihnen auslöst. Beschleicht uns da eher das Gefühl, be-
drängt und bevormundet zu werden, oder Freude, wie das
der Fall ist, wenn wir das Anklopfen eines Gastes hören, den
wir sehnlich erwarten? Dazu hören wir als Predigttext aus
der Offenbarung des Johannes im 3. Kapitel Vers 20:

Siehe, ich stehe vor der Tür und klopfe an. Wenn jemand meine Stimme hören wird und die Tür auftun, zu dem werde ich hineingehen und das Abendmahl mit ihm halten und er mit mir.

Das klingt nicht schlecht: „Ich werde hineingehen und das Mahl mit ihm halten und er mit mir." Also ein gemeinsames Essen, ein richtiggehendes Festmahl wird angekündigt für den Fall, dass die Tür geöffnet wird und dem Anklopfenden Einlass gewährt wird. Und es wird auch klar, *wer* hier spricht und seinen Besuch ankündigt: Es ist der auferstandene Christus, der vor der Türe steht und anklopft. Und hinter der Tür befindet sich offensichtlich die Gemeinde von Laodizea, an die diese Botschaft gerichtet ist. Dass ihr etwas so Positives, Erfreuliches angekündigt wird, ist erstaunlich; denn im Anfangsteil dieses Sendschreibens hat diese Gemeinde ein ganz negatives, geradezu vernichtendes Zeugnis ausgestellt bekommen: Sie sei weder warm noch kalt, sondern lau, und darum werde Christus sie – es klingt fast angeekelt – ausspeien aus seinem Munde. Und noch etwas anderes wird ihr vorgehalten: Sie denke viel zu hoch von sich selber, halte sich für satt und reich, sei der Meinung, nichts zu brauchen, in Wirklichkeit sei sie jedoch elend und jämmerlich, arm, blind und bloß. Selbstgefällige Scheinchristen mit nichts dahinter, so werden die Mitglieder der Gemeinde aus Laodizea beurteilt, und vor deren Tür steht Christus, klopft an und begehrt Einlass!?

Wenn jemand, der so über mich denkt, bei mir anklopft, dann erwarte ich nichts Gutes. Aber der Christus, der hier vor der Tür steht, kündigt eine gemeinsame festliche Mahlzeit an, wenn er nur hereingelassen wird. Das ist schon ein überraschendes Szenario.

Aber unüblich ist auch, dass Christus im Bild eines *Anklopfenden* dargestellt wird, d. h. als einer, der weder durch verschlossene Türen hindurchgeht noch sie mit einem Zauberspruch oder gar mit Gewalt öffnet, sondern vor verschlossenen Türen stehen bleibt, anklopft und darauf wartet und hofft, dass Menschen die Tür öffnen und ihn einlassen. Dieses ausdrucksstarke Bild hat Maler vergangener Jahrhunderte immer wieder dazu veranlasst, diese Szene im Stile ihrer Zeit ins Bild zu setzen.

Was ist so bemerkenswert an diesem Bild vom anklopfenden Christus, durch den Gott selbst zum Menschen kommt?

Erstens: Wer vor einer Türe stehen bleibt und anklopft, *ergreift die Initiative* und gibt zu erkennen, dass er gerne eingelassen werden möchte. Er geht weder an der geschlossenen Türe vorbei noch bleibt er still und tatenlos vor ihr stehen, vielleicht in der Hoffnung, dass die Türe zufällig von selbst geöffnet wird, sondern er signalisiert von sich aus Interesse an einer Begegnung. Der Anklopfende gibt ein deutliches Zeichen dafür, dass er Kontakt sucht und Kontakt aufnehmen will. Die Initiative beim Anklopfen geht von dem aus, der vor der Türe steht, nicht von dem, der sich *hinter* der Türe aufhält. – *Und so kommt Gott!* Es ist ihm nicht gleichgültig, ob es zur Begegnung und Gemeinschaft zwischen ihm und uns kommt. Er *möchte* zu uns kommen.

Zweitens: Wer vor einer Türe stehen bleibt und anklopft, weiß entweder, dass die Türe sich nur von innen öffnen lässt und er deswegen gar keine andere Chance hat, hineinzukommen, oder er beachtet eine elementare Regel der Höflichkeit: Er *respektiert* den Lebensraum oder den Hausfrieden eines anderen Menschen, tritt nicht ein, ohne aufgefordert zu sein. Wer anklopft, anerkennt, dass er kein Recht dazu hat, in das Leben – in den Lebensraum oder in das Innenleben – eines anderen Menschen ohne dessen Erlaubnis einzudringen. Wer anklopft, achtet diese Lebensbereiche, will den anderen Menschen nicht stören, nicht in Verlegenheit bringen oder überrumpeln. – *Und so kommt Gott!* Anklopfend, d. h. er kommt nicht gegen unseren Willen. Er möchte nur Gemeinschaft mit uns haben, wenn wir dazu auch „Ja" sagen.

Drittens: Wer vor einer Türe stehen bleibt und anklopft, muss unter Umständen *warten*, vielleicht sogar lange. Es gibt zwar auch ein rüdes Anklopfen, eher ein Trommeln oder Schlagen gegen Türen, wie bei einer Festnahme, einer Razzia oder einem Überfall. Aber von einem solchen Gott und von einem solchen Anklopfen ist hier nicht die Rede. Dieses Klopfen ist nicht der Auftakt zum Aufbrechen der Tür, sondern ist der Beginn des Wartens, ob da jemand hört und öffnet. Es könnte doch sein, dass gar niemand da ist hinter der Tür oder dass die Person nicht hört oder nicht aufmachen will. Das kennen wir, wenn wir in einem Amt, einer Behörde, einer Klinik vor eine Tür geraten mit dem Schild: „Bitte anklopfen und warten. Erst nach Aufforderung eintreten." Und da klopft man dann und hört vielleicht Stimmen oder auch Gelächter hinter der Tür, aber noch lange kein „Herein!". Je nach Temperament und Einstellung wird man geduldig weiterwarten, noch einmal vernehmlicher klopfen oder schließlich doch den Kopf durch die Türe stecken und fragen, wann es denn endlich weitergehe. Und die Reaktionen darauf können auch sehr unterschiedlich ausfallen. Dieses Wartenmüssen vor Türen empfinden viele Menschen als ärgerlich, ja geradezu als demütigend. Sie fühlen sich abhängig und klein gemacht. – *Und so kommt Gott!* Er kommt in der Rolle des Bittstellers, der eintreten möchte, aber geduldig wartet, bis er eingelassen wird.

Viertens: Wer vor einer Tür stehen bleibt und anklopft, nimmt die Möglichkeit in Kauf, *ausgeschlossen zu bleiben*, keinen Zutritt zu bekommen, abgewiesen zu werden. Ich erinnere mich noch gut daran, wie ich das erste Mal an der Tür zum Kinderzimmer unserer beiden ältesten Kinder, die noch im Vorschulalter waren, anklopfte. Da war so etwas wie ein stolzes Erstaunen in ihrem Gesicht: „Sind wir jetzt schon so groß, dass wir selbst darüber entscheiden können, ob unser Vater in unser Zimmer kommen darf oder nicht!?" Das gibt ein gutes Gefühl, wenn es wirklich ernst gemeint und kein bloßes Spiel ist, das nur so lange gespielt wird, wie die Erwachsenen mit einem „Herein!" sicher rechnen dürfen. Wer im Ernst anklopft und nicht nur spielt, muss mit der Möglichkeit rechnen, dass er ausgeschlossen bleibt, vielleicht für immer. – *Und so kommt Gott!* Er verschafft sich nicht mit Gewalt Zutritt, sondern nimmt es hin und erträgt es, ausgeschlossen zu werden und ausgeschlossen zu bleiben. Ist das nicht ein schwächlicher, ohnmächtiger, geradezu lächerlicher Gott? „Draußen vor der Tür", so hat der 26-jährige Wolfgang Borchert, der an Leib und Seele todkrank aus dem Zweiten Weltkrieg und aus der Kriegsgefangenschaft zurückgekehrt war, diese Situation anhand der Gestalt des Russlandheimkehrers Beckmann eindrucksvoll beschrieben. Und Borchert wagt es, in diesem Stück Gott selbst auftreten zu lassen, einen ohnmächtigen, hilflosen Gott, der weinerlich darüber klagt, dass seine Kinder ihn nicht hören. „Auch Gott steht draußen, und keiner macht ihm mehr eine Tür auf", sagt Beckmann und wendet sich damit enttäuscht von Gott ab und dem Tod zu.

„Wie kann Gott das zulassen?" – „Wenn es einen Gott gäbe, wie könnte er zulassen, dass es in unserer Welt so zugeht?" Ich habe den Eindruck, dass das – von gedankenlosen Redensarten abgesehen – die häufigste Form ist, in der heute nach Gott gefragt wird. Das haben wir alle schon oft *gehört*, vielleicht manchmal selbst *gesagt*, jedenfalls aber *gedacht*. Ein allmächtiger, gütiger, gerechter Gott müsste doch endlich einmal auf den Tisch hauen, Ordnung schaffen, Gut und Böse angemessen belohnen und bestrafen, dürfte sich nicht auf der Nase herumtanzen lassen.

Aber ein Gott, der vor der Tür steht, der anklopft und wartet, weil er nur dann zu uns kommen *will* – oder kommen *kann*? –, wenn er in Freiheit eingelassen und aufgenommen wird, den empfinden viele Menschen als eine schwache, lächerliche, vielleicht sogar verachtenswerte Gestalt. Mit einem solchen Gott können sie nicht viel anfangen, weil er ihrem Gottesbild nicht entspricht, sondern geradezu widerspricht.

Aber kennen wir das nicht aus unseren besten Erfahrungen, dass uns gerade Zuneigung und Liebe dann und deshalb so tief in unserem Herzen erreichen, wenn und weil sie *freiwillig* gegeben werden und nur in Freiheit gegeben und empfangen werden können?

Dieser Predigttext lädt dazu ein, manches mitgebrachte Bild von Gott in Frage zu stellen. Wenn schon in wichtigen zwischenmenschlichen Beziehungen gilt, dass das nichts wert ist, was wir uns mit *Drohung erzwingen*, mit *List aneignen* oder mit *Gewalt nehmen* – wie könnte es da in der grundlegendsten, das Leben tragenden Beziehung zu Gott und in Gottes Beziehung zu uns anders sein?

Dass Gott uns nicht *besiegen*, sondern dass er uns *gewinnen* will, das sagt *mehr* über das Wesen Gottes aus, als man vielleicht auf den ersten Blick erkennt. Es lässt einen Blick in das Herz Gottes tun. *So* ist der Gott, der zu uns kommen will. Er steht vor der Tür, klopft an und wartet, dass wir ihm auftun.

Ich glaube übrigens, dass unter uns viele sind, die das Anklopfen schon gehört, die Tür geöffnet und das Mahl mit Christus gefeiert haben und die deshalb auch wissen, dass die Kosten für dieses Festmahl nicht *wir* zu tragen haben.

Vor einiger Zeit nahm ein junger Mann, der intellektuell stark behindert war, an einer Abendmahlsfeier teil. Als der Pfarrer ihm die Oblate reichen wollte, zögerte er, sie anzunehmen und fragte den Pfarrer: „Was kostet das?" Der

Pfarrer gab dem jungen Mann eine wunderbare Antwort. Er sagte nicht: Das kostet nichts, oder: Das ist umsonst. Er sagte stattdessen: „*Das ist schon bezahlt.*"

Das gilt für jedes Abendmahl, das Christus mit uns feiert: Es ist schon bezahlt. *Wir sind eingeladen.*

Lieder: EG 11,1–4; EG 10,1–4; EG 392,1–4; EG 1,5
Wochenpsalm: 80
Schriftlesungen: Hosea 11,1–11 und Markus 9,33–37

Er muss wachsen,
ich aber muss abnehmen

Liebe Gemeinde,

die merkwürdige Gestalt Johannes des Täufers, der am Rand der Wüste von Heuschrecken und wildem Honig lebt, begegnet uns im Lauf des Kirchenjahres gleich zweimal: zum *Johannisfest* mitten im Jahr, an der *Sommersonnenwende*, und im *Advent*, kurz vor Weihnachten. Beide Male gedenken wir seiner als des größten Propheten an der Grenze vom Alten zum Neuen Bund und als des Vorläufers und Wegbereiters Jesu. Das hat die Vorstellung geweckt, dass der Täufer Jesus vorangeht, und dass Jesus sein Wirken erst beginnt, nachdem der Täufer seines beendet hat. Das klingt nach einem friedlichen Nacheinander, frei von Konflikt und Konkurrenz.

Aber dieses Bild ist ergänzungsbedürftig. Wir gehen im Allgemeinen davon aus, dass die Jünger des Täufers nach dem Auftreten Jesu zu ihm überwechselten. Aber das stimmt zumindest nicht für alle; denn dazu passt schon nicht der Bericht aus Apostelgeschichte 19,1–7 (den wir vorhin als Schriftlesung gehört haben), dass Paulus auf seiner Missionsreise in Ephesus auf eine Gemeinde stieß, die nur die Taufe des Johannes kannte. Johannes hat offenbar weitergewirkt. Und wer eine aktuelle Statistik der Weltreligionen betrachtet, stößt dort auf die Mandäer, eine vor allem im Irak existierende Religionsgemeinschaft mit etwa 60.000 bis 80.000 Mitgliedern, die sich auch heute noch als Jünger Johannes des Täufers verstehen und dessen Taufe praktizieren. Das Wirken des Täufers ist also bis heute noch nicht an sein Ende gekommen.

Aber schon den Evangelien können wir entnehmen, dass es zwischen den Anhängern Johannes des Täufers und den Anhängern Jesu nicht nur einen friedlichen Übergang, sondern auch Rivalitäten und Konflikte gab. Etwas davon spiegelt unser heutiger Predigttext aus Johannes 3,22–23 und 26–31 wider:

> Danach kam Jesus mit seinen Jüngern in das Land Judäa und blieb dort eine Weile mit ihnen und taufte. Johannes aber taufte auch noch in Änon, nahe bei Salim, denn es war da viel Wasser; und sie kamen und ließen sich taufen. ... Und sie kamen zu Johannes und sprachen zu ihm: Meister, der bei dir war jenseits des Jordans, von dem du Zeugnis gegeben hast, siehe, der tauft, und jedermann kommt zu ihm. Johannes antwortete und sprach: Ein Mensch kann nichts nehmen, wenn es ihm nicht vom Himmel gegeben ist. Ihr selbst seid meine Zeugen, dass ich gesagt habe: Ich bin nicht der Christus, sondern vor ihm her gesandt. Wer die Braut hat, der ist der Bräutigam; der Freund des Bräutigams aber, der dabeisteht und ihm zuhört, freut sich sehr über die Stimme des Bräutigams. Diese meine Freude ist nun erfüllt. Er muss wachsen, ich aber muss abnehmen. Der von oben her kommt, ist über allen. Wer von der Erde ist, der ist von der Erde und redet von der Erde. Der vom Himmel kommt, der ist über allen.

An diesem Text, liebe Gemeinde, wird erkennbar, was der *Auslöser* für die Auseinandersetzungen zwischen den Jüngern Johannes des Täufers und den Jüngern Jesu war:

Johannes und Jesus *taufen* beide, aber der Täufer hat damit angefangen, Jesus kam erst später. Und beide sind mit ihren Taufen erfolgreich. Von Johannes heißt es: „sie kamen und ließen sich taufen". Und von Jesus heißt es sogar: „er tauft, und *jedermann* kommt zu ihm". So erzählen es die Jünger des Täufers ihrem Meister, und an der Übertreibung (*„jedermann* kommt zu ihm") merkt man, dass damit auch Konkurrenzneid geschürt wird. Wer ist erfolgreicher: der Täufer, der zuerst kam und dessen Kennzeichen die Taufe im Jordan war, oder Jesus, der erst später auftrat und den Taufritus übernahm? Damit ist eine Rivalität angesagt, wie wir sie aus vielen Lebenszusammenhängen (auch innerhalb der Kirchen) kennen, und die jeweiligen Anhänger verstärken diese Rivalitäten häufig noch. Man möchte schließlich zur erfolgreicheren Seite gehören.

Und wenn wir noch das heranziehen, was wir aus Lukas 1,36 erfahren, dass nämlich die Mütter von Johannes und Jesus, Elisabeth und Maria, miteinander *verwandt* waren, dann könnte man das leicht auch als einen Familienkonflikt verstehen.

Aber Johannes spielt da nicht mit. Er macht weder sein „Urheberrecht" geltend, noch empört er sich über den, der ihm alles nachmacht und ihm dabei den Rang abläuft. Johannes wirkt erstaunlich gelassen und souverän. Erklärt sich das aus seinem sanftmütigen, duldsamen Naturell?

Nach allem, was wir von ihm wissen, war er weder duldsam, noch besonders sanftmütig. Als die Bevölkerung von Jerusalem zu ihm kommt, um sich taufen zu lassen, begrüßt er sie nicht wie ein freundlicher Pfarrer, der sich darüber freut, dass so viele gekommen sind, sondern er beschimpft sie als „Otterngezücht" bzw. als „Schlangenbrut" (Lk 3,7). Und dem König Herodes sagt er ins Angesicht, was er davon hält, dass der seinem Bruder die Frau Herodias ausgespannt hat: „Es ist nicht recht, dass du die Frau deines Bruders hast." (Mk 6,18) Und das hat den Täufer dann bekanntlich ja sogar den Kopf gekostet. Nein, an Mut und Konfliktbereitschaft hat es ihm wahrlich nicht gefehlt, aber mit Jesus rivalisiert und konkurriert er nicht. Warum tut er das nicht?

Johannes selbst hat vier Antworten auf diese Frage gegeben, die untereinander zusammenhängen. Diese Antworten können für uns Hilfen sein, um ihn zu verstehen und um Konflikte und Rivalitäten, wie wir sie auch vielfach kennen, zu überwinden:

Seine erste Antwort heißt: „Ein Mensch kann nichts nehmen, wenn es ihm nicht vom Himmel gegeben ist." (Joh 3,27) Damit anerkennt Johannes, dass es sich bei dem, was ihm und was Jesus als Auftrag, Fähigkeit und Erfolg gegeben ist, um – unterschiedliche – *Gaben Gottes* handelt. Wenn wir unsere Fähigkeiten so betrachten, können wir mit den Unterschieden besser umgehen, als wenn wir sie uns selbst – als unsere Leistungen und Verdienste – zuschreiben.

Die zweite Antwort des Täufers lautet: Ich taufe mit *Wasser* als Zeichen der Buße, er aber tauft mit dem *Heiligen Geist* (Joh 1,26 und 33). Und das ist ein grundlegender Unterschied. Zwar taufen auch Jesus und seine Jünger mit Wasser, aber sie geben mit ihrer Taufe zugleich etwas, was der Täufer offenbar nicht geben kann: den Geist Gottes, durch den ein Mensch so verändert wird, dass er zum Kind Gottes wird.

Die dritte Antwort des Täufers begründet, warum Jesus das kann, was dem Täufer nicht möglich ist: Jesus ist der Christus, also der Messias. Der Täufer ist nicht der Christus, sondern nur sein Wegbereiter (Joh 3,28), und damit unterscheidet er sich von dem, auf dessen Kommen er vorbereitet. Und er fügt dafür noch ein besonders schönes, anrührendes Bild an: Er vergleicht Jesus mit dem Bräutigam, der die Braut hat, und sich selbst – nicht mit dem unterlegenen Rivalen um die Braut, sondern – mit dem Freund des Bräutigams, der dabei steht und sich mit ihm freut (V. 29).

Und dann gibt Johannes noch eine vierte, die tiefste Antwort: „Wer von der Erde ist, der ... redet von der Erde. Der vom Himmel kommt, der ist über allen." (V. 31) Damit verweist der Täufer auf den unterschiedlichen *Ursprung*, die unterschiedliche *Herkunft* des Gottessohnes Jesus und des Priestersohnes Johannes, der zwar auch einen göttlichen Auftrag hat, aber nicht den Auftrag, als der Sohn Gottes in dieser Welt das Wesen Gottes zu verkörpern.

Wenn man diese vier Antworten des Täufers gehört hat und auf sich wirken lässt, dann überrascht nicht, welche Folgerung Johannes daraus zieht. Er sagt: „Er muss wachsen, ich aber muss abnehmen." (V. 30)

Viele von uns kennen vermutlich die eindrucksvollen Bilder des Isenheimer Altars im Elsässischen Colmar, die Mattias Grünewaldt gemalt hat. Und wer einmal auf diesen Altarbildern Johannes den Täufer mit seinem überlangen Zeigefinger gesehen hat, der auf den Gekreuzigten verweist, der wird dieses Bild und die – auf Lateinisch – dazu geschriebenen Worte nicht mehr vergessen: „Er muss wachsen, ich aber muss abnehmen." Das ist ein beeindruckender, großer Satz, der sich nicht von selbst versteht.

Gewiss, es kommt auch bei uns gelegentlich, nach Weihnachten sogar häufig vor, dass wir sagen: „Ich muss abnehmen", aber dann orientieren wir uns an unserem Körpergewicht oder -umfang und vergleichen ihn mit unserer Wunschvorstellung oder unserem Idealgewicht. Aber damit meinen wir nicht, dass unsere *Bedeutung* im Vergleich zu anderen abnehmen sollte. Das fällt den allermeisten Menschen ausgesprochen schwer. Aber es kann für unsere Beziehungen eine heilsame, befreiende Wirkung haben.

Und gerade das ist die besondere Botschaft dieses Mannes, dessen Gedenktag, der *Johannistag* mitten im Jahr, zwar der längste Tag ist, aber auch der, von dem ab die Tage kürzer werden. Und am Ende dieser Phase der immer kürzer werdenden Tage und der immer länger werdenden Nächte feiern wir Weihnachten, das Fest der Geburt Jesu, von dem es im Gesangbuch heißt: „Weil Gott in tiefster Nacht erschienen, kann unsre Nacht nicht traurig – und nicht endlos – sein." (EG 56) Vom längsten, hellsten Tag geht es hinab zur längsten, dunkelsten Nacht. Und dort erst findet das *Christfest* statt, das Fest der Geburt des Sohnes Gottes, und von da ab nimmt das Licht wieder zu. Jesus Christus steht für diesen *Auf*stieg. Johannes der Täufer steht für den *Ab*stieg, für das, was abnehmen muss, weil es an sein begrenztes Ziel gekommen ist.

Macht er sich damit nicht *zu* klein? Oder ist das gar einer der Fälle, über die Friedrich Nietzsche gespöttelt hat: „Wer sich selbst erniedrigt, der *will* erhöht werden"? Von solcher falschen Bescheidenheit kann ich in den neutestamentlichen Berichten über den Täufer keine Spur erkennen. Aber ich sehe auch nicht, dass der Täufer sich damit *zu* klein macht. Im Gegenteil: Er weiß, dass er zwar von Gott zu einem ganz wichtigen Amt und Dienst berufen ist, der Vorläufer und Wegbereiter des Messias zu sein. Aber er weiß auch, dass er nicht selbst der von Gott kommende und gesandte Messias ist. Das weiß er nicht nur, das anerkennt er auch. Und er erliegt nicht der Versuchung, selbst Messias spielen zu wollen, sondern er tut das, was er kann und was ihm aufgetragen ist.

Wer das für selbstverständlich hält, kennt – glaube ich – uns Menschen im Allgemeinen und kennt vielleicht auch sich selbst nicht sehr gut. Es gibt in uns ein Bedürfnis, einen Drang nach Geltung und Anerkennung, der umso größer wird, je weniger er gestillt und befriedigt wird. Und darum sind die meisten Menschen (auch in der Kirche!) nicht frei von Geltungssucht. Dass uns das füreinander nicht sympathischer macht, wissen wir wahrscheinlich, weil wir es ja an *anderen* immer wieder unangenehm erleben. Und vielleicht wissen wir es sogar von uns *selbst* und leiden darunter. Damit ist es zwar noch nicht überwunden, aber immerhin: Ein Anfang ist damit gemacht.

Bei Johannes dem Täufer, so wie wir ihn aus den neutestamentlichen Berichten kennenlernen, ist nicht nur ein Anfang gemacht. Er hat in der Begegnung mit Jesus Christus sein Maß gefunden und angenommen. Deshalb muss er mit dem Messias nicht rivalisieren und muss nicht selbst den Bräutigam spielen, der er nicht ist, sondern er gehört als Freund zum Bräutigam und kann sich darum mit ihm freuen. Er hat in der Begegnung mit Jesus Christus seinen Platz und Auftrag als Wegbereiter und Vorläufer Jesu gefunden und angenommen.

Der Täufer wird mir in dieser Hinsicht immer beeindruckender, je öfter ich mich mit ihm beschäftige. Macht es nicht sogar die *Größe* und die *bleibende Bedeutung* des Täufers auch für uns Christen aus, dass er zwar zum Alten Bund gehört, der auf das Kommen Jesu nur vorbereiten, es aber nicht vorwegnehmen kann und will? Wer so demütig ist, ist wahrhaft *groß*. Und deshalb können und wollen wir uns im Advent und am Johannistag mit großem Respekt vor Johannes dem Täufer verneigen und von ihm lernen.

Lieder: EG 12,1–4; EG 10,1–4; EGWü 680,1–4 („Brich herein, süßer Schein"); EG 141,1.3–6
Wochenpsalm: 85
Schriftlesungen: Jesaja 40,1–8 und 1. Petrus 1,8–12 oder Apostelgeschichte 19,1–7

Grund zur Freude

Predigttext: Philipper 4,4-7

Freuet euch in dem Herrn allewege! Und abermals sage ich: Freuet euch! Eure Lindigkeit lasst kund sein allen Menschen! Der Herr
ist nahe! Sorget nichts! Sondern in allen Dingen lasset eure Bitten
im Gebet und Flehen mit Danksagung vor Gott kund werden!
Und der Friede Gottes, welcher höher ist denn alle Vernunft, bewahre eure Herzen und Sinne in Christo Jesu!

Liebe Gemeinde,

Christen leben in dem Spannungsfeld zwischen dem ersten
Advent Jesu Christi in Bethlehem und seinem letzten Advent am Ende der Zeiten. Deswegen hat es einen guten
Sinn, wenn wir uns in der Vorbereitungszeit auf Weihnachten auch etwas davon sagen lassen, wie wir uns auf das
letzte Kommen Jesu Christi vorbereiten können. Dass der
Herr nahe ist, wie der Apostel Paulus in unserem Predigttext schreibt, ist – egal ob man die Worte eher im *zeitlichen*
oder im *räumlichen* Sinn versteht – eine Verheißung, die
unser Lebensgefühl und unsere Lebensführung bestimmen und prägen will.

Wie unser Leben aussehen kann und soll, wenn wir in
dem Spannungsfeld des gekommenen und des wieder-
kommenden Jesus Christus stehen, davon will uns unser
Text etwas sagen.

Als der Engel des Herrn den Hirten auf dem Felde die Geburt des Heilandes verkündigte, waren seine ersten Worte: „Fürchtet euch nicht! Siehe, ich verkündige euch große Freude, die allem Volk widerfahren wird." (Lk 2,10) So ist immer, wo das Evangelium gepredigt wird – ausgesprochen oder unausgesprochen – das erste Wort: „Freut euch!" So beginnt auch unser Predigttext: „Freuet euch in dem Herrn allewege! Und abermals sage ich: Freuet euch!" Wo Menschen das Evangelium von Jesus Christus hören und ihm glauben, da brauchen sie sich nicht mehr zu fürchten und müssen nicht mehr trauern, sondern dürfen sich freuen. Es geht also nicht darum, dass uns Freude *befohlen* wird – das kann niemand erfolgreich machen, auch kein Apostel – sondern uns wird gesagt, dass wir *Grund* haben, uns zu freuen, uns also freuen *dürfen*, und zwar „in dem Herrn". In diesen drei Worten wird uns gesagt: Ihr seid durch die Taufe und den Glauben mit Christus verbunden, ja *in Christus*. Er hat euer Leben in Ordnung gebracht. Das ist Grund zur Freude.

Aber der Mann, der diese Worte schreibt, hat an sich keinen Grund, sich zu freuen. Er sitzt im Gefängnis und wartet auf seinen Prozess, der mit Freispruch *oder* Todesurteil enden kann. Die Gemeinde in Philippi erleidet ebenfalls Verfolgungen um ihres Glaubens willen. Und trotzdem schreibt Paulus gerade an diese Gemeinde *den* Brief, in dem so viel von Freude die Rede ist, wie in keinem anderen seiner Briefe. Das tut er nicht, weil er sich über die drohend bevorstehende Hinrichtung freuen würde, oder weil er wollte, dass sich die Gemeinde über ihre Verfolgungen freuen soll, sondern weil er aus einer Freude lebt und seine Gemeinde auf diese eine Freude hinweisen will, die auch in Not und Leid, Verfolgung und Tod nicht vergeht, weil sie ihren Grund in Christus Jesus hat.

Nun können wir auch das Wort „allewege" richtig verstehen, auf das wir gewöhnlich zuerst schauen mit der Frage: Wer kann das schon – sich immer und überall freuen? Damit ist nicht so etwas gemeint, wie die uns aus der Operette „Das Land des Lächelns" bekannte Devise des Ostasiaten: „Immer nur lächeln und immer vergnügt". Denn wo *diese Devise* praktiziert wird, da geht das nur um den Preis: „und niemals zeigen sein wahres Gesicht", und „wie's da drin aussieht, geht niemand was an." Christliche Freude ist geradezu das Gegenteil dieser Haltung, weil sie den Menschen nicht zur Verstellung und zum Heucheln verleitet, sondern Leid und Tränen ernst nimmt und dennoch so stark ist, dass sie den Menschen in seinem Kummer nicht versinken und verzweifeln lässt. Sie ist wie ein grundlegendes positives Lebensgefühl, weil sie aus der Verbindung zu Gott kommt, die uns Jesus Christus verkündigt und gebracht hat.

Diese Ausrichtung auf Jesus Christus hat aber auch Konsequenzen für das Verhalten gegenüber unseren Mitmenschen. In unserem Abschnitt ist davon die Rede, dass die „Lindigkeit" der Christen allen Menschen kundwerden soll. Was ist damit gemeint? Das griechische Wort, das an dieser Stelle im Urtext steht (*to epieikes*), ist schwer mit *einem* deutschen Begriff wiederzugeben, und das Wort „Lindigkeit", das Luther hier verwendet, ist heute nicht mehr gebräuchlich und kaum noch verständlich – allenfalls als Adjektiv in Verbindung mit dem Substantiv „Lüftchen".

Was meint Paulus mit dieser Aussage? Der Begriff stammt aus der Rechtssprache und bezeichnet die Tatsache, dass ein Mensch freiwillig auf die Durchsetzung seines Rechtsanspruches verzichtet. Für unser praktisches Verhalten gegenüber den Mitmenschen bedeutet das, dass wir in den kleinen und großen Konflikten unseres Alltags nicht auf unser Recht pochen, sondern zum Nachgeben, zum Einlenken und zum Suchen von Kompromissen bereit sein sollen. Vielleicht haben wir Angst, dass wir dann rettungslos unter die Räder kommen oder dass man uns für dumm verkauft. Das kann tatsächlich passieren. Aber wir haben vielleicht auch schon mehr als einmal erlebt, dass Nachgiebigkeit nicht nur mit Rücksichtslosigkeit oder mit Spott quittiert wird, sondern dass sie eine neue Atmosphäre schafft; dass die anderen stutzig werden und merken, dass unser Zusammenleben viel harmonischer wäre, wenn nicht jeder stur auf seinem Recht – oder was er dafür hält – beharrt, sondern dem anderen entgegenkommt, ihn respektiert und ihm vielleicht sogar Recht gibt. Merken wir, dass es auch bei der Nachgiebigkeit nicht um etwas geht, was uns im Befehlston abverlangt wird, sondern dass wir hier eine Möglichkeit gezeigt bekommen, wie wir dem anderen im Sinne der Bergpredigt entgegenkommen können, ohne dass wir und er fortgesetzt über unser dickes Ich stolpern müssen, kurz: dass wir nachgiebige Liebe üben *können und dürfen.*

Dass in unserem Leben das Liebhaben an die Stelle des Rechthabens treten darf, hat auch – wie das Sich-freuen-Dürfen – seinen Grund darin, dass wir eine Herkunft und eine Zukunft haben, die „nicht von dieser Welt" (Joh 18,36) ist. Paulus spricht an dieser Stelle davon, dass unser Bürgerrecht – also unsere Staatsangehörigkeit – „im Himmel" (Phil 3,20) ist. Und gerade in unserem Vers weist er durch den Satz: „Der Herr ist nahe" ausdrücklich darauf hin, wo der Grund und die Begründung für unser christliches Leben zu finden sind: bei Jesus Christus, der hingegangen ist, um uns „die Stätte zu bereiten" (Joh 14,2). Weil wir bei ihm unser Heimatrecht haben, darum müssen wir nicht mehr ängstlich darauf bedacht sein, wie wir uns hier durchsetzen und unseren Platz behaupten.

Das dritte Merkmal des Christenlebens, das Paulus – nach der Freude und der Lindigkeit – nennt, ist das Nicht-mehr-sorgen-Müssen, weil Gottes Fürsorge unsere Sorge überflüssig macht. „Sorge" meint hier nicht unser Planen und Vorsorgen, das untrennbar zu unserem Leben gehört, sondern den Versuch des Menschen, seine Zukunft in die Hand zu bekommen, um über sie zu verfügen. Das bedeutet aber: Gott übergehen wollen, ihm das Misstrauen erklären, sich selbst an seine Stelle setzen. Deshalb ist das Gegenteil der Sorge, von der hier die Rede ist, nicht die Gleichgültigkeit, sondern das Vertrauen zu Gott, das alle Sorgen und Wünsche vor Gott ausbreitet.

Aber was bedeutet die eigenartige Wendung, dass wir unsere Bitten „mit Danksagung" vor Gott kundwerden lassen sollen? Wenn wir einen Bittbrief zu schreiben haben, setzen wir manchmal an den Schluss die Formel: „Ich danke Ihnen im Voraus bestens für Ihr Verständnis und Ihre Bemühungen in meiner Angelegenheit." Damit wollen wir unseren Briefpartner ein wenig unter Druck setzen und verpflichten, unsere Bitten auch wirklich zu erfüllen – wir haben uns ja bereits dafür bedankt. Geht es um so etwas Ähnliches auch, wenn wir Gott unsere Bitten „mit Danksagung" vorbringen? Wenn das gemeint wäre, dann hätten wir wohl etwas falsche Vorstellungen von dem, was ein christliches Gebet ist. Paulus will mit dieser Wendung gerade sagen, dass wir Gott nicht zu unserem Erfüllungsgehilfen machen sollen, dem wir unsere Bitten und Wünsche vortragen, damit er sie möglichst schnell und vollständig erfülle, sondern dass wir alle unsere Bitten mit dem Dank für die väterliche Fürsorge Gottes verbinden, der besser weiß als wir selber, was uns nottut. Das Bittgebet, das mit Dank vor Gott gebracht wird, sieht daher so aus: „Herr, du siehst, was ich möchte und welche Anliegen ich habe. Ich bringe dir meine Bitten und danke dir dafür, dass du es recht machen wirst und mir das gibst, was für mich am besten ist."

Wir können deshalb zusammenfassend sagen: Rechtes Beten bedeutet, dass wir die Sorge um unsere Zukunft in Gottes Hand legen und dass wir die Zukunft – wie sie auch aussehen mag – aus Gottes Hand annehmen wollen. Noch einmal dürfen wir es also hören: Du *brauchst* nicht mehr zu sorgen; du *darfst* Gott vertrauen, in dessen Hand deine und alle Zukunft steht.

Aber nun, am Ende dieses Textes und dieser Predigt beschleicht uns vielleicht eine letzte Sorge: Schaffen wir das? Können wir uns so allezeit freuen, allen Menschen gegenüber nachgiebig sein, alle unsere Sorgen bei Gott aufgehoben sein lassen? Gerade wenn wir das gerne *möchten*, wird diese besorgte Frage, ob wir dazu auch in der Lage sind, besonders dringlich.

Unser Predigttext schließt mit einem Vers, der uns als Abschluss von Predigten wohlbekannt ist: „Der Friede Gottes, welcher höher ist als alle Vernunft, bewahre eure Herzen und Sinne in Christus Jesus." Das klingt wie ein Wunsch. Im Urtext heißt es aber noch stärker: „Der Friede Gottes, der höher ist als alle Vernunft, *wird* eure Herzen und Sinne bewahren in Christus Jesus." Das ist eine Zusage, auf die wir uns verlassen können, und sie kann uns auch noch diese letzte Sorge abnehmen.

Lieder: EG 34,1.3.4; EG 9,1.5.6; EG 359,1.3–5
Wochenpsalm: 102
Schriftlesungen: Jesaja 52,7–10 und Lukas 1,46–55

Wie kamen Ochs und Esel an die Krippe?

Liebe Gemeinde,

in vielen Kirchen und Wohnungen sind seit heute die Weihnachtskrippen vollständig. Von jetzt ab kann man sie für den Rest der Weihnachtszeit als Gesamtbild betrachten. Es wird nichts Neues mehr hinzukommen, nachdem vielleicht 24 Tage lang jeweils täglich ein neues Element hinzugefügt worden ist. Dabei achten die meisten Menschen darauf, dass es – mit wenigen Ausnahmen – nur Elemente sind, die in den beiden biblischen Weihnachtserzählungen bei Matthäus oder Lukas vorkommen.

Und welches sind die Ausnahmen?

Das Wort „Stall" kommt nicht ausdrücklich vor, sondern es lässt sich nur erschließen aus der Futterkrippe, die erwähnt wird, und aus dem kleinen Nebensatz: „denn sie hatten sonst keinen Raum in der Herberge" (Lk 2,7).

Ähnlich ist es mit Heu und Stroh, auch das kommt wörtlich in keiner der biblischen Weihnachtserzählungen vor. Zwar kennen wir vermutlich alle die Strophe, in der es heißt: "Da liegt es, das Kindlein, auf Heu und auf Stroh, Maria und Joseph betrachten es froh". Aber das ist kein Bibeltext, sondern ein Stück aus dem Lied: „Ihr Kinderlein kommet", das sich aber immerhin in unserem Gesangbuch findet (EG 43,3). Und dass Heu und Stroh dazugehören, lässt sich auch erschließen aus der Futterkrippe und aus dem Stall: Was sollen die Tiere denn sonst fressen, wenn nicht Heu, und worauf sollen sie denn sonst liegen, wenn nicht auf Stroh?

Aber auch *Ochs und Esel*, zwei ganz unverzichtbare Bestandteile jeder ordentlichen Weihnachtskrippe, kommen in den biblischen Weihnachtserzählungen *nicht* vor. Sie sind allerdings auch eine etwas merkwürdige Stallbesatzung. Dass keine Schweine in dem Stall sind, versteht sich aus den jüdischen Lebensverhältnissen gut, aber warum keine Schafe, Ziegen, Rinder oder Kühe, sondern nur ein Ochse und ein Esel? Die Schafe, so könnte man argumentieren, sind noch draußen in ihren Hürden und vielleicht auch die Ziegen, aber wo bleiben die Rinder und die Kühe? Stattdessen ein Ochse und ein Esel!? Zwar gibt es im Lukasevangelium ein Streitgespräch Jesu über eine Heilung am Sabbat, in dem sowohl die Worte „Ochse und Esel", als auch „Krippe" vorkommen. Da fragt Jesus seine Kritiker: „Bindet denn nicht jeder von euch am Sabbat seinen Ochsen oder seinen Esel von der Krippe los und führt ihn zur Tränke?" (Lk 13,15b) Aber das ist ein Text aus dem Leben des *erwachsenen* Jesus, der nichts mit der Weihnachtsgeschichte zu tun hat. Wie kommen aber Ochs und Esel dann als fester Bestandteil zu jeder Weihnachtskrippe, obwohl sie in den biblischen Weihnachtserzählungen gar nicht vorkommen?

Die Antwort auf diese Frage liegt in einem kurzen Text gleich zu Beginn des Prophetenbuches Jesaja, dessen Verse 2 und 3 aus dem 1. Kapitel in diesem Gottesdienst unser Predigttext sein sollen:

Höret, ihr Himmel, und Erde, nimm zu Ohren, denn der HERR redet! Ich habe Kinder großgezogen und hochgebracht, und sie sind von mir abgefallen! Ein Ochse kennt seinen Herrn und ein Esel die Krippe seines Herrn; aber Israel kennt's nicht, und mein Volk versteht's nicht.

Ein kurzer Predigttext, aber einer, der es in sich hat. Er – und sonst nichts – enthält auch die Begründung dafür, dass Ochs und Esel auf kaum einem Weihnachtsbild und bei keiner Weihnachtskrippe fehlen (dürfen). Dabei ist dieser Text vermutlich sechs bis sieben Jahrhunderte vor der Geburt Jesu geschrieben worden. Aber es war die Formulierung „die Krippe seines Herrn", die in der frühen Christenheit die Überzeugung geweckt hat, Jesaja rede hier prophetisch von der Krippe, in der Jesus Christus lag. Die „Krippe seines Herrn", das ist für die frühe Christenheit selbstverständlich *die Krippe des Herrn Jesus Christus.*

Und im Zusammenhang mit ihr haben Ochs und Esel ihre besondere, ja geradezu ihre unersetzliche Funktion. Der Prophet Jesaja konfrontiert seine damaligen Hörer mit der elementaren Einsicht, dass Ochs und Esel, die offenbar schon damals als nicht besonders kluge Tiere galten, darin doch dem Volk Gottes weit überlegen waren, dass sie wussten, *wo* ihre Futterkrippe steht und *wer* sie ihnen regelmäßig füllt.

Diese Konfrontation und Erinnerung erfolgt in unserem Text in Form einer Gerichtsrede, in der Gott Himmel und Erde als Zeugen aufruft: „Nehmt es zu Ohren!" Und wie lautet Gottes Anklage und Vorwurf gegen sein Volk? „Ich habe Kinder großgezogen und hochgebracht, und sie sind von mir abgefallen." Das ist eine bittere, eine schmerzliche Erfahrung: undankbare, gleichgültige Kinder, die alles mitnehmen und sich dann doch undankbar von ihren Eltern abwenden und sich nicht mehr um sie kümmern. Ich weiß, dass es manche alt gewordene Menschen gibt, die diese Erfahrung gemacht haben und die sich große Mühe geben müssen, darüber nicht zu verbittern gegen ihre eigenen Kinder.

Indem der Prophet Jesaja oder seine Schüler diese Worte aufgeschrieben haben, können wir sie auch noch nach ca. 2500 Jahren lesen und auf uns wirken lassen. Wir werden gewissermaßen Zuschauer, Zuhörer und Zeugen in diesem großen Prozess, den Gott gegen sein Volk führt. Was für eine Rolle ist da *uns* zugedacht?

Ich erinnere mich noch gut, dass ich in meiner Kindheit öfter einmal Zeuge war, wie meine Spiel- oder Klassenkameraden von ihren Eltern ausgeschimpft wurden, weil sie etwas angestellt hatten. Einerseits war es etwas peinlich, dabei zu sein, weil es dabei oft ziemlich laut herging, andererseits war man froh, wenn man nicht auch gemeint war. Aber wenn sich die Strafpredigt auf irgendeinen Schaden oder eine Unordnung bezog, die wir gerade gemeinsam angerichtet hatten, dann wussten wir schon, dass wir *mit*gemeint waren, auch wenn das nicht ausdrücklich so gesagt wurde und höchstens in der Bemerkung zum Ausdruck kam: „So, und nun gehst du auch besser nach Hause."

Müssen wir uns von Jesaja mitgemeint fühlen? Gleichen auch wir Gott gegenüber Kindern, die von ihm liebevoll großgezogen wurden und sich dann trotzdem undankbar von ihm abgewandt haben? Das kann nur jede und jeder für sich beurteilen und beantworten, und das geht ja auch keinen anderen etwas an. Aber Ochs und Esel an der Krippe stellen an uns stumm die Frage, ob wir uns von ihnen auch angesprochen und angefragt fühlen: Kennen *wir* unseren Herrn und seine Krippe?

So also, durch diesen Bibeltext aus dem Alten Testament sind Ochs und Esel *an* die Krippe gekommen. Aber noch wichtiger als dieses Wissen ist der Blick *in* die Krippe. Der zeigt uns, dass Gott, der sein Volk zur Verantwortung und Rechenschaft zieht, trotz seiner Enttäuschung sein Volk nicht verstoßen und sich nicht von ihm abgewandt hat. Er geht ihm nach und kommt ihm nahe in der gewinnendsten und unwiderstehlichsten Weise, die wir kennen: als ein ganz kleines Kind. Und als das vor gut 2000 Jahren geschah, da kamen und fanden, von Sternen und Engeln gerufen, nicht alle, aber doch einige Menschen zu Gott zurück und begegneten ihm in dem Kind, das in einer Krippe liegt.

Wer sich ein Leben lang von Gott abgewendet hat und nichts mit ihm zu tun haben wollte, tut sich vermutlich immer schwerer, irgendwann doch noch umzukehren und den Weg zur Krippe zu suchen und zu finden. Wenn man schon hundertmal gesagt hat: „Das brauche ich nicht" – „Ich komme auch ohne Gott und Glauben und Kirche gut zurecht", dann fällt es schwer, eines Tages zu sagen: „Ich brauche ihn vielleicht doch, und darum suche ich ihn und mache mich auf meine alten Tage noch auf den Weg zu der Krippe, in der er mir nahe kommen will."

In einem seiner letzten Bücher (Über Rechtfertigung) hat Martin Walser geschrieben, dass er nicht an Gott glaube. Er fügt jedoch hinzu: „Aber er fehlt. Mir." Mit diesem Eingeständnis ist der entscheidende Anfang gemacht. Alles andere wird sich dann wohl finden – an der Krippe und vor allem in der Krippe.

Lieder: EG 45,1–4; EG 23,1–4.7; EG 37,1.4.9; EG 44,1–3
Wochenpsalm: 2
Schriftlesungen: Lukas 2,1–20 und Titus 3,4–8

Wenn aus Knechten Kinder werden

Predigttext: Galater 4,4–7

Als aber die Zeit erfüllt war, sandte Gott seinen Sohn, geboren von einer Frau und unter das Gesetz getan, damit er die, die unter dem Gesetz waren, erlöste, damit wir die Kindschaft empfingen. Weil ihr nun Kinder seid, hat Gott den Geist seines Sohnes gesandt in unsre Herzen, der da ruft: Abba, lieber Vater! So bist du nun nicht mehr Knecht, sondern Kind; wenn aber Kind, dann auch Erbe durch Gott.

Liebe Gemeinde,

unser Predigttext zum Weihnachtsfest beginnt mit den Worten: „Als aber die *Zeit erfüllt war*, sandte Gott seinen Sohn". Das ist fast identisch mit den Worten, mit denen laut Markus 1,15 die öffentliche Verkündigung Jesu begann: „Jesus kam nach Galiläa ... und sprach: Die *Zeit ist erfüllt*, und das Reich Gottes ist herbeigekommen." Und doch gibt es zwischen beiden Aussagen einen wichtigen Unterschied, den wir im Deutschen allerdings nicht wahrnehmen können; denn wir haben nur *ein* Wort für „Zeit", das Griechische hat deren *zwei*. Und das macht auf einen wichtigen Unterschied aufmerksam, den es bei der Erfahrung der Zeit gibt.

Das griechische Wort „kairos", das Jesus verwendet, bezeichnet den richtigen und wichtigen Zeitpunkt, den man ergreifen muss, wenn man nicht zu spät kommen und vom Leben bestraft werden will. Davon ist schon in der Weihnachtsgeschichte die Rede, wenn der Engel sagt: „Euch ist *heute* der Heiland geboren" (Lk 2,11), oder wenn es bei Jesu erster Predigt in Nazareth heißt: „*Heute* ist diese Schrift erfüllt vor eueren Ohren" (Lk 4,21), oder wenn Jesus bei seiner Einkehr in das Haus des Zachäus sagt: „*Heute* ist diesem Haus Heil widerfahren" (Lk 19,9), oder auch noch am Kreuz, wenn Jesus zu dem Schächer, der mit ihm gekreuzigt wird, sagt: „*Heute* wirst du mit mir im Paradiese sein" Lk 23,43). Bei diesem Wort „heute" geht es immer um einen einmaligen Zeitpunkt und eine einmalige Gelegenheit, die ergriffen werden will. Dazu braucht man wache Sinne und Geistesgegenwart. Und davon spricht Jesus bei seinem öffentlichen Auftreten.

Das griechische Wort „chronos", das Paulus verwendet, bezeichnet dagegen den Fluss oder Verlauf der Zeit, die dahinströmt. Um die zu erfassen und zu messen, kann man einen Kalender oder eine Uhr, einen so genannten Chronometer, verwenden. Das erleben wir oft, wenn wir auf jemanden oder etwas warten und uns die Zeit lang wird. Und da fragen wir: Wann endlich hat das Warten ein Ende? Wann ist die Zeit des Wartens endlich erfüllt?

Beides spielt eine Rolle, wenn man verstehen will, was es mit dem Kommen Jesu Christi in unsere Welt auf sich hat: Es geht um das Erkennen des rechten Zeitpunkts, aber auch um das Einordnen seines Kommens in den Zeitlauf und Zeitfluss des Lebens. Und auf Letzteres weist Paulus uns in unserem Predigttext hin. Er gibt uns damit zugleich eine Antwort auf die Frage, warum eine so lange Strecke der Menschheitsgeschichte verstreichen musste, bevor Jesus Christus kam. Viele Menschen fragen sich ja, warum Gott seinen Sohn nicht gleich nach dem Sündenfall in die Welt gesandt hat, bevor sich alles Böse aufhäufen und überhand nehmen konnte. Und die Antwort auf diese Frage heißt wohl: weil da die Zeit *noch nicht erfüllt* war. Aber warum war sie noch nicht erfüllt? Was musste erst noch geschehen?

Wenige Verse vor unserem Predigttext gibt Paulus darauf eine Antwort mit einem Gedanken, den 1700 Jahre später der Dichter, Philosoph und Theologe Gotthold Ephraim Lessing in einem kleinen Buch aufgenommen hat, dem er den Titel gab: „Von der Erziehung des Menschengeschlechts". Beide wählen damit einen guten bildhaften Vergleich: So wie es in der Entwicklungsgeschichte jedes Menschen Zeiten der Entwicklung, Erziehung und Bildung braucht, bis wir reif sind für bestimmte Einsichten, so ist das auch mit der Menschheit im Ganzen. Und Paulus sagt im Galaterbrief (3,23 f.), wie er das versteht: „Ehe aber der Glaube kam, waren wir unter dem Gesetz verwahrt und verschlossen auf den Glauben hin, der dann offenbar werden sollte. So ist das Gesetz unser Zuchtmeister (Pädagoge) auf Christus hin, damit wir durch den Glauben gerecht werden." Das heißt: Bevor wir Menschen uns ernsthaft dem Willen Gottes gestellt haben, wie er im Gesetz offenbart ist, und bevor wir erkannt haben, dass wir auf dem Weg unseres Gesetzesgehorsams Gottes Willen nicht wirklich erfüllen und ihm nicht ganz gerecht werden können, sind wir *noch nicht reif für den Glauben*, der aus dem Evan-

gelium Jesu Christi kommt. Das Evangelium ist keine Ab-
kürzung des Weges zu Gott am Gesetz vorbei, sondern es
begegnet uns auf dem schmerzhaften, aber heilsamen
Weg, der *durch das Gesetz Gottes hindurchführt*. Auf diesem Weg gibt es zweierlei zu lernen.

Erstens: Das Gesetz, das Gott uns durch Mose in Gestalt
der Zehn Gebote gegeben hat, ist keine willkürliche Gehor-
samsforderung und schon gar keine Schikane, sondern es
ist uns „zum Leben gegeben" (Röm 7,10). Gottes Gesetz
ist vergleichbar den Leitplanken an schnellen oder gefährlichen Straßen, die uns davor bewahren sollen, vom Weg
abzukommen und uns oder anderen schweren Schaden
zuzufügen. Es will uns also helfen, heil am Ziel anzukom-
men.

Zweitens: Diese Leitplanken – und man sieht das den
Leitplanken an unseren Straßen oft an – können doch nicht
verhindern, dass wir aus Unaufmerksamkeit, Leichtsinn
oder Schwäche immer wieder vom Weg abkommen, zum
Glück nicht immer und überall. Aber der Sinn des Gesetzes
ist ja, uns vor jedem Fehltritt zu bewahren, damit wir
fremdes und eigenes Leben nicht beschädigen oder verfeh-
len. Was würde es helfen, wenn wir sagen könnten, dass wir
in 99 % der Fälle nicht töten, nicht die Ehe brechen, nicht
stehlen oder lügen? Wir wären trotzdem Mörder, Ehebre-
cher, Diebe und Lügner. Und das heißt: Das Gesetz erreicht
seinen lebensdienlichen Zweck bei uns Menschen nicht. Es
führt nicht ausnahmslos zum Leben, sondern immer wieder auch zum *Scheitern*. Das ist eine traurige, deprimie-
rende Bilanz.

Und was folgt daraus, wenn wir diese Einsichten gewonnen haben? Müssen wir dann nicht resignieren oder
verzweifeln und sagen: Wir schaffen es nicht, den Weg zu
Gott zu finden und zu gehen? An dieser Stelle setzt Paulus
ein, indem er sagt: „Als aber die Zeit erfüllt war, sandte Gott
seinen Sohn, geboren von einer Frau und unter das Gesetz
getan, damit er die, die unter dem Gesetz waren, erlöste."

Nicht, dass Jesus von einer Jungfrau geboren wurde, ist
für Paulus maßgeblich. Das sagt er an keiner Stelle in seinen Briefen, ja, er kannte diese Überlieferung wahrscheinlich gar nicht, sondern dass der ewige Sohn Gottes wie wir
von einer *Frau* geboren wurde und den *Weg des Gesetzes*
von Gott her zu uns gegangen ist, das ist für ihn entscheidend. Und diesen Weg ist Jesus Christus vom Beginn bis
zum Ende seines Lebens gegangen: Er wurde im Tempel
dargestellt und beschnitten, wie das Gesetz es befahl, er
ließ sich von Johannes taufen, um „alle Gerechtigkeit zu erfüllen" (Mt 3,15), sein Gesetzesgehorsam war ernsthafter
und tiefer als der der vorbildlichen Pharisäer und trotzdem
– gerade deswegen – wurde er im Namen des Gesetzes Gottes zum Tod am Kreuz verurteilt (Joh 19,7).

Was bewirkt das? Paulus sagt: Das ist für uns die *Erlösung*. Wovon? Von dem Irrtum, wir müssten uns durch unseren Gesetzesgehorsam erst den Weg zu Gott suchen und
bahnen. Und wenn man sich bewusst macht, dass wir
durch unseren Gesetzesgehorsam diesen Weg zu Gott gar
nicht finden *können*, dann wird auch klar, dass das tatsächlich Erlösung, das heißt *Befreiung von einer unmöglichen Aufgabe* ist.

Und was geschieht durch diese Befreiung mit uns? Paulus sagt: Wir müssen uns nicht länger wie Knechte Gottes fühlen und verhalten, sondern dürfen uns als Kinder, als Söhne und Töchter Gottes, fühlen. Knechte und Mägde haben einen Arbeitsvertrag, der legt Pflichten und Rechte fest, die beide Seiten gegeneinander haben. Und dagegen ist auch gar nichts einzuwenden. So ist das im Wirtschafts- und Arbeitsleben, und das ist gut so.

Aber wenn es plötzlich geschieht, dass ein Knecht oder eine Magd durch Adoption zu einem Sohn oder einer Tochter wird, dann ändert sich das alles. Dann geht es nicht mehr um Ansprüche und Forderungen, die man gegenseitig erheben und notfalls einklagen kann. Sondern dann ist man mit dem Arbeitgeber und Chef plötzlich per Du, und dann ist man auch ein Erbe, dem alles mitgehört.

Wird dieser Sohn, wird diese Tochter dann sagen: Nun kann ich getrost stehlen, lügen und betrügen; denn ich stehe ja nicht mehr unter dem Gesetz? Nein, genau das kann eigentlich nicht geschehen; denn nun werden sie versuchen, all das nicht zu tun, *weil sie Kinder Gottes sind* – nicht aus Zwang, sondern aus Dankbarkeit und Liebe, nicht aufgrund einer ihnen äußerlich auferlegten Forderung, sondern aus innerer Einsicht.

Paulus kannte aus seinem eigenen Leben und aus dem seiner Mitmenschen die Situation, in der Gott wie ein strenger Arbeitgeber erscheint, der Forderungen stellt, denen man nicht hinreichend genügen kann, und der einen doch genau an diesen Forderungen misst. Da kann man doch nur scheitern und verzweifeln, zumal man nicht kündigen und sich einen anderen Herrn suchen kann.

Durch diese *verquere Beziehung zu Gott*, in der Menschen leben, die Gott nur als fordernden und richtenden Gesetzgeber kennen, macht Paulus mit seiner Verkündigung von Weihnachten einen dicken Strich, ein Kreuz. Aus! Schluss! Vorbei! Wir sind nicht länger Knechte Gottes, sondern seine Töchter und Söhne, seine Kinder, und als solche haben wir den Geist seines Sohnes Jesus Christus empfangen und dürfen mit Gott so vertrauensvoll verkehren und reden, wie auch Jesus – noch im Garten Gethsemane – mit seinem Vater geredet hat. Wir dürfen ihn „Abba", also „Papa", nennen – im Vertrauen darauf, dass er nicht gegen, sondern für uns ist. Und darum gibt Gott uns auch Anteil an alldem, was er selbst hat: an seinem ewigen Leben; schon hier und jetzt und auch über unseren Tod hinaus. Aber um all das als ein Glück schätzen zu können, das nicht selbstverständlich ist, muss man wohl zuvor die *andere* Situation, das Leben unter dem Gesetz, kennengelernt und durchlebt haben.

Gott ist in Jesus ein Menschenkind geworden, damit wir Menschen Gotteskinder werden – durch den Glauben, d.h. durch unser Vertrauen auf Gott. Das ist die Botschaft des Weihnachtsfestes, die tatsächlich eine gute Botschaft, also ein Evangelium ist.

Aber was ist, wenn ein Mensch ehrlicherweise sagen muss: Ein solches kindliches Vertrauen zu Gott *habe ich einfach nicht*, meine Beziehung zu Gott ist eher durch tiefe Zweifel und Unsicherheiten, durch die Vorstellung von Geboten und Forderungen bestimmt als durch Dankbarkeit und Vertrauen dem Gott gegenüber, der in Jesus Christus Mensch geworden ist? Ich kann mich doch nicht selbst umkrempeln und mich zu einem anderen Menschen machen?

Lassen Sie uns mit dieser Frage noch einmal an den Beginn unseres Predigttextes zurückkehren: *„Als die Zeit erfüllt war,* sandte Gott seinen Sohn, geboren von einer Frau und unter das Gesetz getan, damit er die, die unter dem Gesetz waren, erlöste, damit wir die Kindschaft empfingen."

Ich habe diese Sätze bisher immer so verstanden, als würden sie nur von der Menschheits- und Religionsgeschichte und von der „Erziehung des Menschengeschlechts" handeln, wie Lessing das genannt hat. Das tun sie auch. Aber gelten sie nicht auch von unserer *Lebensgeschichte*? Die erlösende Sendung Jesu ist ja erst an ihr Ziel gekommen, wenn wir Menschen von ihr so erreicht werden, dass *in uns* Vertrauen auf Gott, und sei es auch nur ein bescheidenes Pflänzchen, zu wachsen beginnt. Wenn das aber so ist, dann gilt die Hoffnung auf die erfüllte Zeit nicht nur damals, sondern auch heute, nicht nur menschheits- oder religionsgeschichtlich, sondern auch lebensgeschichtlich, nicht nur einmal, sondern immer wieder und ganz gewiss nicht nur für Kinder und Jugendliche, sondern auch für erwachsene und alt gewordene Menschen.

Daran erinnern zwei Gestalten, die unmittelbar im Anschluss an die Weihnachtsgeschichte bei Lukas erwähnt werden: der hochbetagte Simeon und die vierundachtzigjährige Hanna, die im Tempel auf den Messias Israels warteten. Und als sie in dem Jesuskind, das von seinen

Eltern in den Tempel gebracht wird, den „Christus des Herrn" (Lk 2,26) erkennen, da sagt Simeon die wunderbaren Worte: „Herr, nun lässt du deinen Diener im Frieden fahren, wie du gesagt hast; denn meine Augen haben deinen Heiland gesehen." (Lk 2,29 f.)

Für Simeon und Hanna hat sich in diesem Moment ganz persönlich „die Zeit erfüllt". Ist es nicht ein wunderschöner Weihnachtswunsch und eine Weihnachtshoffnung, dass sich auch für uns „die Zeit erfüllt" und wir durch Jesus Christus zu Kindern Gottes werden? Eine Altersgrenze gibt es für diese Erfahrung jedenfalls nicht – weder nach unten noch nach oben.

Lieder: EG 30,1–3; EG 23,1–7; EG 42,1.2.8.9
Wochenpsalm: Philipper 2,6–11
Schriftlesungen: Micha 5,1–4a und Markus 1,9–15

Gottes Herzensabdruck

Liebe Gemeinde,

wenn in der Öffentlichkeit über Religion geredet oder geschrieben wird, dann stößt man – jedenfalls seit dem 11. September 2001 – meist sehr schnell auf *eine* Frage: Fördert die Religion (oder eine bestimmte Religion) das friedliche, gewaltfreie, von Toleranz geprägte Zusammenleben der Menschen, oder hindert sie es? Erhebt eine Religion einen umfassenden, vielleicht sogar absoluten Wahrheitsanspruch oder lässt sie auch andere Religionen und Weltanschauungen neben sich gelten? Der Hinduismus schneidet bei solchen Diskussionen meist relativ gut ab, der Islam meist relativ schlecht. Und im Blick auf das Judentum und Christentum werden in der Regel zwei Strömungen oder Richtungen unterschieden: eine fundamentalistisch-dogmatische und eine aufklärerisch-liberale. Stimmt diese Einteilung und die mit ihr verbundene Wertung? Oder sind da schon vom Ansatz her problematische Voraussetzungen und Vorurteile im Spiel?

Im Neuen Testament gibt es nicht viele Texte, die sich mit der Frage beschäftigen, wie sich die Offenbarung Gottes in Jesus Christus zu anderen Offenbarungen verhält. Zu den wenigen, aber profilierten Texten, die dazu etwas sagen, gehört unser heutiger Predigttext aus Hebräer 1,1–4:

Nachdem Gott vorzeiten vielfach und auf vielerlei Weise geredet hat zu den Vätern durch die Propheten, hat er in diesen letzten Tagen zu uns geredet durch den Sohn, den er eingesetzt hat zum Erben über alles, durch den er auch die Welt gemacht hat. Er ist der Abglanz seiner Herrlichkeit und das Ebenbild seines Wesens und trägt alle Dinge mit seinem kräftigen Wort und hat vollbracht die Reinigung von den Sünden und hat sich gesetzt zur Rechten der Majestät in der Höhe und ist so viel höher geworden als die Engel, wie der Name, den er ererbt hat, höher ist als ihr Name.

Hier werden Aussagen gemacht über das Verhältnis des Redens Gottes zu den Propheten *vor* Christus und seinem Reden *durch* Christus, den Sohn. Und das beginnt gleich mit vollen Tönen, indem gesagt wird, Gott habe „vielfach und auf vielerlei Weise" zu den Vätern durch die Propheten geredet, ohne dass dieses Reden in irgendeiner Weise herabgesetzt, in Frage gestellt oder gar bestritten würde. Es wird einfach vorausgesetzt. Jesus Christus ist nicht der einzige Bringer des Wortes Gottes oder das einzige Wort Gottes.

Es war im Jahre 1984, zur 50. Wiederkehr der Barmer Theologischen Erklärung, als von der Deutschen Post eine Briefmarke herausgegeben wurde, auf der eine Kurzfassung des ersten Satzes der Barmer Theologischen Erklärung zu lesen stand: „Jesus Christus ist das eine Wort Gottes." Wer das las oder liest, wird es leicht so verstehen, als gebe es demnach nur dieses *eine, einzige* Wort Gottes. Aber das ist ein Missverständnis, das auch durch die begrenzten Publikationsmöglichkeiten des Briefmarkenformats zu erklären ist. Im Original, das sich in unserem Gesangbuch unter Nr. 836 (EGWü) findet, lautet es schon etwas umfassender: „Jesus Christus, wie er uns in der Heiligen Schrift bezeugt wird, ist das eine Wort Gottes, das wir zu hören, dem wir im Leben und im Sterben zu vertrauen und zu gehorchen haben." Im Unterschied zu der Briefmarkentheologie von 1984 wird hier einerseits auf das umfassende Zeugnis der Heiligen Schrift verwiesen, andererseits durch den angeschlossenen Relativsatz verdeutlicht, dass Jesus Christus das eine Wort Gottes ist, das wir *zu hören,* dem wir *zu vertrauen* und *zu gehorchen* haben. Und in der zugehörigen Lehrverwerfung wird noch deutlicher, was damit gemeint ist: „Wir verwerfen die falsche Lehre, als könne und müsse die Kirche als Quelle ihrer Verkündigung außer und neben diesem einen Worte Gottes auch noch andere Ereignisse und Mächte, Gestalten und Wahrheiten als Gottes Offenbarung anerkennen." Das ist eine Abgrenzung gegen die Deutschen Christen, die behauptet hatten, die Ereignisse des Jahres 1933 hätten Offenbarungsqualität und müssten deshalb in der kirchlichen Verkündigung und Lehre positiv aufgenommen werden.

Die Tatsache, dass in der ersten Barmer These das Missverständnis einer *Einzigkeitsbehauptung* nicht ganz ausgeschlossen ist, war übrigens der Hauptgrund dafür, dass die Lutherischen Kirchen in Deutschland bis heute nicht die positiven Lehraussagen der Barmer Theologischen Erklärung, sondern nur die Lehrverwerfungen rezipiert haben.

Gegen die Einzigkeitsaussage oder -interpretation der Rede von dem *einen* Wort Gottes setzt unser Text einen deutlichen Gegenakzent: Vielfach und auf vielerlei Weise habe Gott zu den Vätern durch die Propheten geredet. Aber zeigt nicht der Hinweis auf „die Väter", dass das doch nur eine *kleine*, vielleicht *zu* kleine Ausweitung ist: vom Neuen Testament auf das Alte Testament, vom Christentum auf das Judentum? Keineswegs. Schon dem Alten Testament ist zu entnehmen, dass in der Geschichte Israels und des Judentums gelegentlich auch Propheten und Priester aus anderen religiösen Traditionen und Gemeinschaften eine ganz besondere, gelegentlich geradezu hervorgehobene Rolle spielen. Da ist zunächst die Gestalt jenes merkwürdigen, fremdartigen Priesterkönigs *Melchisedek* von Salem, Verehrer und Repräsentanten einer höchsten kanaanäischen Gottheit, der in 1. Mose 14 und Psalm 110 und dann auch mehrfach im Hebräerbrief auftaucht. Da ist sodann der aus Midian stammende Schwiegervater des Mose, der teilweise den Namen *Jitro* trägt, teilweise *Reguel* genannt wird, von dem in 2. Mose 3 f. und 18 berichtet wird und der sogar möglicherweise etwas mit dem Ursprung des Jahweglaubens zu tun hat. Und da ist schließlich jener interessante Prophet *Bileam*, der am Euphrat wohnt und von König Balak dafür bezahlt wird, Israel zu verfluchen, der aber auf das Geheiß Jahwes Israel *segnet*. Man kann und sollte gelegentlich diese wunderbare Geschichte aus 4. Mose 22–24 wieder einmal nachlesen und wird dort dann auch noch den – meines Wissens einmaligen – Beleg dafür finden, dass Gott sogar durch ein *Tier*, in diesem Fall durch eine *Eselin*, zu Menschen reden kann.

Nein, die Grenzen des Judentums und des Christentums und ihrer Propheten sind nicht die Grenzen des Redens Gottes und des Hörens auf Gott. Und das ist nicht nur die Auffassung des Hebräerbriefs, sondern auch die des Apostels Paulus, wie er sie in den ersten Kapiteln des Römerbriefs vertritt und begründet, und es ist auch die Auffassung des Verfassers der Apostelgeschichte, wie man der berühmten Areopagrede in Kapitel 17 entnehmen kann.

Ja, auch schon im Wirken und in der Verkündigung Jesu gibt es zumindest *eine* Szene, in der die Jünger von einem fremden Dämonenaustreiber berichten, der Jesus nicht nachfolgt, aber dessen Namen benutzt, um böse Geister auszutreiben. Als die Jünger Jesus fragen, ob sie nicht recht hatten, ihm das zu verbieten, antwortet Jesus: „Ihr sollt's ihm nicht verbieten ... Denn wer nicht gegen uns ist, ist für uns" (Mk 9,40; Lk 9,49 f.). Gewiss, es gibt auch das andere, viel bekanntere Jesuswort: „Wer nicht für mich ist, ist gegen mich" (Mt 12,30; Lk 11,23), und beide Worte sind – teilweise im selben Evangelium – nebeneinander jeweils zweimal überliefert. Aber bekannter ist in der Christenheit das abgrenzende Wort: „Wer nicht für mich ist, der ist gegen mich" – bekannter als das öffnende, einladende, gewinnende Wort: „Wer nicht gegen uns ist, ist für uns." An vielen Stellen gibt es in der biblischen Überlieferung diese beiden Linien nebeneinander, aber meist dominiert in unserem Bewusstsein die Linie, die nicht verbindet, sondern trennt.

Das hat gewiss auch damit zu tun, dass Jesus auch in unserem Predigttext nicht nur eingereiht wird unter die vielen, durch die Gott geredet hat, sondern dass er ihnen auch *gegenübergestellt* wird: als der *Sohn*. So haben wir es ja auch in der Evangelienlesung aus Matthäus 16,13–17 gehört, wo Jesus seine Jünger fragt, was denn die Leute von ihm denken. Und die verschiedenen Antworten, die von den Jüngern berichtet werden – er sei der auferstandene Johannes der Täufer, der wiedergekommene Elia, Jeremia oder einer der endzeitlichen Propheten – lassen sich zusammenfassen in dieser letztgenannten Kennzeichnung: Die Leute sehen in Jesus einen der *Propheten*. Dass das noch keine erschöpfende Antwort ist, wird daran deutlich, dass Jesus nun seine Jünger fragt: „Wer sagt denn ihr, dass ich sei?" Und dann folgt die Antwort, von der Jesus sagt, dass sie ihnen nicht von Menschen, sondern von Gott selbst gegeben sei: „Du bist Christus, des lebendigen Gottes Sohn!" Darin wird erkennbar, dass Jesus „mehr" ist als einer der Propheten, eben „der Sohn Gottes".

Damit ist nicht ein physisches Abstammungsverhältnis von Gott gemeint, auch nicht eine willkürliche Adoptionsbeziehung, sondern damit ist das gemeint, was unser Predigttext sehr schön und genau zum Ausdruck bringt durch die Formulierung: „Er [Jesus Christus] ist ... das Ebenbild seines [Gottes] Wesens." Das heißt aber doch: In ihm wird Gott nicht nur *hörbar*, sondern *sichtbar, fühlbar, erlebbar*. Wer es mit Jesus Christus zu tun bekommt, bekommt es *mit Gott selbst* zu tun. Darum sagt der Johanneische Christus zu Philippus, als der bittet, Jesus möge ihm Gott zeigen: „Philippus, wer mich sieht, der sieht den Vater!" (Joh 14,9)

So gibt es in den neutestamentlichen Texten eine Vielzahl von Punkten und Linien, an denen erkennbar wird, dass Menschen erlebt und erfahren haben, dass sie es in Jesus Christus *mit Gott selbst* zu tun bekommen, dass Jesus Christus das tut und so ist, was und wie sie es von Gott erhofft, erwartet und ersehnt haben: Er vergibt Sünden, vertreibt böse Geister, heilt Kranke, speist Hungernde, gibt Verlorenen Hoffnung auf neues, heilvolles Leben.

Diese Erfahrungen haben sich offensichtlich im Umfeld von Kreuz und Auferstehung Jesu so verdichtet, dass uns berichtet wird, der römische Hauptmann, der bei der Kreuzigung Jesu anwesend war, habe nach dem Todesschrei Jesu gesagt: „Wahrlich, dieser Mensch ist Gottes Sohn gewesen!" (Mk 15,39), und dass der zweifelnde Thomas, als er dem Auferstandenen persönlich begegnet, sogar bekennen kann: „Mein Herr und mein Gott!" (Joh 20,28)

Alle diese Aussagen und Erfahrungen deuten hin auf das Zentrum des christlichen Glaubens: Jesus Christus ist Gott in Menschengestalt. Nicht, weil dieser Mensch allgegenwärtig, allwissend, allmächtig und ewig wäre, das alles ist er *nicht*, weil er Mensch ist wie wir. Sondern weil sich in ihm das liebende Wesen Gottes zeigt, der sich des verlorenen Menschen annimmt und erbarmt. In Luthers Worten: der Herr Christus, „der ein Spiegel ist des väterlichen Herzens" Gottes (BSLK 660,42). *Das* ist das Wunder der Menschwerdung Gottes. Und dieses Wunder findet im Abendmahl seine Fortsetzung, wenn wir von der heilsamen Nähe Gottes in Jesus Christus nicht nur hören, sondern sie schmecken und sehen können.

Unser Bibeltext gebraucht an dieser Stelle einen ganz ungewöhnlichen, nur dieses eine Mal im Neuen Testament vorkommenden griechischen Begriff, der uns freilich aus unserer Umgangssprache wohl vertraut ist: er nennt Jesus Christus den „Charakter" Gottes, genauer, den „Charakter des Wesens Gottes". Ein Charakter ist im Griechischen ein deutlicher profilierter Abdruck oder Eindruck, wie ein Fingerabdruck, ein Stempel oder ein Siegel, die auf etwas aufgedruckt oder eingeprägt werden. Und so bezeichnet der Hebräerbrief an dieser Stelle Jesus Christus als den *Wesensabdruck*, oder noch besser gesagt: als den *Herzensabdruck* Gottes in dieser Welt.

Und was heißt das für das Verhältnis des Christentums zu anderen Religionen? Es hieße *klein* von Gott denken, wenn wir *bestreiten* würden, dass Gott sich auch in anderen Religionen bezeugen und offenbaren kann.

Aber die Form der Selbstoffenbarung Gottes in einem *Menschen*, die wir als *Menschwerdung* bezeichnen, ist etwas Einmaliges. Das behauptet ja auch keine andere Religion von sich, wenn ich nichts übersehen habe. Aber genau *damit* ist auch dem Hebräerbrief zufolge eine neue, eine *letzte* Zeit angebrochen. Damit ist eine *unüberbietbare* Offenbarung geschehen; denn *mehr* als seinen Wesensabdruck oder Herzensabdruck kann Gott uns in dieser Welt nicht zu hören, zu sehen und zu fühlen geben.

Und was folgt daraus für das Verhältnis von Gottes Offenbarung in seinem Sohn zu den möglichen Offenbarungen durch die Propheten in allen Religionen? Karl Barth (KD IV/3, S. 182) und Paul Tillich (STh I, S. 158ff.) haben dafür

– in der Sache ausnahmsweise einmal ganz einig – passende Ausdrücke geprägt, indem sie sagen: Jesus Christus ist nicht die einzige und nicht einmal die letzte Offenbarung Gottes, aber die *endgültige* bzw. *letztgültige* Offenbarung Gottes. Das heißt aber, alle anderen Offenbarungsansprüche müssen sich *aus christlicher Sicht* daran messen lassen, ob sie mit diesem Wesens- und Herzensabdruck Gottes übereinstimmen oder ihm widersprechen. Und darum hat das Gespräch mit den anderen Religionen zwar zuerst den Sinn, dass wir uns *gegenseitig bezeugen*, was wir als die Wahrheit Gottes erkannt haben. Das ist die Voraussetzung und Grundlage jedes gehaltvollen Gesprächs zwischen den Religionen. Aber dann muss dieses Gespräch auch dazu führen, dass wir *aufeinander hören*, ob wir die Offenbarung, die uns zuteil geworden ist, noch *tiefer* und noch *umfassender* verstehen können und zu verstehen haben. So können die Religionen *einander* zur Vertiefung ihrer Wahrheitserkenntnis verhelfen, und wahrscheinlich erst dann erkennen auch wir als Christen, dass Gott seinen Sohn tatsächlich eingesetzt hat „zum Erben über alles" (V. 3). Mit dieser Erbschaft wird niemand, kein Mensch und keine Religion, enterbt oder enteignet, sondern mit ihr werden alle eingeladen zur Begegnung mit dem Wesen Gottes, das *Liebe* ist und das darum niemanden ausschließt, weil Gott will, „dass allen Menschen geholfen werde und sie zur Erkenntnis der Wahrheit kommen" (1Tim 2,4).

Lieder: EG 161,1–3; EG 12,1–4; EG 241,1.6–8; EG 197,1–3
Wochenpsalm: 96
Schriftlesung: Jesaja 11,1–9 und Matthäus 16,13–17

Wer kennt Gott?

Predigttext: 1. Johannes 4,1–3a und 6b–11

Ihr Lieben, glaubt nicht einem jeden Geist, sondern prüft die Geister, ob sie von Gott sind; denn es sind viele falsche Propheten ausgegangen in die Welt. Daran sollt ihr den Geist Gottes erkennen: Ein jeder Geist, der bekennt, dass Jesus Christus in das Fleisch gekommen ist, der ist von Gott; und ein jeder Geist, der Jesus nicht bekennt, der ist nicht von Gott. ...

Wer Gott erkennt, der hört uns; wer nicht von Gott ist, der hört uns nicht. Daran erkennen wir den Geist der Wahrheit und den Geist des Irrtums. Ihr Lieben, lasst uns einander liebhaben; denn die Liebe ist von Gott, und wer liebt, der ist von Gott geboren und kennt Gott. Wer nicht liebt, der kennt Gott nicht; denn Gott ist die Liebe. Darin ist erschienen die Liebe Gottes unter uns, dass Gott seinen eingebornen Sohn gesandt hat in die Welt, damit wir durch ihn leben sollen. Darin besteht die Liebe: nicht dass wir Gott geliebt haben, sondern dass er uns geliebt hat und gesandt seinen Sohn zur Versöhnung für unsre Sünden. Ihr Lieben, hat uns Gott so geliebt, so sollen wir uns auch untereinander lieben.

Liebe Gemeinde,

den Verfasser des 1. Johannesbriefs beschäftigt durchgehend *eine* Frage: Wer kennt Gott? Und wer kennt Gott nicht? Diese Frage ist für ihn alles andere als eine theoretische, eine sogenannte akademische Frage; denn „kennen" heißt für den 1. Johannesbrief immer zugleich „von Gott sein", „von" oder „aus Gott geboren sein" und „zu Gott gehören".

Das Interesse an einer Aufteilung der Menschen in solche, die zu Gott gehören, und solche, die nicht zu Gott gehören, müssen wir uns nicht unbedingt zu eigen machen. Das ist keine für uns wichtige und weiterführende Beschäftigung. Aber die Frage, ob *wir* Gott kennen und zu ihm gehören, ist *wesentlich*. Denn mit „Gott" meint die Bibel und meint die christliche Kirche den Grund, das Ziel und die Mitte des Lebens, das „Geheimnis der Wirklichkeit", das, „was die Welt im Innersten zusammenhält". *Das* zu erkennen, *daran* Anschluss zu haben, *davon* bewegt und bestimmt zu werden, das ist wohl das wichtigste Anliegen für das Leben eines Menschen.

Kennen wir Gott? Kenne ich Gott? Um diese Frage ehrlich und mit Gründen beantworten zu können, muss ich wissen, was der *Maßstab* ist, an dem sich das entscheidet, woran ein Mensch sich also orientieren muss, um aufrichtig und begründet sagen zu können: Ich kenne Gott.

Der Predigttext gibt uns zwei Antworten auf die Frage nach einem Maßstab bzw. Orientierungspunkt. Die *erste* Antwort lautet: Wer bekennt, dass Jesus Christus ins Fleisch gekommen ist, der ist von Gott, das heißt: der kennt Gott.

Ich vermute, dass viele von uns mit dieser ersten Antwort wenig anfangen können – nicht weil sie uns *unver*ständlich wäre, sondern weil sie uns so *selbst*verständlich ist. Mir persönlich geht es auch so. Dass Jesus Christus ein wirklicher Mensch aus Fleisch und Blut war und nicht etwa ein göttliches Geistwesen, das bloß scheinbar in unsere Welt eingegangen ist, das mag *damals* eine die Menschen bewegende Streitfrage gewesen sein, heute ist sie es wohl nicht mehr.

Auch in der Reformationszeit war das offenbar noch ein wichtiges, die Menschen bewegendes Thema. In einer Weihnachtspredigt von 1527 sagt Luther:

> Der Teufel ist immer damit beschäftigt, dass er uns Christus so vor Augen stellt, wie Christus selber sich nicht vorgestellt hat. Die Lügengeister suchen ihn über den Wolken. Ich bin auch auf dieser Treppe gewesen, ich hab mir aber ein Bein dabei gebrochen. Unsere Vernunft und unser Wille wollen immer hinaufsteigen und oben suchen. Aber willst du Gott finden und Freude haben, so neige dich hinunter: da findest du das Kind, das dein Schöpfer ist und vor dir in der Krippe liegt. Da spricht dann das Herz: ich will bei dem Kinde bleiben, wie es sauget, gebadet wird und – stirbt.

Das war offenbar noch vor knapp 500 Jahren eine die Menschen bewegende, zum Umdenken veranlassende Botschaft: Weg von einer Theologie der Herrlichkeit, hin zu einer Theologie der Niedrigkeit und des Kreuzes!

Wenn ich es richtig sehe, ist unser heutiges Problem genau das umgekehrte. Wir zweifeln nicht daran, dass Jesus Christus ein wirklicher, leibhaftiger Mensch wie wir gewesen ist. Unsere Frage ist viel eher, ob es nicht eine maßlose Übertreibung sei, wenn das Neue Testament und die christliche Kirche lehren, dass uns in dem Menschen Jesus Christus *Gott* begegnet. Nicht die Menschheit Jesu ist unser Problem, sondern seine *Gottheit*.

Was uns jedoch mit den Menschen zur Zeit des Neuen Testaments und der Reformation verbindet, ist die Tatsache, dass wir offensichtlich ganz große – möglicherweise unüberwindbare – Schwierigkeiten haben, Gott und Mensch, Gottheit und Menschheit in *einer* Person zusammen zu denken. Die Aussage: „Gott ist im Fleisch" oder die Aussage: „Jesus Christus ist wahrhaftiger Mensch und wahrhaftiger Gott" machte und macht den Menschen damals und heute Schwierigkeiten. Können wir das *verstehen*, oder muss man das eben *glauben*? Aber was ist es denn eigentlich, das wir glauben sollen? Dass der ewige, unsterbliche, allmächtige Gott in Jesus Christus zugleich ein endlicher, sterblicher, ohnmächtiger Mensch ist? Wie können wir das glauben, bekennen und bezeugen, wenn wir es nicht *verstehen* können? Wie sollen wir das an unsere Kinder oder an Menschen außerhalb der Kirche weiter vermitteln, wenn es auf uns selbst wie ein Widerspruch wirkt, bei dem alles Verstehen an sein Ende kommt?

Vielleicht hilft uns die *zweite* Antwort weiter, die der heutige Predigttext uns gibt: Wer *liebt*, der ist von Gott geboren und kennt Gott.

Hier geht es nun offensichtlich nicht ums Verstehen, sondern um unser Tun oder Verhalten oder Sein. Ich vermute, das spricht viele Menschen heute eher an als die Rede vom fleischgewordenen Gott in Christus. Mir geht es auch so. Ich kann viel anfangen mit dem Gedanken, dass ein Mensch, dessen Leben von der Liebe bestimmt wird, mit Gott in Berührung gekommen ist. Wer sich anderen Menschen in Liebe zuwenden kann, hat offenbar etwas Wesentliches von Gott gespürt und empfangen.

Aber auch hier erhebt sich ein Einwand: Wird damit nicht die Liebe zwischen Menschen *überbewertet* und *zu hoch* angesetzt? Wird damit nicht – wenn auch auf ganz andere Weise – wieder etwas Menschliches vergöttlicht? Geraten wir damit nicht unter einen unerträglichen Druck und unter eine Forderung, die unsere Kräfte und unser Vermögen bei weitem übersteigt? Und wie ist das mit den Menschen, die mit Religion und Glauben nichts zu tun haben oder zu tun haben wollen, die aber ehrlicherweise von sich sagen können, dass sie ihre Mitmenschen lieben? Müssen wir diesen Menschen die Fähigkeit zu echter Liebe absprechen oder dürfen wir sie gewissermaßen vereinnahmen?

Auch diese zweite Antwort des Bibeltextes läßt eine ganze Reihe von Fragen offen, über die ich nicht einfach hinweggehen will.

Beim Nachdenken über den Predigttext hatte ich jedoch den Eindruck, dass ich einen Schritt weiterkomme, wenn ich nach dem *inneren Zusammenhang* frage, der zwischen diesen beiden Antworten möglicherweise besteht, und wenn ich diesen Zusammenhang zu verstehen versuche. Ich habe das Verbindungsstück zwischen beiden Antworten in dem kleinen, fast beiläufig geäußerten Nebensatz gefunden, den wir alle schon oft – vielleicht zu oft – gehört haben. Es sind die fünf Worte: „denn Gott ist die Liebe". Diese Worte bilden so etwas wie die sachliche Mitte des ganzen Textes. Von ihnen aus fällt zusätzliches, klärendes und erhellendes Licht auf die erste und zweite Antwort.

Zunächst kann ich nun verstehen, was es heißt: *Gott* ist in Jesus Christus Mensch bzw. *Fleisch* geworden. Es heißt: Die *Liebe*, die das Wesen Gottes ist, hat den Menschen Jesus von Nazareth so vollkommen in der Tiefe seines Daseins ergriffen und bestimmt, dass wir sagen können: *Er ist Liebe in Person.* Wenn der Satz: Gott ist in Jesus Christus Mensch geworden, dies bedeutet: Die Liebe hat in Jesus Christus menschliche Gestalt angenommen, dann verschwindet der vorhin aufgezeigte Widerspruch zwischen göttlichen und menschlichen Eigenschaften in *einer* Person. Dann wird auch nachvollziehbar, warum das Bestimmtwerden durch Gott, der die Liebe ist, Jesu wahres Menschsein nicht aufhebt, sondern sogar zur Erfüllung bringt. Denn wo wäre ein Mensch *mehr* zu seiner menschlichen Bestimmung gekommen als dort, wo er liebt? Das kann ich gut verstehen. Und ich glaube, das können auch viele Menschen in unserer Zeit verstehen und ehrlichen Herzens nachsprechen.

Ist damit das *Wunder* der Menschwerdung rational aufgelöst und wegerklärt? Keineswegs! Es ist nur an die richtige Stelle gerückt. Wenn wir uns vom 1. Johannesbrief die Antwort geben lassen, dass Gott die Liebe ist, dann ist die Menschwerdung Gottes in Jesus Christus nicht länger ein *logischer* Widerspruch und auch keine *biologische* Abnormität. Sie ist das Wunder und Geheimnis, dass es *einen* Menschen gibt, der so von der göttlichen Liebe bestimmt wurde, dass sein ganzes Leben davon durchdrungen war und ist.

Von dem Halbsatz: „denn Gott ist die Liebe" fällt aber auch neues, erhellendes Licht auf die zweite Antwort. Da war ja der Einwand, dass die menschliche Liebe unzulässig überhöht und vergöttlicht und damit der Mensch mit seiner Liebesfähigkeit überfordert würde. Aber wenn der Satz gilt: „Gott ist die Liebe", dann besteht diese Gefahr nicht. Denn: „darin besteht die Liebe: nicht, dass wir Gott geliebt haben, sondern dass er uns geliebt hat". Die Liebe, an der sich entscheidet, ob wir aus Gott geboren sind und Gott kennen, ist *nicht* die Liebe, die *von uns* oder *aus uns* stammt, die wir zu leisten oder zu erbringen hätten. Sondern sie ist die Liebe, welche *uns zuteil wird* und *so* unsere Fähigkeit zum Lieben weckt oder entzündet. Dabei ist es wichtig zu erkennen, dass uns diese Liebe vor allem durch andere Menschen zuteil wird: wenn alles gutging zuerst durch unsere Eltern, durch Angehörige und Freunde, aber auch durch Texte, durch Bilder und durch Musik.

Erst als *Folge* dessen gilt dann die Aufforderung: „Hat uns Gott so geliebt, so sollen wir uns auch untereinander lieben". Diese Folgerung gilt dann allerdings auch mit innerer Notwendigkeit. Sie kann nicht ausbleiben, wenn wir wirklich von der Liebe erreicht und berührt wurden.

Gott kennen, heißt, von *der* Liebe angerührt worden zu sein, die nicht aus uns stammt, sondern die uns zuteil geworden ist und uns befähigt, einander zu lieben. Deswegen kann der Satz „Gott ist die Liebe" auch nicht umgekehrt werden in den Satz: „Die Liebe ist Gott." Denn dann würde der Gedanke verschwiegen oder ginge verloren, dass unsere Liebe erst geweckt oder entzündet werden muss durch eine uns zuteil werdende und auf uns zukommende Liebe, die wir zuerst empfangen, bevor wir sie weitergeben können.

Kennen wir Gott? Das heißt nun: Kennen wir *die Liebe,*

die uns zuteil wird? Kennen wir die Liebe, die uns so zuteil wird, dass sie uns selbst zur Liebe reizt und befähigt?

Die älteste Christenheit hat in dem Menschen Jesus von Nazareth diese „Liebe in Person", die ins Fleisch gekommene Liebe, entdeckt und hat darum gesagt: Er ist, was wir sein sollen und durch ihn sein können: ein Mensch, der von Gott geboren ist, ein Kind Gottes, das aus Gottes Liebe lebt und darum die Erfahrung macht, zur Liebe befähigt und mit Liebe „begabt" zu sein.

Die Menschen in unserer Zeit (auch wir selbst) fragen oft: „Gibt es Gott wirklich? Oder ist er nur das Produkt unserer Phantasie, unserer Wünsche und Sehnsüchte?" Unser Predigttext leitet uns an, diese Frage vertieft zu verstehen: „Gibt es wirklich Liebe? Gibt es die Liebe, die der Grund und das Ziel und die Mitte des Lebens ist?" Vielleicht wird uns, wenn wir *so* nach Gott fragen, bewußt, dass wir schon von dem leben, wonach wir fragen und suchen, und dass wir Gott gar nicht suchen könnten, wenn er uns nicht schon mit seiner Liebe gefunden hätte.

Lieder: EG 56,1–5; EG 34,1–4; EG 401,1.2.4.7
Wochenpsalm: 71
Schriftlesungen: Jesaja 49,13–16 und Johannes 12,44–50

Auf der Schwelle

Liebe Gemeinde,
der Silvesterabend besitzt einen besonderen Zauber. Sein
Geheimnis liegt wohl in einer Mischung zwischen der Ab-
schieds- und der Aufbruchsstimmung. Wir befinden uns
an einer Schwelle: einer Schwelle zwischen dem alten und
dem neuen Jahr, und – zwischen zwei Jahreszahlen in unserer Zeitrechnung. Es gibt Menschen, welche behaupten,
die Jahreswende sei ein Abend und eine Nacht wie alle anderen auch, nichts Besonderes. Dass wir an diesem Abend
in der Kirche sind, zeigt aber, dass wir das Gefühl haben:
Die Jahreswende ist doch etwas mehr. Sie hat eine Botschaft. Sie macht uns auf einen bestimmten Zusammenhang aufmerksam. Und er betrifft uns sehr persönlich.

Immer, wenn es um eine neue Jahreszahl geht, sei es bei
unserem Geburtstag, sei es bei der Jahreswende, wird uns
bewusst, dass die Zeit läuft und vergeht. Und damit werden wir auch daran erinnert, dass *unsere eigene Lebenszeit*
abläuft und vergeht. Jeder Tag und jedes Jahr hat einen einmaligen Wert, nichts davon kann man wiederholen und
man weiß nicht, wie viele von ihnen man noch vor sich hat.
Diesen Gedanken vergessen wir oft genug mitten im Alltag, mitten in all dem, was wir zu tun und zu denken haben, mitten in all dem, was uns sonst bewegt. Aber am Sil-

vesterabend drängt er sich in den Vordergrund und wir müssen und können ihm nachgehen. In diesem Gottesdienst werden wir es tun mit Hilfe eines Liedes und der Biographie eines Liederdichters. Das Lied heißt: „Der du die Zeit in Händen hast" (in unserem Gesangbuch unter der Nummer 64), der Liederdichter heißt Jochen Klepper.

Lieder sind in gewisser Hinsicht wie Menschen. Sie haben ihre eigene Geschichte und sie sind unzertrennlich mit den Menschen und den Zeiten verbunden, die sie geschaffen und geprägt haben. Und manche Besonderheiten kommen erst im Laufe der Zeit dazu. Das erste, was uns bei dem Lied „Der du die Zeit in Händen hast" auffällt, ist die Tatsache, dass wir seine Melodie nicht sonderlich gut kennen. Es liegt nicht an dem guten Willen des Komponisten Siegfried Reda (1916–1968).

Mit seiner ganzen Lebenskraft und Energie arbeitete er an der Erneuerung der evangelischen Kirchenmusik nach dem zweiten Weltkrieg. Vielleicht liegt es gerade an der großen Sorgfalt, mit der er diese Melodie ausgearbeitet hat, kunstvoll und anspruchsvoll. Es fehlt ihr die Natürlichkeit und Selbstverständlichkeit einer bescheidenen Volksweise, die vielleicht ab und zu belächelt wird, aber im Herzen und im Ohr hängen bleibt. Deswegen singen wir heute das Lied „Der du die Zeit in Händen hast" nach der Melodie „Kommt her zu mir, spricht Gottes Sohn" (EG 363). Wir singen die erste Strophe:

> 1. Der du die Zeit in Händen hast, / Herr, nimm auch dieses Jahres Last / und wandle sie in Segen. / Nun von dir selbst in Jesus Christ / die Mitte fest gewiesen ist, / führ uns dem Ziel entgegen.

Liebe Gemeinde: „Das hat man nicht in der Hand", dieser Spruch fällt uns vielleicht ein, wenn wir den Text der ersten Strophe unseres Liedes lesen oder singen. Vieles in unserem Leben können wir bestimmen und steuern, eines aber nicht: *die Zeit.* Wir haben sie nicht in der Hand. Im Gegenteil. Sie hat *uns* in ihrer Gewalt. Wir sind ihr ausgeliefert. Wir können die Zeit nicht aufhalten, sie läuft unerbittlich ihren Weg und wir müssen mit. Zwar haben wir manchmal den Eindruck, dass die Zeit unterschiedliche Geschwindigkeiten aufweist: die schönsten Augenblicke des Lebens verfliegen wie im Nu, die Minuten oder sogar Sekunden des Schmerzes dauern ewig lange. Aber wir wissen: Das ist nur eine Täuschung. Nichts auf der Welt, am wenigsten wir Menschen, können den Lauf der Zeit verändern. Aber ist die Zeit dann nicht die allem überlegene Größe? So sahen das die Griechen, wenn sie den Gott „Chronos", also „Zeit", noch dem Göttervater „Zeus" überordneten. Auf diese Frage gibt unser Lied eine Antwort mit den ersten Worten, die fast wie ein Glaubensbekenntnis klingen: *Der du die Zeit in Händen hast.* Das ist ein Bekenntnis zu Gott als Schöpfer der Welt, als Schöpfer der Zeit. Einer steht über dem Diktat der Zeit, einer ist größer als sie: Gott, in dem die Zeit ihren Ursprung hat.

Aber diesem Glaubensbekenntnis folgen weder Jubel noch Freude. Hier erscheint ein Wort, welches uns die Grundstimmung des Textes oder Gedichtes verrät, auf die uns schon die Moll-Tonart der Melodie eingestellt hat. Dieses Wort heißt „Last": „Herr, nimm auch dieses Jahres Last ...".

Lieder sind in gewisser Hinsicht wie Menschen. Sie sind unzertrennlich mit den Zeiten verbunden, die sie geschaffen und geprägt haben. Das Lied „Der du die Zeit in Händen hast" mit der Überschrift „Neujahrslied" wurde erstmals am 1. Januar 1938 in einer großen deutschen Tageszeitung abgedruckt. Und diese Jahreszahl besagt viel. Damit nimmt das Lied uns mit in eine äußerst angespannte politische Situation und in ein Leben voller Konflikte und Belastungen. Der Autor des Textes, Jochen Klepper, war ein stiller und sensibler Mensch. Geboren im Jahre 1903 in der Familie eines evangelischen Pfarrers in Schlesien, war er Zeit seines Lebens ein gesundheitlich angeschlagener und schwermütiger Mensch. Von seiner französischen Mutter hat Jochen Klepper ein hohes Maß an künstlerischer Begabung geerbt, konnte aber nur mühsam seinen Platz im Leben finden.

Eine schwere seelische Krise veranlasste ihn, das angefangene Theologiestudium in Erlangen abzubrechen. Der Pfarrer-Beruf blieb ihm verwehrt. So versuchte Jochen Klepper sein Glück als Journalist beim Evangelischen Presseverband für Schlesien und später am Rundfunk in Berlin. Jochen Klepper liebte die Sprache, vor allem seine Muttersprache. Er war ein begnadeter Dichter und Schriftsteller. Sein Roman „Der Vater" über den Preußenkönig Friedrich Wilhelm I., den Vater Friedrichs des Großen, wurde zum Bestseller. Klepper entwarf darin das Bild eines Königs, der in allem nach Gott fragt und sich als „ersten Diener im Staat" begreift. Ein stiller Protest gegen die NS-Diktatur bahnte sich hier seinen Weg.

1938 erschien die Sammlung der geistlichen Gedichte von Jochen Klepper mit dem Titel „Kyrie", die bis heute ca. 150 000 mal verkauft worden ist. Jochen Klepper gilt als einer der bedeutendsten evangelischen Liederdichter seit Gerhard Tersteegen und Philipp Friedrich Hiller. In unserem evangelischen Gesangbuch kommt Klepper zusammen mit Martin Luther direkt nach Paul Gerhardt. Die bekanntesten seiner Lieder sind wohl das Morgenlied „Er weckt mich alle Morgen" (EG 452) und das Adventslied „Die Nacht ist vorgedrungen" (EG 16). Tiefe Frömmigkeit und Liebe zu biblischen Motiven, zum biblischen Text und Wortlaut der Lutherbibel sind kennzeichnend für seine Gedichte und für seine Tagebuchaufzeichnungen, die nach seinem Tod in einem Buch mit dem Titel: „Unter dem Schatten deiner Flügel" veröffentlicht wurden.

Aber noch etwas schwingt in seinen Texten fast immer mit: die Angst vor der Zukunft. Was wird sie wohl bringen? Von allen Seiten ist das Menschenleben bedroht, es ist gefährdet und hängt an dem seidenen Faden seiner kurzen Existenz. In seinen Aufzeichnungen notierte Jochen Klepper: „Den Mut zur Hoffnung zu haben und mit keinem billigen Pessimismus sich zu begnügen, ist auch nichts Kleines". Allerdings brauchen der Mut und die Hoffnung einen Anhaltspunkt. Und sie können ihn finden in Gott, erkennt der Liederdichter. In seinem Lied erscheint der Schöpfer der Zeit majestätisch und groß im Gegensatz zu dem Menschen, dem seine Endlichkeit so enge Grenzen setzt. Aber diese Majestät und Größe Gottes schließen den Menschen nicht aus, sondern ein, in seinen Beziehungskreis. Und das ist schon die Botschaft der Bibel und insbesondere die Botschaft des Evangeliums von Jesus Christus: Gott wendet sich dem Menschen zu. Damit ist ein großes Geheimnis verbunden, der Schlüssel für unsere Hoffnung über alle Zeiten und Grenzen hinaus: Alles, was mit Gott in Verbindung kommt, auch unser vergängliches Leben und unser Wesen, hat teil an seinem ewigen, unvergänglichen Wesen. Diese Teilhabe an Gott ist unsere Zuflucht, in dieser Teilhabe können wir Halt finden in dem unaufhaltsamen Strom der Zeit. Wir singen die Strophen 2 und 3:

> 2. Da alles, was der Mensch beginnt, / vor seinen Augen noch zerrinnt, / sei du selbst der Vollender. / Die Jahre, die du uns geschenkt, / wenn deine Güte uns nicht lenkt, / veralten wie Gewänder.
>
> 3. Wer ist hier, der vor dir besteht? / Der Mensch, sein Tag, sein Werk vergeht: / Nur du allein wirst bleiben. / Nur Gottes Jahr währt für und für, / drum kehre jeden Tag zu dir, / weil wir im Winde treiben.

Die kritischen Stimmen, die damals laut wurden, als dieses Gedicht erschien, vermittelten Unmut wegen der offensichtlichen Anlehnung an die Psalmen der Bibel. Die NS-treuen Kritiker sprachen von dem „knechtischen Geist" eines „absolut jüdischen" Gedichts. Lieder sind in gewisser Hinsicht wie Menschen. Sie sind mit den Menschen verbunden, die sie geschaffen haben. Jochen Klepper war nicht nur durch das religiöse und literarische Gut mit dem jüdischen Volk verbunden, sondern auch durch eine ganz persönliche Lebensentscheidung: durch die Heirat mit Johanna Stein, einer Rechtsanwaltswitwe jüdischer

Abstammung. Das wurde ihm zum Verhängnis. Wegen seiner nichtarischen Ehe verlor Jochen Klepper die Stellung beim Funk und wurde aus der Reichsschrifttumskammer ausgeschlossen. Wegen seiner nichtarischen Ehe wurde er aus dem Einsatz in der Wehrmacht als *wehrunwürdig* entlassen. Eine bevorstehende Deportation hing wie ein Damoklesschwert über seiner Ehefrau und deren zwei Töchtern. Nur einer von den beiden Stieftöchtern Jochen Kleppers gelang die Emigration. Die anderen Familienmitglieder schwebten in Lebensgefahr. Menschen waren ihren Mitmenschen zu Wölfen geworden. Ist es denn ein Wunder, dass Jochen Klepper in seinem Gedicht auf ein Wort kommt, mit dem in den Psalmen die Gerechtigkeit Gottes dem Abfall und dem Verfall der Menschen entgegentritt: den Zorn Gottes? Aber auch hier, mitten in der Angst und im Angesicht des Versagens einer ganzen Gesellschaft, erscheint wie ein Lichtstrahl in einer dunklen Nacht die Hoffnung: die Hoffnung auf die Gnade Gottes. Gott gibt den Menschen nicht auf. In seinen Aufzeichnungen schreibt Jochen Klepper: „Es wäre unerträglich, wenn nicht am Ende alles Menschlichen immer wieder Gottes erneuter Wiederanfang mit dem Menschen sich zeigte." Wir singen die Strophen 4 und 5:

4. Der Mensch ahnt nichts von seiner Frist. / Du aber bleibest, der du bist, / in Jahren ohne Ende. / Wir fahren hin durch deinen Zorn, / und doch strömt deiner Gnade Born / in unsre leeren Hände.

5. Und diese Gaben, Herr, allein / lass Wert und Maß der Tage sein, / die wir in Schuld verbringen. / Nach ihnen sei die Zeit gezählt; / was wir versäumt, was wir verfehlt, / darf nicht mehr vor dich dringen.

Liebe Gemeinde, Lieder sind in gewisser Hinsicht wie Menschen, sie haben ihre Geschichte, sie entwickeln sich, sie wachsen. Es ist bezeichnend, dass Jochen Klepper die letzte Strophe dieses Silvester- oder Neujahrsliedes geändert hat. Gleich werden wir den schönen, zuversichtlichen Schlusssatz des Liedes singen: „Bleib du uns gnädig zugewandt und führe uns an deiner Hand, damit wir sicher schreiten." Aber am Anfang war dieser Satz noch nicht da. In den ersten Fassungen des Gedichtes heißt es: „Lass – sind die Tage auch verkürzt, wie wenn ein Stein in Tiefen stürzt – uns dir nur nicht entgleiten."

Das ist ein erschütterndes Bild und ein ungewöhnlicher Gedanke. Als ob die Welt Gott entgleiten könnte wie ein Stein, der ihm aus den Händen rutscht. Aber dieses Gefühl scheint uns manchmal vielleicht gar nicht so fremd zu sein. Nicht, dass Gott uns aus seiner Hand geben möchte, sondern dass wir Menschen immer wieder aus seiner Hand weg wollen! Wie viele Kriege und Gewalttaten werden verübt, wie viele Pläne verwirklicht, bei denen wir merken: da wollen Menschen ohne Gott leben, ja sogar selber Gott spielen. Heutzutage ist so vieles möglich, durch die modernen Kommunikationsmittel, durch die globale Vernetzung per Internet, durch die Militärtechnik und Medizintechnik. Und wohin das alles führt – zum Segen oder ins Verderben – hängt oft, sehr oft von der Entscheidung der Menschen ab, ob sie mit oder ohne Gott leben wollen, *in* oder *außerhalb* seiner Hand.

Liebe Gemeinde, damals, als Jochen Klepper sein Lied verfasste, wollte er seine Mitmenschen – bewusst oder unbewusst – wachrütteln mit dem Hinweis auf die Wirklichkeit Gottes, die über allen politischen und ideologischen Machthabern steht. Auch für unsere Gesellschaft ist das aktuell. Aber was können wir tun? Jeder von uns heute Abend kann sein Leben und sein Wesen erneut Gott öffnen und sich und seine Lieben in Gottes Hand befehlen. Von ihm alleine kann Segen kommen. Gott ist derjenige, der uns unsere Lebenszeit schenkt, er ist derjenige, der ihr ein Ende setzen wird. Und wenn er in der Mitte, das heißt, im Zentrum unseres Lebens und unserer Lebenszeit steht, dann können wir trotz allem mit Zuversicht dem neuen Jahr entgegenschauen, so wie das in der kleinen Textmeditation in unserem Gesangbuch (EGWü 155) beschrieben ist: „Ich sagte zu dem Engel, der an der Pforte des neuen Jahres stand: Gib mir ein Licht, damit ich sicheren Fußes der Ungewissheit entgegengehen kann! Aber er antwortete: Gehe nur hin in die Dunkelheit und lege deine Hand in die Hand Gottes! Das ist besser als ein Licht und sicherer als ein bekannter Weg!". Wir singen die letzte Strophe aus dem Lied „Der du die Zeit in Händen hast":

> 6. Der du allein der Ewge heißt / und Anfang, Ziel und Mitte weißt / im Fluge unsrer Zeiten: / Bleib du uns gnädig zugewandt / und führe uns an deiner Hand, / damit wir sicher schreiten.

> Lieder: EG 58,1-3.6-7; EG 382,1–3; EGWü 628,1–3 („Meine Zeit steht in deinen Händen"); EG 65,1–6
> Wochenpsalm: 90
> Schriftlesungen: Jesaja 40,27–31 und Jakobus 4,13–17

Annehmen und Aufnehmen

Liebe Gemeinde,

seit dem Jahr 1730 gibt die vom Grafen Zinzendorf be-
gründete Herrnhuter Brüdergemeine – ohne jede Unterbrechung – die Losungen heraus, die für ungezählte
Menschen Tag für Tag eine Begegnung mit Texten aus der
Bibel, mit Liedversen, Gebeten und Hinweisen zur Bibel-
lektüre bieten. Auf der Rückseite des Titelblattes finden wir
seit vielen Jahren die jeweilige *Jahreslosung*, die von der
„Ökumenischen Arbeitsgemeinschaft für Bibellesen" aus-
gewählt und herausgegeben wird. Sie steht wie ein Motto
über dem ganzen Jahr, begegnet einem auf vielen Plakaten,
Postkarten und Handzetteln. Für das Jahr 2014 hieß sie:
„Gott nahe zu sein ist mein Glück". Die Jahreslosung für
2015 stammt aus dem 15. Kapitel des Römerbriefs Vers 7:

> „Nehmt einander an, wie Christus euch angenommen hat zu
> Gottes Lob".

Der Hauptgedanke dieser Aufforderung und dieser Zusage steckt in dem *einen* Wort, das in diesem kurzen Satz
gleich *zweimal* vorkommt: „annehmen". Man kann es
auch mit „aufnehmen" übersetzen oder wiedergeben. Und
man kann ohne Übertreibung sagen, dass in den Worten
„annehmen" und „aufnehmen" die *ganze* christliche Bot-

schaft zusammengefasst ist bzw. zusammengefasst werden kann.

Das haben wir vorhin auch schon bei den Schriftlesungen aus dem Markusevangelium gehört: Jesus nimmt ein Kind, ich vermute: ein ziemlich ungepflegtes oder verwahrlostes Straßenkind, stellt es mitten unter die Jünger und sagt: „Wer ein solches Kind in meinem Namen aufnimmt, der nimmt mich auf; und wer mich aufnimmt, der nimmt nicht mich auf, sondern den, der mich gesandt hat", also Gott selbst. Und ein Kapitel weiter hören wir in dem sogenannten Kinderevangelium, das bei jeder Kindertaufe verlesen wird: „Wer das Reich Gottes nicht empfängt", das heißt annimmt, "wie ein Kind, der wird nicht hineinkommen". Kinder sind Meister im Annehmen. Sie können sich beschenken lassen, wie wir Erwachsenen das meist nicht mehr können: ohne irgendein Gefühl der Peinlichkeit und ohne irgendeinen Gedanken, dadurch möglicherweise zu einer Gegenleistung verpflichtet zu sein. *So* dürfen und sollen wir das Reich Gottes, das heißt die heilsame Nähe Gottes, empfangen. Dieser Gedanke findet sich in allen vier Evangelien und zusätzlich auch bei Paulus.

Wenn man mit *einem* Wort das Ganze der christlichen Botschaft ausdrücken kann, dann muss dieses Wort vieles, ja alles in sich enthalten, und das ist tatsächlich der Fall.

Es sind *vier Gedanken*, die uns diese Jahreslosung zu bedenken gibt:

Erstens: Christus hat *uns angenommen*, und das heißt, in Christus hat Gott selbst, der Schöpfer des Himmels und der Erde, zu uns Ja gesagt. Indem Jesus Christus die Nähe der Gottesherrschaft verkündigt, sagt er an, dass Gott uns zu unserem Heil nahe kommt, uns annimmt und aufnimmt und zwar ohne Vorbedingungen und mit allem, was es an und in uns auch an Schwierigem, Unschönem, eigentlich Unannehmbarem gibt. Das alles kennt Gott. Aber das alles ist für Gott kein Grund uns abzulehnen oder zurückzuweisen. Gottes Liebe kommt darin zum Ausdruck, dass er uns annimmt. Wir Menschen haben eine Geste, mit der wir das ausdrücken: ausgebreitete Arme. Und so sind für viele Menschen die ausgebreiteten Arme Jesu am Kreuz ein Zeichen, ein Symbol für diese annehmende Liebe. Und mit ihr beginnt alles. Aber mit ihr ist es nicht zu Ende.

Zweitens: Wir sind eingeladen, das zu glauben, das heißt darauf zu vertrauen. Und man kann auch sagen, wir dürfen und sollen *das annehmen*, was uns damit zugesprochen und zugesagt wird. Wenn Menschen diese Botschaft aus Trotz oder Eigensinn oder Stolz nicht annehmen, bleibt sie trotzdem gültig und bestehen, aber sie bekommt keine Wirkung und Bedeutung für das Leben dieser Menschen. Vielleicht würden manche Menschen ja die Liebe Gottes annehmen, wenn man sie sich erarbeiten, verdienen oder kaufen, also für sie bezahlen könnte, so dass man dann sagen kann: „Das habe ich mir rechtmäßig erworben und verdient. Darauf habe ich jetzt einen Anspruch." Aber als die kleinen Kinder zu Jesus gebracht werden und die Jünger sie zurückweisen wollen, da sagt er: „Wer das Reich Gottes nicht annimmt wie ein Kind, der wird nicht hineinkommen." Das kann man sich nicht verdienen, das kann man sich aber schenken lassen – ohne Gegenleistung. Und darin sind Kinder vorbildlich.

Aber daraus folgt das *Dritte*, das als erstes genannt wird: „Nehmt einander an!". Wer sich so von Gott annehmen und lieben lässt (und sich darum auch selbst annehmen und lieben kann), der hat dann allen Grund, auch seine Mitmenschen anzunehmen und aufzunehmen. Paulus hat dabei die beiden Gruppen im Blick, die es in der Gemeinde in Rom gab: die *Starken*, die sich frei fühlten vom Gesetz und auch so lebten, und die *Schwachen*, die vorsichtig am Gesetz festhielten, alle Feiertags- und Speisevorschriften beachteten. Sie *richteten* die Starken, das heißt machten ihnen Vorwürfe und verurteilten sie. Die Starken dagegen *verachteten* die Schwachen wegen ihrer Ängstlichkeit und Übervorsicht. Paulus selbst zählt sich zu den Starken, aber er ermahnt beide Seiten, einander anzunehmen, das Richten und das Verachten zu unterlassen und sich gegenseitig als Christen zu achten und zu respektieren. Auch heute noch sind christliche Gemeinden hervorragende Lernfelder dafür, einander anzunehmen. Aber das gilt auch für die Menschen, die in einer Familie oder in einem Altenheim oder Mehr-Generationen-Haus zusammenleben. Und es gilt weit darüber hinaus für Menschen, die um ihres Glaubens oder ihrer Volkszugehörigkeit willen verfolgt und vertrieben werden und darauf hoffen, dass sie irgendwo in der Welt aufgenommen werden und eine neue Heimat finden können. Wie wäre es, wenn wir uns für das neue Jahr vornähmen, wenigstens nach *einem* Menschen vorsichtig Ausschau zu halten, der darauf wartet, von uns angenommen und aufgenommen zu werden? Das könnte ein guter Vorsatz sein, der sich realisieren lässt.

Und daran schließt Jesus den *vierten* Gedanken an, der meines Erachtens den Höhe- und Gipfelpunkt darstellt. Er sagt: „Wer ein solches Kind in meinem Namen aufnimmt, der nimmt mich auf" und dann fällt Jesus sich selbst gewissermaßen ins Wort: „und wer mich aufnimmt, der nimmt nicht mich auf, sondern den, der mich gesandt hat." Damit schließt sich die Perlenkette, die damit beginnt und sich fortsetzt, dass:

- Gott uns in Christus annimmt;
- dass wir das im Vertrauen annehmen dürfen;
- dass wir dadurch bewegt werden, andere anzunehmen und
- dass wir damit Christus, ja Gott selbst, annehmen und Gott so in unser Herz und Leben kommt.

Damit ist wirklich der *ganze Inhalt der christlichen Botschaft* in Grundzügen zusammengefasst und zum Ausdruck gebracht.

Aber sicherheitshalber fügt Paulus noch drei Wörter an: „zu Gottes Lob". Es könnte ganz Entscheidendes verloren gehen oder beschädigt werden, wenn wir das Alles unserem Konto gutschreiben würden, wenn es zu *unserem* Lob dienen sollte. Dann hätten wir vergessen, dass die ganze Perlenkette des Annehmens damit begonnen hat, dass Gott uns bedingungslos angenommen hat. Und dann wäre das Vorzeichen vor dieser ganzen Klammer verkehrt.

Große alte Meister vom Format eines Johann Sebastian Bach wussten das, und darum schrieben sie, schrieb jeden-

falls er über jedes seiner Werke, die Buchstaben „S.D.G.":
das bedeutet: „Soli Deo Gloria", und das heißt: „Allein Gott
sei die Ehre, das Lob". Damit macht ein Mensch sich nicht
klein, sondern darin zeigt sich die wahre Größe des Menschen. Das ist eine wunderbare Überschrift auch über ein
Jahr, das unter der Losung steht: „Nehmt einander an, wie
Christus euch angenommen hat zu Gottes Lob."

Damit haben wir das abgeschritten, was uns der Text
der Jahreslosung in Verbindung mit der Schriftlesung aus
dem Markusevangelium zu sagen hat. Aber es gibt einen
Gedanken, der als Hoffnungsziel zum christlichen Glauben hinzugehört, obwohl er nicht in diesen Texten, wohl
aber im Psalm 73 vorkommt: „Dennoch bleibe ich stets an
dir; denn du hältst mich bei meiner rechten Hand, du lei-
test mich nach deinem Rat und nimmst mich am Ende mit
Ehren an." (V. 23 f.) So, wie Christus uns angenommen *hat*,
so ist uns verheißen, dass Gott uns am Ende *in Ehren* annehmen *wird*. Das ist eine Zusage, mit der sich zuversichtlich leben lässt – auch im neuen Jahr.

Lieder: EG 62,1.3.4; EG 353,1.3.7.8; EG 58,1.8–15
Wochenpsalm: 8
Schriftlesungen: Markus 9,36–37 und Markus 10,13–16

Sternstunden

Predigttext: Matthäus 2,1–12

Als Jesus geboren war in Bethlehem in Judäa zur Zeit des Königs Herodes, siehe, da kamen Weise aus dem Morgenland nach Jerusalem und sprachen: Wo ist der neugeborene König der Juden? Wir haben seinen Stern gesehen im Morgenland und sind gekommen, ihn anzubeten. Als das der König Herodes hörte, erschrak er und mit ihm ganz Jerusalem, und er ließ zusammenkommen alle Hohenpriester und Schriftgelehrten des Volkes und erforschte von ihnen, wo der Christus geboren werden sollte. Und sie sagten ihm: In Bethlehem in Judäa; denn so steht geschrieben durch den Propheten (Micha 5,1): »Und du, Bethlehem im jüdischen Lande, bist keineswegs die kleinste unter den Städten in Juda; denn aus dir wird kommen der Fürst, der mein Volk Israel weiden soll.« Da rief Herodes die Weisen heimlich zu sich und erkundete genau von ihnen, wann der Stern erschienen wäre, und schickte sie nach Bethlehem und sprach: Zieht hin und forscht fleißig nach dem Kindlein; und wenn ihr's findet, so sagt mir's wieder, dass auch ich komme und es anbete. Als sie nun den König gehört hatten, zogen sie hin. Und siehe, der Stern, den sie im Morgenland gesehen hatten, ging vor ihnen her, bis er über dem Ort stand, wo das Kindlein war. Als sie den Stern sahen, wurden sie hocherfreut und gingen in das Haus und fanden das Kindlein mit Maria, seiner Mutter, und fielen nieder und beteten es an und taten ihre Schätze auf und schenkten ihm Gold, Weihrauch und Myrrhe. Und Gott befahl ihnen im Traum, nicht wieder zu Herodes zurückzukehren; und sie zogen auf einem andern Weg wieder in ihr Land.“

Liebe Gemeinde,

es gab nicht viele Sternstunden im Leben Jesu. Umso heller leuchtet diese eine auf, von der uns der Evangelist Matthäus erzählt: Die Geschichte von den Weisen aus dem Morgenland, die einen neuen Stern am Himmel entdecken, eine Botschaft darin lesen, dem Stern folgen und in Bethlehem das Jesuskind finden.

In der antiken Welt wurde die Sterndeutekunst hoch geschätzt, sie galt als Krone der Wissenschaft. Im Jahre 7 vor Christus stellten die Sterndeuter im Osten eine besondere Gestirnkonstellation am Himmel fest, als Jupiter und Saturn im Sternbild der Fische beieinander standen. Nach den astronomisch-astrologischen Kriterien der damaligen Zeit stand Jupiter für einen König, Saturn für Palästina und das Sternbild der Fische für den Anbruch der Endzeit. So konnte man diese Kombination der Sterne als ein Zeichen für die messianisch-eschatologische Heilszeit deuten, mit der Botschaft: In Palästina, dem Land der Juden, soll der Herrscher der Endzeit erscheinen.

Zugleich lässt uns das 4. Buch Mose eine Vision des Sehers Bileam aus dem Osten vernehmen, die lautet: „Ich sehe ihn, aber nicht jetzt; ich schaue ihn, aber nicht von nahem. Es wird ein Stern aus Jakob aufgehen und ein Zepter aus Israel aufkommen ..." (24,17)

Auch bei Jesaja finden wir die Prophezeiung von einer großen Wallfahrt der Völker zum Berg Zion am Ende der Zeiten, die dem Licht folgen. Davon haben wir vorhin in der Schriftlesung aus dem Alten Testament gehört. Manche werden in diesen Worten den Anfang von Händels

„Messias" wiedererkannt haben: „Finsternis bedeckt das Erdreich und Dunkel die Völker; aber über dir geht auf der Herr, und seine Herrlichkeit erscheint über dir. Und die Heiden werden zu deinem Lichte ziehen und die Könige zum Glanz, der über dir aufgeht." (Jes 60,2 f.)

Diese Andeutungen in den Schriften und die Beobachtungen am Himmel verband der Evangelist Matthäus mit der Geburt Jesu Christi. Er ist der Stern Gottes. Unter seinem Licht werden Juden und Heiden zusammengeführt zu einem einzigen Gottesvolk.

Aber der Zauber der Geschichte von den Weisen aus dem Morgenland ist nicht nur mit den Prophezeiungen in den Heiligen Schriften und den Beobachtungen am Himmel in der Antike zu erklären. Das, was die Phantasie der Menschen zu allen Zeiten bewegt hat, ist die Überlegung, was diese Menschen, die Weisen oder Sterndeuter, die Magier oder Priester oder Könige auf ihrem Weg erlebt haben müssen.

Hätten wir den Mut und die Ausdauer, eine Reise zu unternehmen, deren Navigationssystem ein einziger Stern wäre? Und was empfindet man, wenn man anstatt eines Schlosses und anstatt eines Königs ein Kind in einer Krippe in einem Stall entdeckt? Der Evangelist Matthäus sagt, dass die Weisen sich immer freuten, wenn sie ihren Stern erblickten, und dass sie ohne Zögern dem Kind in der Krippe und Maria und Joseph ihre königlichen Gaben überreichten. Es muss doch eine Verwandlung oder zumindest eine Entwicklung in ihnen stattgefunden haben auf dem Weg dorthin.

Aus solchen Überlegungen in Verbindung mit der Faszination des Nichtgesagten entstehen Legenden. Eine der bekanntesten Legenden als Anspielung auf die Geschichte von den Weisen aus dem Morgenland ist die Legende von dem *Vierten König*. Im Jahre 1961 hat Edzard Schaper sie in seinen Roman „Der vierte König" eingebettet. Inzwischen ist sie in vielen Fassungen im Umlauf.

Edzard Schaper selbst wurde von Hitler und von Stalin zum Tode verurteilt. Als er 1944 mit seiner Familie über Finnland nach Schweden floh, verdächtigte ihn die geheime Staatspolizei als Doppelagenten und sperrte ihn in ein Lager. Aber Schaper überlebte. Der Roman basiert auf diesen Grenzerfahrungen von Vertreibung, Flucht, Gefangenschaft und spiegelt sie im Symbol des vierten Königs wider. Eine Nacherzählung dieser Legende wollen wir heute hören. Aber zunächst singen wir das Lied: „Auf, Seele, auf und säume nicht!" (EG 73,1–5)

Edzard Schaper, Die Legende vom vierten König
Außer Caspar, Melchior und Balthasar war auch ein vierter König aus dem Morgenland aufgebrochen, um dem Stern zu folgen, der ihn zu dem göttlichen Kind führen sollte. Drei wertvolle rote Edelsteine hatte er als seine Gabe für den neugeborenen König mitgenommen. Aber er kam nur langsam voran. Als er, in Gedanken versunken, seinen Weg entlangritt, stieß er auf ein Kind, das bitterlich weinte und aus mehreren Wunden blutete. Voll Mitleid nahm er das Kind auf sein Pferd und ritt in das Dorf zurück, durch das er zuletzt gekommen war. Er suchte nach einer Frau, die

das Kind in Pflege nehmen würde. Und er fand eine. Aus seinem Gürtel nahm er einen von seinen drei Edelsteinen, die für den neugeborenen König gedacht waren, und vermachte ihn dem Kind, damit sein Leben gesichert sei.

Dann ritt er weiter. Er folgte dem Stern und wurde von ihm durch eine Stadt geführt, in der ihm ein Leichenzug begegnete. Hinter dem Sarg eines Familienvaters schritt seine verzweifelte Ehefrau mit ihren Kindern. Der vierte König sah sofort, dass nicht allein die Trauer um den Toten den großen Schmerz hervorrief. Die Familie war in Schulden geraten, und vom Grabe weg sollten die Frau und die Kinder als Sklaven verkauft werden. Der vierte König nahm seinen zweiten Edelstein aus dem Gürtel und sagte: „Bezahlt, was ihr schuldig seid, kauft euch Haus und Hof und Land, damit ihr eine Heimat habt!"

Er wendete sein Pferd und fand nur mit Mühe den Stern am Himmel wieder. Nun führte der Stern ihn durch ein fremdes Land, in dem Krieg wütete. In einem Dorf hatten Soldaten die Bauern zusammengetrieben, um sie zu töten. Frauen schrieen und Kinder wimmerten. Grauen packte den vierten König. Er besaß nur noch *einen* Edelstein. Sollte er denn mit leeren Händen vor dem König der Menschen erscheinen?

Doch dies Elend war so groß, dass er nicht länger zögerte. Mit zitternden Händen holte er seinen letzten Edelstein hervor und kaufte die Männer vom Tode und das Dorf von der Verwüstung los. Müde und traurig ritt er dann weiter. Seinen Stern fand er nicht mehr.

Jahrelang wanderte er und suchte, und suchte, zuletzt

zu Fuß, da er sein Pferd verschenkt hatte. Er half hier einem Schwachen, pflegte dort einen Kranken; keine Not blieb ihm fremd und ließ ihn kalt.

Eines Tages kam er am Hafen einer großen Stadt gerade dazu, als ein Vater seiner Familie entrissen und auf ein Sträflingsschiff, eine Galeere, verschleppt werden sollte. Der vierte König konnte es nicht mit ansehen, er flehte um den armen Menschen, aber es half nichts. Und so bot er sich selbst an, anstelle des Unglücklichen als Galeerensklave zu arbeiten.

Jahre vergingen. Er vergaß, sie zu zählen. Grau war sein Haar, müde sein zerschundener Körper geworden. Doch eines Tages geschah, was er nicht mehr zu hoffen gewagt hatte: Man ließ ihn frei. An der Küste eines fremden Landes betrat er das Ufer.

In der nächsten Nacht träumte er von der Zeit, in der er als junger Mann aufgebrochen war, um den König aller Menschen zu finden. Und er hörte in seinem Traum, wie eine Stimme rief: „Eile, eile!" Der vierte König stand sofort auf, suchte nach seinem Stern und fand ihn. Und der Stern führte ihn an die Tore einer großen Stadt. Aufgeregte Gruppen von Menschen zogen ihn mit, hinaus vor die Mauern.

Angst schnürte dem vierten König die Brust zusammen. Einen Hügel schritt er hinauf. Oben ragten drei Kreuze. Der Stern, der ihn einst zu dem Kind führen sollte, blieb über dem Kreuz in der Mitte stehen, leuchtete noch einmal sonnenhell auf und erlosch. Ein Blitzstrahl warf den müden Greis zu Boden. „So muss ich also sterben", flüsterte er in jäher Todesangst, „sterben, ohne dich gesehen zu haben, Herr? Bin ich denn umsonst durch die Städte und Dörfer gewandert wie ein Pilger, um dich zu finden, Herr?"

Seine Augen schlossen sich. Die Sinne schwanden ihm. Da aber traf ihn der Blick des Menschen am Kreuz, ein unsagbarer Blick der Liebe und Güte. Vom Kreuz herab sprach die Stimme: „Du hast mich längst gefunden. Du hast mich getröstet, als ich jammerte. Du hast mich gerettet, als ich in Lebensgefahr war. Du hast mich gekleidet, als ich nackt war! Alles, was du an den Geringsten unter den Menschen getan hast, das hast du mir getan."

Da faltete der vierte König die Hände. Drei Blutstropfen des sterbenden Jesus fielen als drei funkelnde Edelsteine in diese gefalteten Hände. Der vierte König taumelte und fiel vor dem Kreuz zu Boden. Er spürte keinen Schmerz und keine Furcht. „Ich habe den König der Welt gefunden! Ich habe meinen Herrn gefunden! "dachte er. Es war sein letzter Gedanke.

Kurz darauf fanden die Leute den Toten. Er lächelte.

Lieder: 36,1-3.6; EG 70,1-4; EG 73,1-5; EG 52,1.4-6
Wochenpsalm: 146
Schriftlesungen: Jesaja 60,1-6 und Epheser 3,1-7

Gott von hinten sehen

Predigttext: 2. Mose 33,17b–23

Der HERR sprach zu Mose: ... du hast Gnade vor meinen Augen gefunden, und ich kenne dich mit Namen. Und Mose sprach: Lass mich deine Herrlichkeit sehen! Und er sprach: Ich will vor deinem Angesicht all meine Güte vorübergehen lassen und will vor dir kundtun den Namen des HERRN: Wem ich gnädig bin, dem bin ich gnädig, und wessen ich mich erbarme, dessen erbarme ich mich. Und er sprach weiter: Mein Angesicht kannst du nicht sehen; denn kein Mensch wird leben, der mich sieht. Und der HERR sprach weiter: Siehe, es ist ein Raum bei mir, da sollst du auf dem Fels stehen. Wenn dann meine Herrlichkeit vorübergeht, will ich dich in die Felskluft stellen und meine Hand über dir halten, bis ich vorübergegangen bin. Dann will ich meine Hand von dir tun und du darfst hinter mir her sehen; aber mein Angesicht kann man nicht sehen.

Liebe Gemeinde,

so altertümlich und vielleicht sogar naiv die Worte und Bilder dieser Erzählung auch auf uns wirken mögen, an *einem* Punkt sind wir heutigen Menschen diesem Text doch sehr nah: Wir wollen *sehen*! Gerade wir modernen Augenmenschen neigen dazu, nur das zu glauben, was wir selbst gesehen und am besten überdies noch fotografiert oder gefilmt haben, und das gilt für sehr viele Menschen, nicht nur für unsere fernöstlichen und nordamerikanischen Zeitgenossen. Da ist es nur besonders stark ausgeprägt. Wir haben einerseits die tiefsitzende Vermutung, dass Bilder Beweise sind. Aber wir wissen andererseits, dass wir durch bearbeitete – oft nur ganz leicht bearbeitete – Bilder auch gewaltig in die Irre geführt werden können.

Auch Mose glaubt an die Macht der Bilder und der Augen. Und seine diesbezügliche Bitte fasst er in die Worte: „Lass mich deine Herrlichkeit sehen!" So würden wir es sicher nicht ausdrücken. Aber wenn wir hören, dass „Herrlichkeit" soviel bedeutet wie „Ehre", „Ansehen", „Gewicht", „Pracht", dann rückt uns das doch deutlich näher, dann können wir das ganz gut verstehen.

Wie viele Menschen haben sich im Laufe ihres Lebens enttäuscht von Gott und vom Glauben abgewandt, weil sie in einer Notsituation – für sich oder andere – zu Gott um Hilfe, um Rettung, um Schutz, um Befreiung, um Heilung gebetet oder sogar geschrieen haben und sie von alledem nichts zu sehen bekommen haben. Dietrich Bonhoeffer hat diese Erfahrung einmal denkbar knapp auf den Punkt gebracht: „Die Unsichtbarkeit macht uns kaputt", und gemeint ist damit natürlich die Unsichtbarkeit Gottes.

Mose will Gottes Herrlichkeit, er will Gottes Angesicht sehen, um zu wissen, wie Gott jetzt zu seinem Volk steht, das gerade erst von ihm abgefallen war, ihm untreu wurde und sich ein goldenes Stierbild, das berühmte Goldene Kalb, als Ersatzgott gemacht hatte. In dieser Situation gewährt Gott dem Mose, der ihm die Treue gehalten hat, eine Audienz. Und da möchte Mose Gott von Angesicht zu Angesicht sehen, um sicher sein zu können, dass Gott das

Volk, das er aus Ägypten befreit hat, nicht hier in der Wüste im Stich lassen, verdursten, verhungern, verschmachten lassen wird. Er will es aus Gottes eigenem Mund hören und ihm am Gesicht ablesen können. Für Mose *selbst* ist ein solcher Beweis als Vergewisserung durch seine eigene Augenzeugenschaft wichtig.

Aber er hat noch zwei zusätzliche Gründe: Er will die Israeliten endlich und endgültig von der Existenz, Macht und Güte des Gottes überzeugen, der sie aus der Knechtschaft herausgeführt und ihnen die Gebote gegeben hat, damit sie nicht bei nächster Gelegenheit wieder der Versuchung erliegen, sich ein Stierbild zu machen, um das sie dann tanzen und dem sie hinterherlaufen. Und fast noch wichtiger ist Mose die Wirkung auf die angrenzenden Länder, in denen man andere Götter verehrt, insbesondere auf die Ägypter. Sie sollen erkennen, dass der Gott, der Israel in die Freiheit geführt hat, sein Volk nun auch ins verheißene gelobte Land bringen wird. Und für all das wäre doch ein Blick auf Gott eine hervorragende Hilfe. Deshalb die Bitte des Mose: „Lass mich deine Herrlichkeit sehen" – letztlich nicht meinetwegen, sondern *deinetwegen*, Gott!

Aber Gott ist dafür nicht zu gewinnen. Seine Antwort lautet freundlich, aber bestimmt: „Nein!" Die Begründung übrigens heißt nicht, wie wir vermuten würden: „weil ich unsichtbar bin", sondern „weil ihr das nicht überleben würdet". Wieso denn das? Entweder weil wir im Spiegel seines *zornigen Angesichts* unsere Lieblosigkeit, unsere Treulosigkeit, unsere Gleichgültigkeit erkennen müssten, und uns da der Schlag treffen würde, so wie Jesaja sagt: „Weh mir, ich vergehe! Denn ich bin unreiner Lippen und wohne unter einem Volk unreiner Lippen; denn ich habe den König, den Herrn Zebaoth, gesehen mit meinen Augen." (Jes 6,5) Und das sagt er schon, als er nur den Saum des Gewandes Gottes im Tempel gesehen hat. Oder vielleicht lautet die noch stärkere Begründung: Wenn wir auf dem Angesicht Gottes seine Gnade und Wahrheit mit eigenen Augen sehen würden, dann würden uns angesichts dessen unsere Lieblosigkeit, Treulosigkeit und Gleichgültigkeit mit solchem Erschrecken bewusst, dass wir das nicht überleben würden.

Aber dieses „Nein" um der Menschen willen ist nicht Gottes einzige, es ist nicht einmal Gottes *erste* Antwort. Es gibt auch und zunächst ein „Ja!", sogar ein zweifaches. Statt Gottes Herrlichkeit frontal zu begegnen, bietet Gott dem Mose eine andere Möglichkeit an. Er will ihn in eine Felsspalte stellen und zum Schutz die Hand über ihn halten und dann an ihm vorbeigehen. Und dann will Gott die Hand wegnehmen und Mose darf hinter Gott hersehen, er darf die *Rückseite* Gottes *betrachten* und dabei all das Gute bzw. all die Güte sehen, die Gott ihm und dem Volk erwiesen hat. Und gleichzeitig, und das ist das zweite, bekommt Mose den *Namen* Gottes zu *hören*, den er im Gebet anrufen darf: „Wem ich gnädig bin, dem bin ich gnädig, und wessen ich mich erbarme, dessen erbarme ich mich." Zugegeben: Das ist ein langer und etwas umständlicher, aber zugleich doch auch ein schöner Name. Er steht für frei gewählte, aber unverbrüchliche Verlässlichkeit.

Es ist nicht schwierig, sich diese Szene bildlich vorzustellen. Sie ist ja sehr anschaulich. Aber mancher mag denken: So kann man vielleicht in einer Kinderbibel oder in einer Kita von Gott reden, aber doch nicht mit (uns) Erwachsenen hier im Gottesdienst. Was sind denn das für naive Vorstellungen? Ob das Alte Testament und der Alte Orient wirklich so naiv waren, wie das klingt, will ich hier einmal auf sich beruhen lassen. Jedenfalls macht das altorientalische Denken nicht die scharfe Unterscheidung zwischen leiblichen und geistigen Vorgängen, äußerem und innerem Sehen. Da geht stets das eine in das andere über. Und deshalb könnte mit dem Sehen auch das gemeint sein, was der Kleine Prinz von Saint-Exupéry sagt: „Man sieht nur mit dem Herzen gut. Das Wesentliche ist für die Augen unsichtbar." Setzen wir einfach einmal für „Sehen" dieses Mit-dem-Herzen-Sehen ein, wenn uns das zu einem besseren Verstehen hilft. Aber gibt es da für uns überhaupt etwas mit dem Herzen zu sehen, zu schauen, zu verstehen? Und was könnte das sein?

Auf dem Universitätsplatz in Heidelberg gibt es in der nordöstlichen Ecke eine in den Boden eingelassene kreisrunde Sandsteinscheibe, die an die Disputation erinnert, die Ende April 1518 in Heidelberg stattgefunden hat: Damals vertrat Martin Luther seine neu gewonnene reformatorische Erkenntnis erstmals auf dem Konvent seines Augustinerordens in Form von 28 theologischen und 12 philosophischen Thesen. „Paradoxa" nannte er sie, nicht etwa, weil sie widersprüchlich waren, sondern weil sie für das Denken – das damalige und das heutige – ungewohnt, fremdartig, herausfordernd wirken. Im dritten Teil

dieser Disputationsthesen greift Luther unseren Predigttext aus 2. Mose 33 auf und macht an ihm klar, was aus biblischer Sicht über die Theologie und über die rechte Erkenntnis Gottes zu sagen ist.

Luther unterscheidet zwischen einer „Theologie der
Herrlichkeit" und einer „Theologie des Kreuzes". Die
„theologia gloriae", wie er die erstere nennt, fragt nach der
Größe und Macht Gottes, sucht sie und lässt sich von ihr
beeindrucken. Vielleicht gibt es keine schönere Beschreibung dessen, was Luther mit „Theologie der Herrlichkeit" meint, als Immanuel Kant sie gegeben hat, wenn er
schreibt: „Zwei Dinge erfüllen das Gemüt mit immer neuer
und zunehmender Bewunderung und Ehrfurcht, je öfter
und anhaltender sich das Nachdenken damit beschäftigt:
der bestirnte Himmel über mir und das moralische Gesetz
in mir." (Kritik der praktischen Vernunft [1788], Beschluss,
A 289) Das ist Theologie der Herrlichkeit in Reinkultur.
Und was hat Luther dagegen? *Nichts* hat er dagegen. Er
nennt sie sogar (in These 24) „das Beste". Aber er warnt vor
einem Missverständnis und einem Missbrauch, zu dem
diese Theologie der Herrlichkeit verführen kann. Diese bestehen darin, dass der Mensch, der Gott *nur* in seiner Herrlichkeit, *nur* vom „bestirnten Himmel" und vom „moralischen Gesetz" her kennt, ganz leicht, ja, geradezu notwendig auf die Idee verfällt: Diesem großen, gewaltigen Gott,
der sich in den – auch gnadenlos wirkenden – Natur- und
Sittengesetzen offenbart, könne man als Mensch auch nur
dadurch gerecht werden und ihm vielleicht sogar ein bisschen Eindruck machen, dass man auch selbst Gott gegen-

über beeindruckende Leistungen vorzuweisen hat. Die *großen Werke Gottes* in seiner Schöpfung rufen geradezu nach den *guten Werken seines Geschöpfs*. Aber das ist insofern ein Missverständnis und ein Missbrauch, als der Mensch dabei leicht aus dem Blick verliert, dass doch auch seine guten Werke Gaben *Gottes* sind, die er gar nicht zustande brächte, wenn Gott ihm nicht die Fähigkeit und den inneren Anstoß dazu gäbe.

Die Alternative zu dieser großartigen, aber gefährlichen Theologie der Herrlichkeit ist mit Luther und Paulus die Theologie des Kreuzes („theologia crucis"), die entgegen unseren natürlichen Vorstellung und Erwartung Gott nicht in seiner Macht- und Prachtentfaltung sucht und findet, sondern im verurteilten, hingerichteten, gekreuzigten Jesus Christus, der unser Scheitern, unsere Schwäche, unser Elend mit uns teilt. Christus stirbt ja nicht am Kreuz, weil Gott ein blutiges Opfer braucht. Das steht nirgends in der Bibel und das ist eine verheerende Fehldeutung, die bis heute viel Schaden anrichtet, sondern Christus stirbt am Kreuz, weil Gott sich in ihm selbst erniedrigt und an unserer Not Anteil nimmt. Und das wird nicht erst am Kreuz, das wird schon an der Krippe und an Jesu ganzem Erdenleben deutlich. Aber am Kreuz wird es unübersehbar.

Diese Anteilnahme an der menschlichen Not nennt Luther „Gottes Rückseite" (*posteriora Dei*), die Gott uns zu sehen gibt. Gott von hinten sehen heißt, ihn in dem Menschen Jesus wahrnehmen, so wie Jesus laut dem Johannesevangelium (12,45) sagt: „Wer mich sieht, der sieht den, der mich gesandt hat." Und Luther fügt hinzu: Wenn wir Gott von *daher* kennen, von hinten, vom Anblick des Gekreuzigten her, der sich uns in mitleidender Liebe zuwendet, *dann* können wir ihn auch in der beeindruckenden Herrlichkeit der Schöpfungswerke, in den großartigen Natur- und Sittengesetzen wiederfinden und -erkennen. Aber alles kommt darauf an, dass wir *zunächst* das Herz Gottes in Jesus Christus erkannt haben.

Und dann gibt es noch eine weitere Bedeutung, die dieser Predigttext für uns heute haben kann. Sie kommt für mich sehr gut in einer Tagebucheintragung des dänischen Religionsphilosophen und Schriftstellers Søren Kierkegaard zum Ausdruck: Das Leben kann nur nach vorne (vorwärts) gelebt, aber es kann nur nach hinten (rückwärts) verstanden werden. Wir möchten ja oft das Leben vorwärts verstehen, möchten wissen, was kommt, wie es wird, und vor allem, ob alles gut geht. Ich denke, auch das kommt in der Bitte des Mose zum Ausdruck, Gottes Angesicht und seine Herrlichkeit zu sehen: vorher zu wissen, worauf man sich einlässt, die vor uns liegende Wegstrecke überblicken zu können. Aber das geht nicht. Dieser Blick in die Zukunft ist uns verwehrt. Und die meisten Menschen sagen auch nach kurzem Nachdenken: „Und das ist gut so. Selbst wenn ich es wissen könnte, ich würde es gar nicht wissen wollen. Ich würde doch nur noch in Anspannung oder in Furcht leben." Vorwärts *leben*, ja; aber vorwärts *verstehen*, nein. Das geht nicht. Verstehen kann man nur rückwärts, also im Rückblick.

Und manchmal gelingt uns das ja auch: in einer stillen, nachdenklichen Stunde, z. B. an der Jahreswende, an einem

Geburtstag, nach einem Todesfall in unserer nächsten Umgebung, nach einer überstandenen Krankheit oder Gefahr. Plötzlich sehen wir in unserem Leben *Spuren des wirklich Guten*, die an unserem inneren Auge oder unserem Herzen vorüberziehen. In solchen Spuren des wirklich Guten entdecken wir gelegentlich im Rückblick *Spuren Gottes*, und dann passiert es nicht selten, dass wir auch den *Namen* Gottes gebrauchen, um ihm zu *danken*.

Lieder: EG 288,1–5; EG 5,1–3; EG 91,1.5.6
Wochenpsalm: 100
Schriftlesungen: Johannes 2,1–11 und 1. Korinther 1,18–25

Gerechtigkeit oder Güte?

Predigttext: Matthäus 20,1-15

Denn das Himmelreich gleicht einem Hausherrn, der früh am Morgen ausging, um Arbeiter für seinen Weinberg einzustellen. Und als er mit den Arbeitern einig wurde über einen Silbergroschen als Tagelohn, sandte er sie in seinen Weinberg. Und er ging aus um die dritte Stunde und sah andere müßig auf dem Markt stehen und sprach zu ihnen: Geht ihr auch hin in den Weinberg; ich will euch geben, was recht ist. Und sie gingen hin. Abermals ging er aus um die sechste und um die neunte Stunde und tat dasselbe. Um die elfte Stunde aber ging er aus und fand andere und sprach zu ihnen: Was steht ihr den ganzen Tag müßig da? Sie sprachen zu ihm: Es hat uns niemand eingestellt. Er sprach zu ihnen: Geht ihr auch hin in den Weinberg. Als es nun Abend wurde, sprach der Herr des Weinbergs zu seinem Verwalter: Ruf die Arbeiter und gib ihnen den Lohn und fang an bei den letzten bis zu den ersten. Da kamen, die um die elfte Stunde eingestellt waren, und jeder empfing seinen Silbergroschen. Als aber die Ersten kamen, meinten sie, sie würden mehr empfangen; und auch sie empfingen ein jeder seinen Silbergroschen. Und als sie den empfingen, murrten sie gegen den Hausherrn und sprachen: Diese Letzten haben nur eine Stunde gearbeitet, doch du hast sie uns gleichgestellt, die wir des Tages Last und Hitze getragen haben. Er antwortete aber und sagte zu einem von ihnen: Mein Freund, ich tu dir nicht Unrecht. Bist du nicht mit mir einig geworden über einen Silbergroschen? Nimm, was dein ist, und geh! Ich will aber diesem Letzten dasselbe geben wie dir. Oder habe ich nicht Macht zu tun, was ich will, mit dem, was mein ist? Siehst du scheel drein, weil ich so gütig bin?

Liebe Gemeinde,

ich habe schon viele Predigten über diesen Text gehört, in denen sinngemäß folgende Gedanken vorkamen: Das empfinden wir als eine schreiende Ungerechtigkeit. Aber es handelt sich bei diesem Gleichnis natürlich nicht um eine Anweisung, wie man einen Betrieb führen oder gar die Wirtschaftspolitik lenken kann. Vielmehr geht es um die großzügige Güte Gottes, für die der Weinbergsbesitzer bzw. dieses Gleichnis ein eindrucksvolles Bild ist. Zugegeben, dass es so ist, so bleibt doch die Frage: Hat dann die hier geschilderte Güte Gottes überhaupt etwas mit unserem Leben, unserem Wirtschaften und unserer Arbeitswelt zu tun?

Um diese Frage zu beantworten, fehlt uns aber zweierlei: Es fehlen in dieser Geschichte *erstens* viele Informationen über die Hintergründe und den Ablauf dieses einen Arbeitstages, die wir bräuchten, um das Ganze ethisch und politisch beurteilen zu können. So wüsste man doch gerne, wie es möglich war, dass der Weinbergsbesitzer fünfmal loszog, um Arbeiter anzuheuern, und jedes Mal wieder neue fand. Gab es da keinen gemeinsamen Ort – keinen „Markt", von dem einmal im Text die Rede ist –, an dem Arbeitsuchende und Unternehmer sich hätten treffen können und müssen? Das kann man sich kaum vorstellen. Oder *wollten* die Späterkommenden vorher noch gar nicht arbeiten? Haben sie erst einmal ausgeschlafen? Waren sie Faulenzer oder Drückeberger? Dagegen spricht, dass der Weinbergsbesitzer ihnen vorhält, sie hätten *den ganzen Tag* müßig dagestanden – worauf sie erwidern und damit

auch ihm die Schuld geben: „Es hat uns niemand eingestellt." Nein, wir erfahren nicht genau genug, was sich da
abgespielt hat, um uns wirklich ein Urteil über die Hintergründe und Zusammenhänge bilden zu können.

Noch gravierender ist freilich der *zweite* Mangel: Wir erfahren nicht, wie es denn in den nächsten Tagen weitergegangen ist oder weitergegangen sein könnte. Menschlich
naheliegend ist ja die Vermutung, am nächsten Tag seien
zumindest *einige* Arbeiter später zur Arbeit erschienen im
Vertrauen darauf, dass es den Silbergroschen auch für weit
weniger als für zwölf Stunden Arbeit gibt. Vielleicht käme
die ganz Belegschaft nach einigen Wochen überhaupt erst
um 17 Uhr, um nur noch eine Stunde kräftig zu arbeiten.
Das wäre dann die Einführung der Sechs-Stunden-Woche
bei vollem Lohnausgleich – damit allerdings auch der
sichere Bankrott des Betriebs in kürzester Zeit.

Der theologische und der wirtschaftsethische *Schlüssel*
dieser Geschichte liegt tatsächlich nicht in diesem wirtschaftlichen Modell, sondern an einer anderen Stelle: Es ist
der *eine* Silbergroschen, den jeder erhält, weil er ihn zu einem auskömmlichen Leben braucht. Und das heißt: Der
Silbergroschen ist das, was der Mensch für seinen Lebensunterhalt benötigt. Das wird ihm hier gegeben, sei es,
weil er es sich durch seiner Hände Arbeit verdient hat, sei
es, weil er es sich nicht verdienen konnte, es ihm aber aus
großzügiger Güte zuteilwird. Für alle, die keine zwölf
Stunden arbeiten *konnten*, weil niemand sie eingestellt
hat, wird der Silbergroschen zum symbolischen Ausdruck
lebenserhaltender Güte.

Solche Menschen gibt es in jeder Gesellschaft reichlich: die Kinder, die Kranken, die Menschen mit schwerer Behinderung, die hochbetagten Alten, die Sterbenden und eben die, für die kein Arbeitsplatz vorhanden ist. In *unserer* Gesellschaft ist – nicht zuletzt durch die Sozialgesetzgebung des ausgehenden 19. Jahrhunderts und durch den Ausbau des Sozialstaats in der zweiten Hälfte des 20. Jahrhunderts – aus dieser Grundsicherung des Lebens ein *Rechtsanspruch* geworden, der nicht mehr von der *Güte* eines Unternehmers, sondern von der *verlässlichen Leistung* der Solidargemeinschaft abhängt. Das ist eine Errungenschaft und Wohltat, obwohl sie auch missbraucht werden kann. Solchen Missbrauch muss man zu verhindern oder abzustellen versuchen, aber er darf nicht zum Anlass werden, die Existenzsicherung jedes Menschen durch die Solidargemeinschaft, und das heißt vor allem durch deren Leistungsträger, abzuschaffen.

Das zeigt übrigens, dass die moralische Qualität einer Gesellschaft nicht nur – wie wir oft sagen – davon abhängt, wie sie mit ihren *Schwachen*, sondern auch, wie sie mit ihren *Leistungsträgern* umgeht, die das erwirtschaften, was den Lebensunterhalt für die Schwächeren und Schwachen ermöglicht.

In einer solchen sozialen Ordnung kommen zwei Elemente zum Ausdruck, die untrennbar zum christlichen Menschenbild gehören: einerseits das Wissen, dass wir uns unser Daseinsrecht und unsere Menschenwürde nicht erst *verdienen* müssen; andererseits das Wissen, dass wir dazu aufgerufen sind, unser Leben und das unserer hilfsbedürftigen Mitmenschen *durch* unsere Leistung zu erhalten und zu fördern – soweit wir dazu in der Lage sind. Und nur wenn diese *beiden* Elemente konsequent beachtet und zur Geltung gebracht werden, kann etwas von der Gerechtigkeit verwirklicht werden, die ein Qualitätsmerkmal jeder verantwortungsbewussten Gesellschaftsordnung ist.

Wenn wir die Maßstäbe *unserer* Gerechtigkeitsvorstellungen überall anlegen, dann müssen wir freilich sagen: Das *Leben* ist nicht gerecht, die *Natur* ist nicht gerecht und die *Welt* ist nicht gerecht. Ist *Gott* gerecht? Was mit „Gottes Gerechtigkeit" nach biblischer Vorstellung gemeint ist, weist über unsere Zeit und Welt hinaus. Aber unser Hunger nach Gerechtigkeit in diesem Leben und in dieser Welt verschwindet deswegen nicht, sondern wird noch gesteigert. Und dieser Hunger wird zur Herausforderung an uns selbst, mit unseren Kräften und unseren Einflussmöglichkeiten dazu beizutragen, dass es in dieser Welt etwas gerechter – oder bescheidener gesagt: etwas weniger ungerecht zugeht. Was heißt das?

Aus einer Rundfunkandacht habe ich vor längerer Zeit eine Unterscheidung gelernt, die quer verläuft zu allen Gerechtigkeitstheorien von der Antike bis zur Gegenwart, die jedoch m. E. einen entscheidenden Punkt trifft. Die Pfarrerin, die diese Andacht hielt, unterschied zwischen zwei Grundverständnissen von Gerechtigkeit. Das eine kommt zum Ausdruck in dem Satz: „Es soll niemandem *schlechter* gehen als mir". Das andere besagt: „Es soll niemandem *besser* gehen als mir". Zwischen beiden Auffassungen liegen Welten. Sie unterscheiden sich wie Güte und Missgunst, wie Weitherzigkeit und Neid, wie gütige Gerechtigkeit und gnadenlose Gerechtigkeit.

Darauf läuft in unserem Gleichnis alles zu. Dabei wird kein Wort gesagt über die besondere Überraschung und Freude oder Dankbarkeit all derer, die mehr, teilweise viel mehr empfangen, als sie verdient haben. Vielleicht ist schon diese Nichterwähnung „typisch menschlich". Die Aufmerksamkeit richtet sich jedenfalls ganz auf die Enttäuschung und den Protest derer, die *nicht mehr* bekommen haben als das, was sie *verdient* haben, und die vor allem nicht mehr bekommen haben als die *anderen*. Sie sind nach dieser Erfahrung vermutlich der Überzeugung: Leistung lohnt sich offenbar nicht. Darüber sind sie – verständlicherweise – verärgert; denn sie haben viel geleistet. Sie befinden sich in einer Lebenssituation, in der sie von dem leben können und müssen, was sie sich selbst erarbeiten und verdienen. Sie brauchen keine Güte, sie kommen mit Gerechtigkeit aus. Richtiger gesagt: Die Güte, die ihnen zuteil wird, besteht darin, dass sie arbeiten können und einen Arbeitsplatz haben. Das können die Vollzeitarbeiter aber offenbar selbst nicht so sehen. Sie sehen nur, was die anderen nicht geleistet und trotzdem bekommen haben, und sie sehen „scheel drein", weil der Weinbergsbesitzer so gütig ist (V. 15).

Sehen wir auch gelegentlich „scheel drein", weil anderen Menschen unverdiente Güte zuteil wird?

„Scheel dreinsehen", das ist ein Ausdruck, den erst Luther geprägt und in unsere Sprache eingeführt hat und der inzwischen wieder fast ganz daraus verschwunden ist.

„Scheel" – und das hat mit „Schielen" zu tun – bedeutet ursprünglich „krumm", „schief", und dann im übertragenen Sinn „missgünstig", „neidisch". Ich habe mich bei der Vorbereitung auf diese Predigt gefragt, wie man eigentlich scheel dreinsieht und habe zu meiner Überraschung festgestellt, dass ich offenbar ganz gut weiß, wie das geht. Ich kann Ihnen nur empfehlen, das auch einmal auszuprobieren – am besten vor einem Spiegel. Ich empfehle Ihnen das, weil es gut tut, wenn man einmal mit eigenen Augen *wahrgenommen* hat, wie lächerlich und unschön man aussieht, wenn man „scheel dreinsieht". Von dieser Wahrnehmung können vielleicht sogar heilsame, jedenfalls aber abschrekkende Wirkungen ausgehen. Verglichen damit sieht ein Mensch beeindruckend schön aus, wenn er „gütig dreinsieht", sich also freut an der Güte, die anderen zuteil wird.

Unser Gleichnis endet offen. Wir erfahren nicht, wie die Arbeiter schließlich auf die Worte des Weinbergsbesitzers reagiert haben. Dieser offene Schluss hat Methode. Er bedeutet in der Bibel immer, dass nun wir in die Geschichte eintreten, unsere Rolle übernehmen und weiterspielen sollen: scheel oder nicht scheel „dreinsehend", das ist dann die Frage.

Lieder: EGWü 607,1.3.4.6 („Wie groß ist des Allmächt'gen Güte");
        EG 409,1.2.6.8; EG 449,1.6.9
Wochenpsalm: 31,20-25
Schriftlesungen: Jeremia 9,22-23 und Römer 9,14-24

„Automatisch"

Liebe Gemeinde,
über die Frage, ob der Mensch einen freien Willen habe, gibt es seit einigen Jahren eine öffentliche Diskussion, an der sich viele beteiligen. Dieser Streit ist nicht neu. Er wurde bereits in den Jahren 1524 und 1525 zwischen dem großen humanistischen Gelehrten Erasmus von Rotterdam und Martin Luther, dem noch jungen Reformator, ausgetragen. Dabei spielte damals das Wort „Gehirn", um das es heute vor allem geht, gar keine Rolle, wohl aber das Wort „Gott", um das es heute kaum noch geht.

Erasmus vertrat in seiner Schrift „Vom freien Willensvermögen" aus dem Jahr 1524 unter Berufung auf die Bibel und auf die übergroße Mehrheit der Kirchenväter und Theologen die Auffassung, Gott habe dem Menschen einen freien Willen gegeben, mittels dessen der Mensch sich auch ohne Gottes Gnade dem Heil *ein wenig* zuwenden könne und darum trage der Mensch selbst die Verantwortung für seinen Unglauben und sein Unheil und nicht Gott. Luther hingegen vertrat ein Jahr später in seiner Schrift „Vom unfreien Willensvermögen" ebenfalls unter Berufung auf die Bibel, aber nur auf einen einzigen Kirchenvater, nämlich Augustinus, und einen – noch dazu umstrittenen – Theologen, nämlich Wyclif, die Auffassung, der Mensch könne ohne Gottes Gnade *gar nichts* tun, um sich dem Heil zuzuwenden, sondern es liege allein an Gott, ob einem Menschen der Glaube zuteil werde oder nicht.

Der Streit wurde damals – vor allem von Luthers Seite aus – mit großer Schärfe geführt, und es kam zu keiner Verständigung, sondern zu einer tiefen Entfremdung und Entzweiung zwischen Humanismus und Reformation. Aber an *einem* Punkt lobt Luther in seinem Buch Erasmus ausdrücklich. Ganz am Ende seines Werkes schreibt er: „Ich lobe und preise dich dafür außerordentlich, dass du als einziger die Sache selbst angegangen bist, das ist die Hauptsache des Themas und dich nicht mit nebensächlichen Themen, wie Papsttum und Fegefeuer beschäftigt hast, wie die anderen. Nur du allein hast den Dreh- und Angelpunkt gesehen und den Hauptpunkt selbst gesucht, wofür ich dir von Herzen Dank schulde." (Lateinisch-Deutsche Studienausgabe Bd. 1, 659, 8–16) Diese Dankesworte Luthers sind ganz ehrlich gemeint, ohne alle Ironie; denn nach Luthers Auffassung ist der Streit um den freien Willen deswegen so zentral, weil es das Wichtigste ist, dass wir wissen, was *wir* tun können und sollen und was *Gott allein* tun kann.

Und davon handelt auch der Predigttext für den heutigen Sonntag Sexagesimä aus Markus 4,26–29:

> Und Jesus sprach: Mit dem Reich Gottes ist es so, wie wenn ein Mensch Samen aufs Land wirft und schläft und aufsteht, Nacht und Tag; und der Same geht auf und wächst – er weiß nicht, wie. Denn von selbst bringt die Erde Frucht, zuerst den Halm, danach die Ähre, danach den vollen Weizen in der Ähre. Wenn sie aber die Frucht gebracht hat, so schickt er alsbald die Sichel hin; denn die Ernte ist da.

Es geht um die Frage, wie das Gottesreich, das Himmelreich, die Gottesherrschaft – all diese Worte meinen ein und dasselbe – kommt, und damit geht es um das Zentrum der Verkündigung Jesu. Wenn in der Bibel vom „Reich Gottes" die Rede ist, so ist damit, anders als in unserer Sprache, kein Herrschaftsgebiet bzw. -bereich, wie das ehemalige Deutsche Reich, das Heilige Römische Reich oder das Empire gemeint, sondern ein *Geschehen*: das wirksame, spürbare Kommen Gottes in die Welt. Dass Gott jetzt zum Heil der Menschen in unserer Welt erfahrbar wird, dass er kommt, das ist der Mittelpunkt der Verkündigung Jesu. Darauf verweisen seine Heilungen, seine Tischgemeinschaften, seine Reden, seine Sündenvergebungen und nicht zuletzt seine Gleichnisse. Ja, man muss es noch genauer sagen: *Durch* alle diese Zeichen geschieht es, dass Gott zum Heil der Menschen kommt, indem er in ihnen Glauben, d. h. Vertrauen auf Gott weckt. Deshalb kann Jesus immer wieder sagen: „Dein Glaube hat dir geholfen."

Unter allen Gleichnissen ist unseres das unspektakulärste, um nicht zu sagen: das einfachste und langweiligste. Es passiert in ihm nichts Aufregendes, sondern das Alltäglichste, das aber zugleich das Lebensnotwendige ist: das Wachsen der Saat.

Man kann sich gut vorstellen, wie Jesus bei seinen Wanderungen durch das Land Menschen beobachtet hat, die säen, Felder, auf denen Getreide wächst, und Erntearbeiter, die die reife Frucht einbringen. Und dabei mag ihm bewusst geworden sein, dass dieser Vorgang ein gutes Bild dafür ist, wie Gott zum Heil der Menschen in die Welt kommt.

Und wie kommt er? Was ist an diesem Vergleich so auf-schlussreich? Auf welche Züge dieses Gleichnisses bzw. Bildes kommt es an?

Zwei Größen stehen in diesem Gleichnis einander gegenüber und wirken zusammen: der *Mensch* und die *Erde*.

Mit dem *Menschen* fängt es an: Er wirft Samen aufs Land, legt sich danach ins Bett, schläft, steht morgens wieder auf und verbringt so eine längere Zeit im Rhythmus von Schlafen und Wachen, bis die Ernte reif ist und er, wie es im Text heißt, „die Sichel hinschickt", also selbst oder zusammen mit anderen die Ernte einbringt. Der Mensch tut also zweierlei: Er sät und er erntet. Dazwischen liegt eine lange Zeit des Wartens.

Und nun die *Erde*. Sie tut nichts beim Säen und Ernten, sondern lässt dies nur an sich geschehen, aber sie ist in der Zwischenzeit aktiv. Sie bringt in drei Stufen die Frucht hervor: den Halm, die Ähre und schließlich den vollen Weizen in der Ähre. Das war es dann auch schon – bis auf zwei kleine Worte im deutschen Text, im griechischen ist es sogar nur eines: „von selbst", „automatisch". Dieses Wort „automáte" ist eine Freude für alle Studierenden, die Griechisch lernen müssen. Endlich einmal ein Wort, das man auf Anhieb versteht und nicht erst lernen muss – schade nur, dass es bloß an dieser *einen* Stelle im Neuen Testament vorkommt. Es ist auch eine Freude für alle, die gleichzeitig Bibel- und Technikliebhaber sind. Sie können an diesem Wort die Entdeckung machen, dass die Bibel immerhin *einen* Automaten kennt, wenn es auch „nur" die Erde ist.

Aber was heißt da „nur"? Die Erde verdient diesen Namen viel eher als das meiste, was wir so nennen. Wenn wir nur daran denken, wie viel Geduld und Geschick es erfordern kann, einem Fahrkartenautomaten die gewünschte Fahrkarte zu entlocken. Das geht wirklich nicht von selbst, nicht automatisch. Es soll bei irgendeinem Rundfunk- oder Fernsehsender schon ein Spiel geben, bei dem man eine Fahrkarte gewinnt, wenn man es tatsächlich schafft, sie innerhalb von 90 Sekunden dem „Automaten" zu entlocken. Und die sogenannte automatische Fahrplanauskunft kann einen ja zum Verzweifeln bringen, wenn sie immer wieder die laut und deutlich gesprochenen Worte missversteht und so verkehrt wiedergibt, dass man schon die Vermutung hat, sich in einer Sendung zu befinden, in der gleich jemand fragt: „Verstehen Sie Spaß?"

Verglichen damit geht es doch wirklich eher „von selbst" und „automatisch", wenn wir an einem Schalter mit lebendigen Menschen zu tun haben. Und verglichen mit unseren „Automaten" schneidet doch auch die Erde sehr gut ab. Sie bringt wirklich die Frucht von selbst hervor. Zwar können wir durch Düngung, Bewässerung, Entfernung des Unkrauts und Lockerung des Bodens den Ertrag *steigern*, aber wir können die Frucht nicht hervorbringen. Das tut die Erde im Zusammenspiel mit dem Samen ganz von selbst.

Und *so* kommt Gott zu uns, in die Welt? Ja, aber dabei ist auch der Mensch wichtig, sogar unverzichtbar. Er gehört hinzu, wie Jesus als der Verkündiger zu Gottes Kommen gehört. Gott braucht und gebraucht Menschen, die das Evangelium hören und verkündigen, wobei man das „Verkündigen" gar nicht umfassend genug verstehen kann. Das umfasst Gottesdienste und Predigten, aber keineswegs nur sie, sondern auch das Erzählen oder die Lesung biblischer Geschichten; das Sprechen von Gebeten und das Singen von Liedern an Kinderbetten und bei gemeinsamen Mahlzeiten oder an Festtagen; die ernsten, nachdenklichen Gespräche zwischen Familienmitgliedern, Freunden, Arbeitskollegen und Zufallsbekanntschaften; die helfenden Taten und den Einsatz für Frieden, Freiheit und Gerechtigkeit im Namen Jesu Christi; die vielen Bilder, Bücher und Filme, in denen etwas vom Evangelium sichtbar oder hörbar wird. Die Aufzählungsmöglichkeit ist wohl grenzenlos für das, was es heißt, Samen aufs Land zu werfen. Und das ist etwas, was *wir tun* können und sollen und was *wir an uns geschehen lassen* können und sollen.

Das hat das Augsburgische Bekenntnis in seinem 5. Artikel wunderbar beschrieben (EGWü 835), wenn dem auch nachträglich die irreführende Überschrift „Vom Predigtamt" gegeben wurde, die bis in die Gegenwart hinein zu schweren ökumenischen Irritationen geführt hat. In Wirklichkeit handelt dieser 5. Artikel davon, *wie Glaube entsteht,* und er sagt:

> Um diesen Glauben zu erlangen, hat Gott das Predigtamt eingesetzt, das Evangelium und die Sakramente gegeben, durch die er als durch Mittel den Heiligen Geist gibt, der den Glauben, wo und wann er will, in denen, die das Evangelium hören, wirkt, das da lehrt, dass wir durch Christi Verdienst, nicht durch unser Verdienst, einen gnädigen Gott haben, wenn wir das glauben.

Auch hier finden wir also beides: die Aufgabe der Verkündigung des Evangeliums, die der christlichen Kirche insgesamt und allen Christenmenschen einzeln aufgetragen ist, und die Einladung, das Evangelium zu hören auf der *einen* Seite, und das Wirken des Heiligen Geistes, der Glauben wirkt, wo und wann Gott will, auf der *anderen* Seite.

Dass wir für die Verkündigung des äußeren Wortes, wie Melanchthon das mit einem passenden Ausdruck nennt, zuständig sind und dass wir *nur* dafür zuständig sind, aber gar nicht dafür, Glauben zu wirken, klingt zunächst demütigend. In Wirklichkeit ist es sehr entlastend – nicht zuletzt für Eltern, Lehrerinnen und Lehrer, Pfarrerinnen und Pfarrer. Wir können und sollen nicht in die Seelen anderer Menschen eingreifen, wir können sie nicht zu Glaubenden machen, und darum sollen wir es auch nicht versuchen. Glauben kann nur Gott schaffen, wo und wann *er* will.

Dass der Glaube *Gottes* Werk ist, dass die Frucht „von selbst", „automatisch" wächst, heißt also nicht, dass dies immer und überall geschieht oder gar „auf Knopfdruck", sondern es heißt, dass dies aus einer Kraft geschieht, über die kein Mensch verfügt, die wir nicht kontrollieren, inszenieren, herstellen, sondern auf die wir nur warten und hoffen, um die wir nur bitten und beten können.

Das war nun auch fast schon die ganze Botschaft dieses Gleichnisses. Fast. Denn da ist ja zum Schluss noch von der Ernte die Rede, und auch das gehört dazu. Dabei geht es um den angemessenen, aufmerksamen und behutsamen Umgang mit der Frucht. Die muss rechtzeitig eingebracht und sorgsam aufgehoben werden. Wo Gott Glauben gewirkt hat, sind wir eingeladen, damit behutsam umzugehen. Wir sollen als Menschen das Vertrauen, das uns zuteil geworden ist, nicht wegwerfen und nicht verspielen, sonst verlieren wir das Kostbarste, was uns im Leben zuteil werden kann.

Hat Erasmus also nicht doch Recht, wenn er sagt: Wir können etwas zu unserem Heil tun, auch wenn es nur bescheiden wirkt, wenn es nur ein kleines bisschen ist neben der Hauptsache, die Gott tun muss? Das Missverständnis bei Erasmus lag wohl darin, dass er meinte, unsere Freiheit und Verantwortung müsste von der Freiheit und Verantwortung Gottes abgezogen werden, damit nicht Gott verantwortlich sei, wenn bei uns kein Glaube entsteht. Aber Erasmus hat nicht bemerkt, dass dann, wenn wir auch nur *ein bisschen* dafür verantwortlich sind, dass bei uns Glaube wächst und entsteht, wir *ganz* daran schuld sind, wenn wir keinen Glauben haben. Da war Luther mutiger, indem er zu denken und auszusprechen wagte, dass wir *durch nichts* bewirken können, dass aus dem verkündigten und gehörten Evangelium tatsächlich Glaube entsteht und so Menschen heil werden. Das ist alleine Gottes Sache.

So stehen sich nicht zwei halbe oder fragmentarische Freiheiten gegenüber, die zusammen eine ganze Freiheit geben, sondern es geht um zwei ganze Freiheiten, die aufeinander bezogen sind: unsere menschliche Freiheit, zu säen und zu ernten, zu hören und zu reden, und Gottes Freiheit, wachsen zu lassen, Glauben hervorzubringen, wann und wo er will.

Und nur weil *das* nicht von uns, sondern alleine von Gott abhängt, darum können wir schließlich und endlich auch unseres Heils gewiss sein; denn es ist bei Gott am besten aufgehoben.

Lieder: EG 450,1.4.5; EG 147,1–3; EG 194,1–3; EGWü 680,1–4 („Brich herein, süßer Schein sel'ger Ewigkeit")
Wochenpsalm: 126
Schriftlesungen: Jesaja 55,6–11 und Johannes 6,35–40

Prüfung bestanden

Predigttext: Matthäus 4,1–11

Da wurde Jesus vom Geist in die Wüste geführt, damit er von dem Teufel versucht würde. Und da er vierzig Tage und vierzig Nächte gefastet hatte, hungerte ihn. Und der Versucher trat zu ihm und sprach: Bist du Gottes Sohn, so sprich, dass diese Steine Brot werden. Er aber antwortete und sprach: Es steht geschrieben (5. Mose 8,3): „Der Mensch lebt nicht vom Brot allein, sondern von einem jeden Wort, das aus dem Mund Gottes geht." Da führte ihn der Teufel mit sich in die heilige Stadt und stellte ihn auf die Zinne des Tempels und sprach zu ihm: Bist du Gottes Sohn, so wirf dich hinab; denn es steht geschrieben (Psalm 91,11–12): „Er wird seinen Engeln deinetwegen Befehl geben; und sie werden dich auf den Händen tragen, damit du deinen Fuß nicht an einen Stein stößt." Da sprach Jesus zu ihm: Wiederum steht auch geschrieben (5.Mose 6,16): „Du sollst den Herrn, deinen Gott, nicht versuchen." Darauf führte ihn der Teufel mit sich auf einen sehr hohen Berg und zeigte ihm alle Reiche der Welt und ihre Herrlichkeit und sprach zu ihm: Das alles will ich dir geben, wenn du niederfällst und mich anbetest. Da sprach Jesus zu ihm: Weg mit dir, Satan! Denn es steht geschrieben (5. Mose 6,13): „Du sollst anbeten den Herrn, deinen Gott, und ihm allein dienen." Da verließ ihn der Teufel. Und siehe, da traten Engel zu ihm und dienten ihm.

Liebe Gemeinde,

lassen Sie mich, bevor wir uns den Versuchungen Jesu im Einzelnen zuwenden, mit *drei Vorbemerkungen* beginnen, die für das Verständnis dieses Predigttextes hilfreich sind.

Erstens: Die ersten drei Evangelien sind sich darin einig, dass *unmittelbar* auf Jesu Taufe, in der er von Gott als sein geliebter Sohn proklamiert wird, die Versuchung Jesu durch den Teufel folgt. Dazu fällt mir Luthers Ausspruch ein: Wo Gott seine Kirche hinbaut, da baut der Teufel alsbald seine Kapelle daneben (Deutsch-Deutsche Studienausgabe Bd. 2, 783, 1–3). Am Anfang der Bibel kommt es auch schon zu einem solchen Aufeinandertreffen. Nach der Erzählung von der Erschaffung der Welt geht es sofort mit einem großen „Aber" zur Versuchungsgeschichte: „Aber die Schlange war listiger als alle Tiere auf dem Felde, die Gott der Herr gemacht hatte." (1. Mose 3,1) Sie versucht die ersten Menschen, und diese erliegen prompt der Versuchung.

Von Jesus heißt es dagegen in unserem Predigttext und im Hebräerbrief, dass er „versucht worden ist in allem wie wir, doch ohne Sünde" (Hebr 4,15). Offensichtlich besteht zwischen der Berufung bzw. Beauftragung von Menschen durch Gott und der Versuchung durch den Teufel ein innerer Zusammenhang. Dient die Versuchung der *Bewährung* der Menschen, die Gott in seinen Dienst ruft?

Zweitens: Noch ein anderes Element, das ebenfalls bei allen drei Synoptikern vorkommt, kann, ja muss auffallen: Es ist der *Geist*, und zwar der *Heilige Geist*, der Jesus in die Wüste, an den Ort und in die Situation der Versuchung führt. Er *versucht* Jesus nicht, das tut der Teufel, aber er *führt* ihn dorthin, wo er vom Teufel versucht wird. Das ist doch derselbe Geist, der ihm gerade erst von Gott gegeben worden war, um ihn für seinen Auftrag auszurüsten. Deutlicher kann man es gar nicht ausdrücken, dass die Menschen, die sich von Gott berufen und in Dienst nehmen lassen, alsbald der Versuchung und dem Versucher ausgesetzt werden. Aber warum?

Die Antwort, die ich der Bibel (und dem Bekenntnis der Kirche) entnehme, lautet: Gott lässt uns in Versuchung geraten, weil er unseren Glauben, also unser Vertrauen in *Freiheit* (und nicht aus Zwang) will. Und der Teufel will genau dies, unser Vertrauen zu Gott in Freiheit *verhindern* und *zerstören*. Das kann man sowohl an der Erzählung vom Sündenfall als auch an der Versuchung Jesu lernen und wir werden es dann gewiss auch an unseren eigenen Versuchungsgeschichten wiedererkennen.

Drittens: Vielleicht fragen Sie sich schon seit Beginn der Predigt, ob ich eigentlich *an den Teufel glaube*. Meine Antwort lautet: Nein, ich glaube nicht an den Teufel, sondern ich glaube an Gott. Aber ich bin davon überzeugt, dass das Böse, das die Bibel mit den Namen „Teufel", „Satan" oder „Dämonen" benennt, aktive Realitäten sind, die es in unserer Welt *gibt*. Wer daran zweifelt, lese oder schaue nur Nachrichten oder denke über sich selbst nach. Die Existenz und das Wirken des Teufels zu bestreiten, ist kein Erkenntniszuwachs, sondern ein Akt der Verdrängung.

Und wie wirkt der Teufel?

In unserem Predigttext macht er es jedenfalls sehr geschickt und scheinbar menschenfreundlich. Er versucht nicht, Jesus zu irgendeinem Verbrechen zu animieren: zu Mord oder Totschlag, zu Raub oder Diebstahl, zu Lüge oder Meineid, zu Ehebruch oder Kindesmissbrauch. Nein, er tritt (schon in der Paradieserzählung und in der Versuchung Jesu) so auf, als mache er sich um die Menschen echte Sorgen. Und dabei knüpft er in beiden Fällen an ein *elementares Bedürfnis* an, um es zu befriedigen: an den *Hunger* bzw. *Appetit*. In der Paradieserzählung fragt er, ob die Menschen tatsächlich gar nicht von den Bäumen essen dürften, und bei Jesus knüpft er an das Hungergefühl an, das dieser nach einem vierzigtägigen Fasten verständlicherweise verspürt. Und der Teufel erweckt den Anschein, als wolle er den Menschen helfen, ihnen das Leben leichter machen oder sie gar retten.

Eva und Adam fallen darauf herein, aber Jesus konzentriert sich in der Wüste ganz auf Gott, auf die Begegnung und den Austausch mit ihm, also auf das Gebet und auf das Wort Gottes. Und davon lässt er sich auch nicht durch den verlockenden Vorschlag des Teufels abbringen, aus Steinen Brot zu machen und so gleichzeitig zu beweisen, dass er Gottes Sohn ist. Jesus zitiert als Antwort nur ein Bibelwort aus dem 5. Buch Mose (8,3): „Der Mensch lebt nicht vom Brot allein, sondern von einem jeden Wort, das aus dem Mund Gottes geht." Jesus bestreitet damit nicht, dass wir Brot (und andere Lebensmittel) zum Leben brauchen, aber er bestreitet, dass wir vom Brot *allein* leben können. Wenn wir keine Beziehung zu Gott, keinen Austausch mit Gott haben, dann reicht uns auch das Brot nicht zum Leben. Jesus will sich in der Wüste ganz auf Gott ausrichten, und darum weiß er auch, was er zu antworten hat, wenn der Versucher ihn davon abbringen will.

Haben wir auch solche Zeiten, wo nebenher nichts anderes passiert, kein Radio oder Fernsehen angeschaltet ist, kein Essen oder Trinken stattfindet, keine Musik nebenher läuft, sondern wo wir uns ganz auf Gott und sein Wort konzentrieren? Dabei ist es gut, wenn wir für das Lesen der Bibel und für das Gebet *feste Zeiten* in unserem Leben haben. „Was nicht regelmäßig geschieht, wird in der Regel mäßig" (so hat es die Jakobus-Gemeinde in Tübingen formuliert). Das sind Zeiten und Erfahrungen, aus denen wir leben können und von denen wir uns nicht ablenken lassen sollten. Und dazu hilft uns die Erinnerung an das Bibelwort, das Jesus in dieser Situation gebraucht: „Der Mensch lebt ... von jedem Wort, das aus Gottes Mund geht."

Aber die Bibel zitieren, das kann der Teufel auch, und davon macht er im zweiten Anlauf seiner Versuchung auch gleich Gebrauch. Er zitiert ein bekanntes Psalmwort: „Denn er hat seinen Engeln geboten (über dir), dass sie dich behüten und du deinen Fuß nicht an einen Stein stoßest" – viele werden dabei in ihrem Inneren die wunderbare Vertonung von Felix Mendelssohn-Bartholdy hören. Und mit diesem Psalmvers (Psalm 91,11 f.) begründet der Teufel die Aufforderung an Jesus, sich von der Tempelzinne (ohne Schaden) hinunterzustürzen, um so vor allen Menschen zu beweisen, dass er Gottes Sohn ist. Das klingt beinahe fromm. Aber was hat der Teufel für ein Interesse daran, dass Jesus vor den Menschen durch einen solchen Sprung beweist, dass er Gottes Sohn ist?

Der Teufel hat großes Interesse daran, dass die Menschen das Wesen und die Sendung Jesu als Sohn Gottes *missverstehen*, zum Beispiel durch spektakuläre Taten, die

Bewunderung erregen, und dabei seine dienende Liebe nicht erkennen, die bereit ist, zu leiden.

Diese Täuschung und Verführung ist dem Teufel ja auch seit den allerersten Anfängen der Christenheit bis heute oft genug gelungen. Der erste, von dem wir das ausdrücklich wissen, ist Petrus. Als er erkannt hat, dass Jesus Gottes Sohn ist, also Gottes Wesen in dieser Welt verkörpert, will er ihn energisch davon abhalten, den Weg in die Passion zu gehen. Und was sagt Jesus da zu ihm? „Geh weg von mir, Satan! Denn du meinst nicht, was göttlich, sondern was menschlich ist." (Mk 8,33) Das hatte Jesus in seiner Versuchung gelernt, und das können wir (am Beginn dieser Passionszeit) von Jesus lernen.

Und was antwortet Jesus dem Teufel in der Versuchungsgeschichte? Er zitiert noch einmal ein Bibelwort aus dem 5. Buch Mose (6,16): „Du sollst den Herrn, deinen Gott, nicht versuchen." Das heißt, das, was der Teufel mit uns tut, sollen *wir nicht mit Gott tun*: ihn versuchen, ihn auf die Probe stellen oder testen. Wer anfängt, die Vertrauenswürdigkeit Gottes auf die Probe zu stellen, einem Experiment zu unterziehen, hat schon das Vertrauen auf Gott weggeworfen und verraten. Und genau das tut Jesus nicht.

Und nun greift der Teufel zur dritten, letzten und größten Versuchung und lässt dabei zugleich seine fromme Maske fallen, indem er Jesus alle Reiche der Welt, also die Weltherrschaft anbietet – unter einer einzigen, scheinbar winzigen Bedingung: „Fall vor mir nieder und bete mich an!" Indem die Versuchung eine so deutliche, offenkundige Form annimmt, dem Teufel zu dienen statt Gott, ist ganz klar, worum es geht. Und darum kann Jesus auch hier wieder mit einem Satz aus der Bibel (5. Buch Mose 6,13) antworten: „Du sollst anbeten den Herrn deinen Gott und ihm allein dienen." Es ist also letztlich nichts anderes als das *Erste Gebot*, um das es geht.

Der Teufel hat sich mit seinen drei Versuchungen raffiniert nach oben gearbeitet. Er appelliert an drei menschliche Grundbedürfnisse: nach Nahrung, nach Bewunderung bzw. Anerkennung sowie nach Macht als Möglichkeit der Durchsetzung des eigenen Willens. Das sind *menschliche* Bedürfnisse, die nicht an sich schlecht sind. Aber durch den Versucher werden diese Bedürfnisse von der Beziehung zu Gott und vom Vertrauen zu ihm *abgetrennt* und zum Bösen *hingeleitet*.

Aus der Versuchungsgeschichte Jesu können wir nicht nur lernen und darauf aufmerksam werden, *dass es so ist*, sondern wir können auch lernen, was als Einziges gegen diese Versuchungen hilft: unbeirrbar *am Vertrauen auf Gott festzuhalten*. Denn das ist der gemeinsame Nenner aller Antworten, mit denen Jesus den Versucher abweist.

Und was erreicht er damit? In unserem Predigttext heißt es kurz und klar: „Da verließ ihn der Teufel." Er gibt auf. Denn wenn ein Mensch sein Vertrauen ganz – und immer wieder neu – auf Gott setzt und sich förmlich an Gott hängt, dann hat der Teufel ausgespielt.

Und da zeigt sich, dass wir im Vertrauen auf Gott in Freiheit der Versuchung durch das Böse widerstehen können – *nicht ein für allemal, aber immer wieder*. Deswegen lässt sich die Botschaft dieses Predigttextes auch mit einem einfachen, aber schönen Satz aus dem Hebräerbrief (10,35) zusammenfassen: „Werft euer Vertrauen nicht weg, welches eine große Belohnung hat."

Lieder: EG 193,1–3; EG 347,1–6; EG 364,1.2.4; EG 171,1–4
Wochenpsalm: 51
Schriftlesungen: 1. Mose 3,1–5 und Hebräer 4,14–16

Ersterben, nicht absterben

Predigttext: Johannes 12,20–26

Es waren aber einige Griechen unter denen, die heraufgekommen waren, um anzubeten auf dem Fest. Die traten zu Philippus, der von Betsaida aus Galiläa war, und baten ihn und sprachen: Herr, wir wollten Jesus gerne sehen. Philippus kommt und sagt es Andreas, und Philippus und Andreas sagen's Jesus weiter. Jesus aber antwortete ihnen und sprach: Die Zeit ist gekommen, dass der Menschensohn verherrlicht werde. Wahrlich, wahrlich, ich sage euch: Wenn das Weizenkorn nicht in die Erde fällt und erstirbt, bleibt es allein; wenn es aber erstirbt, bringt es viel Frucht. Wer sein Leben liebhat, der wird's verlieren; und wer sein Leben auf dieser Welt hasst, der wird's erhalten zum ewigen Leben. Wer mir dienen will, der folge mir nach; und wo ich bin, da soll mein Diener auch sein. Und wer mir dienen wird, den wird mein Vater ehren.

Liebe Gemeinde,

in diesem Predigttext gibt es Elemente, die uns aus unserer Lebenswelt vertraut sind, und andere, die auf uns fremd, vielleicht sogar irritierend oder abstoßend wirken.

Zu den vertrauten Elementen zähle ich vor allem den Anfang, wo es heißt, dass griechische Pilger zum Passafest nach Jerusalem gekommen waren, um dort im Tempel, d. h. im Vorhof der Heiden anzubeten. Sie kennen und schätzen offensichtlich das Passafest, bei dem die Juden sich an den Auszug aus Ägypten erinnern und dies festlich begehen. Und sie haben offensichtlich auch von Jesus gehört. Das ist nicht verwunderlich, da gerade erst Jesu spektakulärer Einzug nach Jerusalem stattgefunden hat, der von der Volksmenge mit Palmzweigen und Hosiannarufen begleitet wurde. Diesem Mann möchten sie nun einmal ganz persönlich begegnen. Und zu diesem Zweck wenden sie sich an den Jünger Philippus (vielleicht weil er einen eindeutig griechischen Namen trägt) und fragen ihn, ob er ihnen nicht zu einer Begegnung, einer Art Privataudienz mit Jesus verhelfen könne.

Das kennen wir gut. Wenn eine prominente Persönlichkeit auftaucht: Presserummel, ein Autogramm, vielleicht sogar ein Händedruck oder ein Interview, und heutzutage natürlich auf jeden Fall ein Foto, das man dann zuhause zeigen kann. Hauptsache, es fällt etwas vom Glanz der berühmten Persönlichkeiten auf die kleinen Touristen, die dann nach ihrer Heimkehr etwas zu erzählen haben und sich ein wenig in diesem Ruhm sonnen können.

Philippus ist sich offensichtlich unsicher, wie er sich zu der Bitte der Griechen verhalten soll. Darum geht er zu Andreas, einem der Jünger der ersten Stunde und fragt ihn um Rat: Kann man das machen oder zumindest versuchen? Schließlich gehen sie beide zu Jesus und berichten von dem Wunsch der Griechen. Und Jesus reagiert außerordentlich offen und zugänglich. Seine Begründung dafür, sich dem Wunsch der griechischen Touristen nicht zu verweigern, lautet sinngemäß: „Meine Stunde *ist* gekommen." Auf der Hochzeit zu Kana dagegen, als seine Mutter ihn drängen wollte, dem in Not geratenen Bräutigam zu helfen, sagte

Jesus: „Meine Stunde ist *noch nicht* gekommen." (Joh 2,4) Und damit wies er seine Mutter ziemlich schroff zurück. Auch in anderen Erzählungen vor der Passion heißt es, Jesu Stunde sei noch nicht gekommen. Nun sagt Jesus selbst: „Die Stunde ist gekommen, dass der Menschensohn verherrlicht werde."

Das mussten seine Jünger doch geradezu so verstehen, dass nun – nach dem triumphalen Einzug in Jerusalem – die Zeit seines offenen, machtvollen und glanzvollen Auftretens begonnen habe – warum nicht mit einer Audienz für die religiös interessierten Pilger auf dem Fest? Bis dahin passt alles sehr gut in unsere Erfahrungs- und Vorstellungswelt.

Und dann macht die Erzählung und die Rede Jesu eine Kehrtwende. Nun ist auf einmal vom Sterben die Rede, vom Verlieren des Lebens, ja vom Hassen des eigenen Lebens, und Jesus verwendet dafür das Bild vom Weizenkorn, das in die Erde gesät wird, erstirbt und dadurch viel Frucht bringt. *Das* ist es, was vor ihm steht und wodurch er verherrlicht werden soll. Dabei ist das Bild, das Jesus wählt, zwar ein durchaus schönes Bild, aber es ist in einer entscheidenden Hinsicht *irreführend*, ja geradezu *falsch*: Wenn ein Weizenkorn, das in die Erde gesät wird, tatsächlich *stirbt*, dann bringt es weder viel noch wenig Frucht, sondern es verfault im Boden.

Um Frucht zu bringen, darf das Korn nicht sterben, sondern es muss lebendig bleiben. Aber es kann nicht seine ursprüngliche Form behalten, in der es aus der Ähre gedroschen wurde, sondern es muss sich auflösen und muss sich dabei verwandeln. Man kann diese beiden Formen des Sterbens im Anschluss an Luthers Übersetzung unterscheiden als ein *Absterben* (Sir 10,20), aus dem kein neues Leben entsteht, und als das *Ersterben* (Hiob 14,8 f. und Joh 12,24), das die Voraussetzung für neue Frucht ist.

Zweierlei darf also nicht geschehen, wenn das Weizenkorn Frucht bringen soll: Es darf nicht *absterben*, verfaulen und damit seine Lebenskraft verlieren, und es darf nicht unverändert bleiben, wie es war. Und diesen Auflösungs- und Verwandlungsprozess, der äußerlich wie ein Sterben und Vergehen aussieht, also das *Ersterben*, bezeichnet Jesus überraschenderweise als seine *Verherrlichung*.

Das ist paradox: Der schändliche, qualvolle Märtyrertod am Kreuz als Verherrlichung Jesu? Ja, so sieht, versteht und zeigt uns das Johannesevangelium die ganze Passionsgeschichte. Jesus wird *erhöht* – ans Kreuz, und er beschließt sein Leben dort mit den Worten: „Es ist vollbracht!" Diese Darstellung und Deutung ist nur möglich, weil das Johannesevangelium die *Innenseite* der Passion Jesu in den Blick nimmt, das, was durch sie *für uns Menschen geschieht*. Im Blick auf die „viele Frucht", die das Sterben Jesu für die Menschheit erbringt, kann gesagt werden: Sein Kreuzestod ist seine Verherrlichung.

Durch das Bild vom Weizenkorn, das in die Erde fällt und viel Frucht bringt, wird die irreführende Vorstellung, die viele Menschen mit dem Kreuzestod Jesu verbinden, auf deutliche Weise zurechtgerückt: Er muss nicht sterben, um *Gott* zu versöhnen, sondern er stirbt, um *uns* mit Gott zu versöhnen (vgl. 2. Kor 5,19). Und wie geschieht das?

Unser Predigttext sagt: indem er durch seinen Kreuzestod hindurch *für uns zum Lebensbrot* wird.

Diese Deutung des Passionsgeschehens ist in vielen – vor allem alten – Kirchen bildhaft dargestellt, so z. B. in der Heilig-Kreuz-Kirche in Loffenau im Schwarzwald in wunderbaren alten Fresken. Das Hauptfresko trägt den Namen „Hostienmühle". Es zeigt, wie Gott Vater den gekreuzigten und gestorbenen Sohn vom Kreuz abgenommen hat und behutsam in eine große Getreidemühle hineinsenkt. Dabei helfen ihm die vier Evangelisten, die den Leichnam an beschriebenen Spruchbändern halten und wie bei einer Beerdigung vorsichtig in den Mühlentrichter wie in ein Grab hineingleiten lassen. Die Mühle wird durch große Kurbeln von den zwölf Aposteln in Gang gehalten. Unten am Ende der Mühle nehmen die geistlichen und weltlichen Autoritäten sowie die Gläubigen auf Tellern und in Kelchen die Oblaten und den Abendmahlswein in Empfang.

Diese bildhafte Darstellung dessen, wie Jesus Christus durch seinen Tod viel Frucht bringt, verweist darauf, dass vor allem das Abendmahl der Ort ist, an dem wir die Frucht des in die Erde gelegten und erstorbenen Weizenkornes in Empfang nehmen und an ihr Anteil haben dürfen: „Christi Leib, für dich gegeben" – „Christi Blut für dich vergossen".

Und daran schließt unser Predigttext noch zwei kurze, aber wichtige Gedanken an, die etwas davon sagen, was diese Speisung mit Christus als dem Lebensbrot für unsere Nachfolge bedeuten kann und soll.

Der erste Gedanke heißt: „Wer mir dienen will, der folge

mir nach". Das heißt, wenn wir Christus als das Brot des Lebens empfangen, dann dürfen und sollen wir auch – in seiner Nachfolge – durch unsere lebensdienlichen Gedanken, Worte und Taten für andere Menschen zu Brot werden, von dem sie leben können: genießbares, nahrhaftes, vielleicht sogar schmackhaftes Brot. Ist das nicht ein wunderbares Lebensmotto und -ziel?

Aber das setzt voraus, dass auch wir nicht „für uns" bleiben, sondern uns wie ein Weizenkorn öffnen lassen und so für andere da und offen sind. Als Veranschaulichung dessen fiel mir neben der bildhaften Darstellung der Hostienmühle ein kleines Stück Weltliteratur ein, das viele kennen werden. Ich meine das Märchen „Der selbstsüchtige Riese" von Oskar Wilde. Ich füge das Märchen im Anhang zu dieser Predigt bei. Im Zentrum dieses Märchens steht der Wandlungsprozess, durch den das Herz eines selbstsüchtigen Riese, der seinen Garten für niemanden öffnen und mit niemandem teilen will, durch die Wunden der Liebe Christi für andere geöffnet wird. Ich kenne keine eindrucksvollere Darstellung dessen, was unser Predigttext in den Worten ausdrückt: „Wenn das Weizenkorn nicht in die Erde fällt und erstirbt, bleibt es allein; wenn es aber erstirbt, bringt es viel Frucht."

Und wenn jetzt bei uns die bange Frage aufkommt: Und wo bleibe dabei ich selbst? Was geschieht mit mir, wenn ich mich so öffne und mein Leben mit anderen teile, ja von anderen verzehren lasse? Dann dürfen wir den zweiten Gedanken aus unserem Predigttext hören: „Und wer mir dienen wird, den wird mein Vater ehren." Das ist eine unglaubliche Zusage. Denn, wenn Gott uns ehren wird, dann haben wir ausgesorgt – in Zeit und Ewigkeit.

Anhang: Oscar Wilde, Der selbstsüchtige Riese
Wenn die Kinder am Nachmittag aus der Schule kamen, gingen sie für gewöhnlich in den Garten des Riesen, um dort zu spielen. Es war ein großer, wunderschöner Garten mit weichem grünen Gras. Hier und da standen prächtige Blumen sternengleich auf der Wiese, außerdem zwölf Pfirsichbäume, die im Frühjahr zarte Blüten in rosa und perlweiß hervorbrachten und im Herbst reiche Frucht trugen. Die Vögel saßen in den Bäumen und sangen so lieblich, dass die Kinder im Spiel innehielten, um ihnen zuzuhören. „Wie glücklich sind wir doch hier!", riefen sie einander zu.

Eines Tages kam der Riese zurück. Er hatte seinen Freund besucht ... und entschied sich nun dafür, in sein eigenes Schloss zurückzukehren. Als er dort ankam, sah er die Kinder in seinem Garten spielen. „Was macht ihr hier?", schrie er mit äußerst mürrischer Stimme, und die Kinder liefen verängstigt davon. „Mein eigener Garten ist immer noch mein eigener Garten", sagte der Riese, „das muss jeder einsehen, und ich werde niemals jemandem außer mir selbst erlauben, darin zu spielen". Und so errichtete er eine hohe Mauer rings um den Garten und stellte ein Warnschild mit den folgenden Worten auf: „Unbefugten ist der Zutritt bei Strafe verboten!" – Er war wirklich ein sehr selbstsüchtiger Riese.

Die armen Kinder hatten von nun an keinen Ort mehr, wo sie spielen konnten. Sie versuchten auf der Straße zu spielen, aber diese war sehr staubig und voll mit spitzen Steinen, und das gefiel den Kindern nicht. Immer wieder schlenderten sie nach dem Unterricht um die hohe Mauer herum und sprachen von dem herrlichen Garten, der dahinter verborgen lag. „Wie glücklich waren wir dort", sagten sie zueinander.

Dann kam der Frühling und überall – landauf, landab – waren Blüten zu sehen und Vögel zwitscherten vergnügt. Nur im Garten des selbstsüchtigen Riesen war immer noch Winter. Die Vögel wollten dort nicht singen und die Bäume vergaßen zu blühen, weil keine Kinder mehr da waren. Einmal streckte eine wunderschöne Blume ihren Kopf aus dem Gras heraus, aber als sie das Hinweisschild sah, hatte sie so großes Mitleid mit den Kindern, dass sie sich sofort wieder in den Boden zum Schlafen zurückzog. Die einzigen, denen der Garten noch gefiel, waren der Schnee und der Frost. „Der Frühling hat diesen Garten vergessen", riefen sie erfreut, „wir werden das ganze Jahr über hier bleiben". Der Schnee bedeckte das Gras mit seinem dicken weißen Mantel und der Frost ließ alle Bäume silbern erscheinen. Dann luden sie den Nordwind ein, ihnen Gesellschaft zu leisten – und er kam. Er war in warme Felle gehüllt, brüllte unaufhörlich durch den Garten und blies die Schornsteinbleche hinunter. „Welch ein herrlicher Platz", schwärmte er, „wir sollten den Hagel bitten, uns zu besuchen". Und der Hagel kam. Jeden Tag prasselte er drei Stunden lang auf das Dach des Schlosses, bis er fast alle Ziegel zerstört hatte, und danach sauste er, so schnell er konnte, quer durch den Garten. Er war ganz in grau gekleidet und sein Atem war so kalt wie

Eis. „Ich kann nicht verstehen, warum der Frühling in diesem Jahr so spät kommt", sagte der selbstsüchtige Riese, als er an dem Fenster saß und in seinen kalten weißen Garten blickte; „ich hoffe, dass sich das Wetter bald ändert".

Aber es kamen weder Frühling noch Sommer. Der Herbst beschenkte jeden Garten mit goldenen Früchten, nur den Garten des Riesen sparte er aus. „Er ist zu selbstsüchtig", sagte der Herbst. So war anhaltender Winter im Garten; und der Nordwind, der Hagel, der Frost und der Schnee tanzten im Wechsel zwischen den Bäumen herum.

Eines Morgens lag der Riese wach in seinem Bett, als er eine wunderschöne Musik hörte. Sie klang so lieblich in seinen Ohren, dass er dachte, es könnten nur die Musiker des Königs sein, die vorbeizögen. In Wirklichkeit aber war es nur ein kleiner Hänfling, der draußen vor seinem Fenster sang; aber es war so lange her, seit er einen Vogel in seinem Garten hatte singen hören, dass er das Gefühl hatte, die schönste Musik der Welt zu vernehmen. In diesem Moment hörte der Hagel auf, über seinem Kopf herumzutanzen, der Nordwind stellte sein Gebrüll ein und ein köstlicher Duft strömte ihm durch das geöffnete Fenster entgegen. „Ich glaube, nun kommt der Frühling wohl doch noch", sagte der Riese, sprang aus dem Bett und guckte nach draußen. Und was sah er da?

Es war der wundervollste Anblick, den man sich denken konnte. Die Kinder waren durch ein kleines Loch in der Mauer in den Garten gekrochen und saßen nun auf den Zweigen der Bäume – in jedem Baum, den er sehen konnte, ein kleines Kind. Und die Bäume waren so froh, die Kinder endlich wieder bei sich zu haben, dass sie sich mit Blüten schmückten und ihre Zweige gleich schützenden Händen über den Köpfen der Kinder auf und ab bewegten. Die Vögel flogen umher und zwitscherten vor Vergnügen und die Blumen schauten lachend aus dem frischen grünen Gras heraus. Es war ein anmutiges Bild, nur in einer Ecke des Gartens war noch immer Winter. Dort, in dem entferntesten Winkel, stand ein kleiner Junge. Er war so klein, dass er nicht an die Zweige des Baumes heranreichen konnte. Immer wieder ging er um ihn herum und weinte bitterlich. Der arme Baum war immer noch über und über mit Eis und Schnee bedeckt und der Nordwind blies und heulte über ihn hinweg. „Klettere nur hinauf, kleiner Junge!", sagte der Baum freundlich und beugte seine Zweige so tief herunter, wie er konnte, aber der Junge war einfach zu klein.

Als der Riese das sah, wurde es ihm ganz warm um das Herz. „Wie selbstsüchtig bin ich gewesen!", sprach er reumütig zu sich selbst, „jetzt verstehe ich, warum der Frühling nicht in meinen Garten kommen wollte. Ich werde den kleinen Jungen auf die Spitze des Baumes setzen und danach die Mauer niederreißen. Von nun an soll der Garten auf ewig der Spielplatz der Kinder sein". Er bedauerte aufrichtig, was er getan hatte.

Der Riese schlich nach unten, öffnete ganz leise die Haustür und trat in den Garten. Aber als die Kinder ihn sahen, hatten sie solche Angst, dass sie alle davonrannten – und augenblicklich wurde es wieder Winter im Garten. Nur der kleine Junge lief nicht fort; denn er hatte, da seine

Augen ganz mit Tränen gefüllt waren, den Riesen nicht kommen sehen. Dieser näherte sich dem Jungen ganz vorsichtig von hinten, nahm ihn sanft in seine Hände und setzte ihn in den Baum. Unverzüglich erstrahlte der Baum in üppiger Blütenpracht und die Vögel kamen, setzten sich hinein und sangen; und der kleine Junge streckte seine Arme aus, schlang sie dem Riesen um den Hals und küsste ihn. Und als all die anderen Kinder sahen, dass der Riese nicht länger böse war, kamen sie eilig zurück – und mit ihnen kam der Frühling. „Von nun an, Kinder, ist dies euer Garten", sagte der Riese, nahm eine riesige Axt und riss die Mauer nieder. Und als die Menschen um die Mittagszeit zum Markt gingen, sahen sie den Riesen mit den Kindern im Garten spielen, dem schönsten Garten, den sie jemals gesehen hatten.

Sie spielten den ganzen Tag lang, und am Abend gingen sie auf den Riesen zu, um sich von ihm zu verabschieden. „Aber wo ist denn euer kleiner Spielgefährte, der Junge, den ich auf den Baum gesetzt habe?", fragte der Riese. Den kleinen Jungen liebte er nämlich am meisten, weil dieser ihn geküsst hatte. „Das wissen wir nicht", antworteten die Kinder, „er ist fortgegangen". „Ihr müsst ihm sagen, dass er morgen unbedingt wiederkommen soll", sagte der Riese. Aber die Kinder entgegneten, dass sie nicht wüssten, wo er wohne, und dass sie ihn auch niemals zuvor gesehen hätten. Daraufhin wurde der Riese sehr traurig. Jeden Nachmittag, wenn die Schule zu Ende war, kamen die Kinder und spielten mit dem Riesen. Aber den kleinen Jungen, den der Riese besonders liebte, sah man nie mehr. Der Riese war sehr freundlich zu all den Kindern, und dennoch blieb in ihm die Sehnsucht nach seinem ersten kleinen Freund. Immer wieder sprach er von dem Jungen. „Wie gerne würde ich ihn wiedersehen", pflegte der Riese dann zu sagen.

Jahre vergingen und der Riese wurde ganz alt und schwach. Er konnte nicht mehr im Garten spielen, und so saß er in einem riesigen Lehnstuhl, sah den Kindern beim Spielen zu und erfreute sich an seinem Garten. „Ich habe zwar viele herrliche Blumen, aber die Kinder sind die schönsten von allen", sagte er zu sich selbst.

An einem Wintermorgen schaute er, während er sich anzog, aus dem Fenster. Jetzt hasste er den Winter nicht mehr; denn er wusste, dass dies nur die Zeit des schlafenden Frühlings und der sich ausruhenden Blumen war. Plötzlich rieb er sich verwundert die Augen – und schaute und schaute. Es war in der Tat ein wundervoller Anblick. In der entlegensten Ecke des Gartens war ein Baum über und über mit herrlichen weißen Blüten bedeckt. Seine Zweige waren vergoldet und silberne Früchte hingen von ihnen herab. Und unter dem Baum stand der kleine Junge, den der Riese so sehr in sein Herz geschlossen hatte. Hocherfreut rannte der Riese nach unten und hinaus in den Garten. Er hastete über die Wiese und näherte sich dem Kind. Und als er ganz nah herangekommen war, wurde sein Gesicht rot vor Zorn, und er fragte: „Wer hat es gewagt, dich zu verletzen?" Auf den Handflächen des Kindes waren nämlich die Male von zwei Nägeln zu erkennen, und die Male von zwei Nägeln waren auch an seinen kleinen Füßen. „Wer hat es gewagt, dich zu verletzen?", schrie der

Riese noch einmal, „sag es mir, damit ich mein mächtiges Schwert ziehen und ihn erschlagen kann". „Nein!", antwortete das Kind, „denn dies sind die Wunden der Liebe". „Wer bist du?", fragte der Riese. Eine seltsame Ehrfurcht überkam ihn und er kniete vor dem kleinen Jungen nieder. Daraufhin lächelte das Kind den Riesen an und sagte zu ihm: „Du hast mich einst in deinem Garten spielen lassen, heute sollst du mit mir in meinen Garten kommen – in das Paradies eingehen." Und als die Kinder an diesem Nachmittag in den Garten gelaufen kamen, fanden sie den Riesen tot auf – er lag unter dem Baum und war über und über mit weißen Blüten bedeckt.

> Lieder: EG 85,1.5–7; EG 98,1–3; EGWü 585,1–4 („Das Weizenkorn muss sterben"); EG 227,1–4
> Wochenpsalm: 22 I
> Schriftlesungen: Jesaja 52,13–53,5 und Philipper 1,15–21

Bin ich's?

Predigttext: Markus 14,17–26

Und am Abend kam er mit den Zwölfen. Und als sie bei Tisch waren und aßen, sprach Jesus: Wahrlich, ich sage euch: Einer unter euch, der mit mir isst, wird mich verraten. Und sie wurden traurig und fragten ihn, einer nach dem andern: Bin ich's? Er aber sprach zu ihnen: Einer von den Zwölfen, der mit mir seinen Bissen in die Schüssel taucht. Der Menschensohn geht zwar hin, wie von ihm geschrieben steht; weh aber dem Menschen, durch den der Menschensohn verraten wird! Es wäre für diesen Menschen besser, wenn er nie geboren wäre. Und als sie aßen, nahm Jesus das Brot, dankte und brach's und gab's ihnen und sprach: Nehmet; das ist mein Leib. Und er nahm den Kelch, dankte und gab ihnen den; und sie tranken alle daraus. Und er sprach zu ihnen: Das ist mein Blut des Bundes, das für viele vergossen wird. Wahrlich, ich sage euch, dass ich nicht mehr trinken werde vom Gewächs des Weinstocks bis an den Tag, an dem ich aufs Neue davon trinke im Reich Gottes.

Liebe Gemeinde,

„bin ich's?" Das ist die Frage in unserem Predigttext, die nicht beantwortet wird, zumindest nicht klar genug. Einer von den Jüngern Jesu eben. Der Gründonnerstag hat zwei Gesichter, ein Schönes und ein Trauriges. Das Schöne besteht darin, dass an diesem Tag das Erkennungs- und Einheitszeichen der Christen gestiftet wurde, das Abendmahl. Das Traurige besteht darin, dass über dem Festmahl der

Schatten einer Prophezeiung liegt: Einer aus dem Kreis der engsten Freunde Jesu wird ihn verraten. Deswegen fragen die Jünger: „Bin ich's?" Und oft erleben wir es ähnlich, wenn wir eine von den vielen Darstellungen des Abendmahls in der Malerei betrachten. Wir fragen uns, wer von den Jüngern, die wir abgebildet sehen, der Verräter ist – zum Beispiel in der berühmten Abendmahlsdarstellung von *Leonardo da Vinci* aus der Dominikanerkirche Santa Maria della Grazie in Mailand.

In den letzten Jahren hat zwar Dan Brown mit seinem Buch „Sakrileg" versucht, die Aufmerksamkeit der Zuschauer von Judas auf Johannes zu lenken, weil er in dieser Gestalt eine Frau vermutet, Maria Magdalena. Das finden viele Menschen aufregend. Und trotzdem ist Judas *die* Person, die wir beachten müssen, wenn wir die Geschichte der Einsetzung des Abendmahls betrachten. Gerade er hat uns etwas Wichtiges zu sagen.

Wenn wir fragen, wer dieser Judas war, ist *eine* Antwort klar: Er gehörte zu *den* Jüngern Jesu, die das Abendmahl empfangen haben. In der Abendmahlsdarstellung von *Leonardo da Vinci* sitzt Judas zwischen Petrus und Johannes. Wie die anderen elf, so rief Jesus auch Judas in seine Nachfolge. Das heißt: Judas gehörte zu denen, welche die besondere Nähe und Zuwendung Jesu erleben durften. Wie die anderen elf, nannte Jesus auch Judas seinen Freund. Wie die anderen elf, sandte Jesus auch Judas aus. Von allen zwölf gilt der Satz des Evangelisten Markus: „Und sie zogen aus und predigten, man solle Buße tun, und trieben viele böse Geister aus und salbten viele Kranke mit Öl und machten sie gesund." (Mk 6,12 f.) Wie die anderen elf hatte auch Judas eine gemeinsame Geschichte mit Jesus, er war mit ihm durch dick und dünn gegangen. Aber irgendwann muss etwas anderes in ihm angefangen haben, eine Entfremdung. Wir wissen nicht wann, warum und wie. In den Evangelien wird Judas nirgends als einer der Jünger hervorgehoben, die Zweifel äußerten oder Jesu Sendung in Frage stellten.

Ob diese Entfremdung mit dem Geld zusammenhing, welches Judas – nach der Erzählung des Evangelisten Johannes – zu verwalten hatte (Joh 12,4–6), ist nicht sicher. *Leonardo da Vinci*, wie viele andere Maler auch, lässt Judas am Geldsäckchen erkennen. Der Evangelist Markus behauptet aber nicht, dass Judas für seinen Verrat Geld verlangt hätte (anders Mt 26,15). Aber *eines* ist klar: die Beziehung, die Judas mit Jesus verbunden hat, hing an diesem Abend an einem seidenen Faden. Das Wichtigste, die Liebe zu Jesus, hatte Judas zu diesem Zeitpunkt wohl schon verloren. *Leonardo da Vinci* deutet das an, indem er Judas' Blick über das Haupt Jesu hinweg gehen lässt. In seiner Dreiergruppe von Petrus, Judas und Johannes wirkt Judas schon wie ein Außenseiter. Äußerlich sitzt er zwar in ihrer Mitte, aber innerlich trennt ihn etwas von den beiden, die einander zugewandt sind.

Die Beziehung zwischen Judas und Jesus hängt an einem seidenen Faden, aber sie ist nicht abgebrochen, sie ist noch da. In einer äußerst angespannten und belasteten Beziehungssituation lädt Jesus auch ihn zu seinem Abendmahl ein. Jesus weiß, was kommen wird: „Und als sie bei Tisch waren und aßen, sprach Jesus: Wahrlich, ich sage euch: Einer, der mit mir isst, wird mich verraten." Und Jesus sagt ein hartes Wort: „Weh dem Menschen, durch den der Menschensohn verraten wird! Es wäre für diesen Menschen besser, wenn er nie geboren wäre!" Und trotzdem schickt Jesus ihn, den er damit meint, nicht fort. Er stellt Judas nicht vor den anderen bloß, er übt keinen Druck auf ihn aus. Sein Name wird verschwiegen, deswegen muss Judas sich auch nicht verteidigen. Aber die Spannung wächst. Wir wissen nicht, was Judas in diesem Augenblick gedacht hat, aber wir wissen, was sich alle Jünger fragten: „Bin ich's?"

Diese Frage spricht für sie. Sie übertragen eine mögliche Schuld nicht sofort auf einen anderen. Diese Menschen ahnen offensichtlich, dass auch sie verraten könnten. Und sie haben recht. Petrus, Johannes und Jakobus verraten Jesus kurz danach, indem sie ihm ihren Beistand in seiner Todesangst versagen durch den Schlaf im Garten Gethsemane (Mk 14,37-41). Als die von den Hohepriestern, Schriftgelehrten und Ältesten geschickte Schar mit Schwertern und mit Stangen kommt, um Jesus zu verhaften, verraten die Jünger ihren Meister, indem sie die Flucht ergreifen (Mk 14,50). Petrus verrät Jesus dreifach, indem er dreifach seine Zugehörigkeit zu ihm im Hof des Hohepriesters leugnet (Mk 14,66-72). Alle Jünger Jesu, die sich fragten: „Bin ich's?", hatten Grund traurig zu werden.

Und, liebe Gemeinde, wie ist es mit uns? Mit Sicherheit kann keiner von uns behaupten, er würde Jesus nie verraten. Ein Verrat ist möglich im Kleinen wie im Großen. Und wir können und dürfen das auch nicht kleinreden.

Petrus war genauso ein Verräter wie Judas und trotzdem gibt es einen Unterschied: Petrus wich Jesus nicht aus, nachdem er ihn verraten hatte. Er blieb in seiner Nähe. „Und der Herr wandte sich und sah Petrus an", schreibt der Evangelist Lukas, „und Petrus weinte bitterlich" (Lk 22, 61–62). Judas dagegen ließ sich nicht mehr von und bei Jesus sehen. Der Evangelist Matthäus berichtet, dass Judas seine Tat bereute und sich aus Verzweiflung das Leben nahm (Mt 27,3–5).

Vielleicht hat Judas nur *eines* übersehen bzw. nicht verstanden: Als Jesus am Abend vor seiner Kreuzigung das Brot brach und auch ihm gab; als er den Kelch nahm und auch ihm reichte, setzte Jesus ein Zeichen der Erinnerung an Gottes Vergebung ein. „Und Jesus sprach zu ihnen: das ist mein Blut des Bundes, das für viele vergossen wird." (Mk 14,24) Der erste Bund zwischen Gott und dem Volk Israel beruhte auf dem Gesetz und auf dem Gehorsam. Der neue Bund, den Jesus einsetzte, beruht auf seinem Blut, also auf der Hingabe seines Lebens. Anders gesagt: Der neue Bund beruht auf der menschgewordenen Liebe Gottes, welche die ganze Schuld der Menschheit auf sich nimmt, erleidet und das Böse überwindet, indem sie *vergibt*.

Eine Theologin unserer Zeit schreibt:

Das Abendmahl „ist wie ein verabredetes Zeichen zwischen Liebenden, an das sie nach dem Verrat anknüpfen können, damit die Liebe wieder lebendig wird ... Zur Liebe gehört der Verrat wie zum Glauben der Zweifel als die große Gefährdung, die wir wachsam und betend wahrnehmen müssen ... ‚Wachet und betet, dass ihr nicht in Anfechtung fallt! Der Geist ist willig, aber das Fleisch ist schwach. (Mk 14,38)‘ Wer den Schmerz verratener Liebe durchleidet wie Petrus, der bitterlich weint, kann zum verabredeten Zeichen der Liebe zurückkehren und die Liebe im Abendmahl feiern trotz der Nacht des Verrates." (Sigrid Glockzin-Bever, Nahe dem Tod – nahe dem Leben, Neukirchen-Vluyn 1998, S. 54)

Möge dieses Zeichen auch heute in unsere Herzen hinein das Licht der Vergebung und das Licht der Liebe Gottes strahlen lassen.

Lieder: EG 227,1–5; EG 213,1–3; EG 223,1–4; EG 220
Wochenpsalm: 111
Schriftlesungen: 2. Mose 12,1–14 und 1. Korinther 10,16–17

Teure Gnade

Predigttext: 2. Korinther 5,14b–21

Wenn einer für alle gestorben ist, so sind sie alle gestorben. Und Christus ist darum für alle gestorben, damit die da leben, hinfort nicht sich selbst leben, sondern dem, der für sie gestorben und auferstanden ist. Darum kennen wir von nun an niemanden mehr nach dem Fleisch; und auch wenn wir Christus gekannt haben nach dem Fleisch, so kennen wir ihn doch jetzt so nicht mehr. Darum: Ist jemand in Christus, so ist er eine neue Kreatur; das Alte ist vergangen, siehe, Neues ist geworden. Aber das alles von Gott, der uns mit sich selber versöhnt hat durch Christus und uns das Amt gegeben, das die Versöhnung predigt. Denn Gott war in Christus und versöhnte die Welt mit sich selber und rechnete ihnen ihre Sünden nicht zu und hat unter uns aufgerichtet das Wort von der Versöhnung. So sind wir nun Botschafter an Christi Statt, denn Gott ermahnt durch uns; so bitten wir nun an Christi Statt: Lasst euch versöhnen mit Gott! Denn er hat den, der von keiner Sünde wusste, für uns zur Sünde gemacht, damit wir in ihm die Gerechtigkeit würden, die vor Gott gilt.

Liebe Gemeinde,

es gibt Naturerscheinungen, die uns Angst machen, weil wir wissen, dass sie für uns lebensgefährlich werden können: ein Tornado, ein Erdbeben, ein Tsunami, ein Vulkanausbruch. Und es gibt Naturerscheinungen, die für uns keine Lebensgefahr bedeuten und trotzdem ein unheimliches Gefühl in uns hervorrufen, zum Beispiel eine totale

Sonnenfinsternis. Oft spüren Menschen schon lange vor solchen Naturerscheinungen: Etwas Merkwürdiges liegt in der Luft, etwas verdichtet sich und man kann ihm nicht ausweichen.

Ein ähnliches Gefühl empfinden wir manchmal dem Karfreitag gegenüber. Er wirft einen langen Schatten, der aber nicht hinter ihm, sondern vor ihm liegt. Wie ein Schleier breitet er sich über die ganze Passionszeit aus. Und er verdichtet sich, je näher wir dem Karfreitag kommen. Am Palmsonntag, an dem wir „Hosianna" singen, können wir nicht richtig froh sein, weil wir wissen: nur noch einige Tage und dann werden wir an einen anderen Ruf erinnert: „Kreuzige ihn!" Am Gründonnerstag, wenn wir mit tiefer Dankbarkeit die Einsetzung des Heiligen Abendmahls feiern, können wir auch nicht richtig froh sein, weil wir wissen: Es ist der Abend vor der Kreuzigung, die Nacht des Verrats. Es ist bedrückend. Aber was verdichtet sich am Karfreitag? Das, was uns vor dem Karfreitag abschreckt, ist nicht nur die Tatsache, dass Jesus als ein Unschuldiger gekreuzigt wurde. Zu allen Zeiten sind unschuldige Menschen der Bosheit und Grausamkeit ihrer Mitmenschen zum Opfer gefallen. Oft. Viel zu oft. Das, was viele Menschen, und vor allem uns Christen, am Kreuzestod Jesu abschreckt, ist der Gedanke, dass wir einen Gott haben könnten, der ein unschuldiges Menschenopfer bräuchte, um uns wohlwollend zu sein. Soll das etwa der Gott sein, den wir als „Vater unser im Himmel" ansprechen und anbeten? Könnten wir überhaupt einen Vater lieben, der den Tod seines Kindes bräuchte, um einen Ausgleich oder – wie die Bibel sagt – eine Versöhnung mit seinen Freunden oder gar nur Bekannten zu verwirklichen? Die Angst, es könnte so sein, lässt uns erschaudern.

Wenn wir aber die Aussagen der Bibel zur Kreuzigung Jesu aufmerksam lesen, führen sie uns zu einer sehr wichtigen Feststellung. In unserem Predigttext heute lesen wir: „Gott war in Christus und versöhnte die Welt mit sich selber und rechnete ihnen ihre Sünden nicht zu und hat unter uns aufgerichtet das Wort von der Versöhnung." Die wichtigste Aussage hier lautet: „Gott war in Christus". Das heißt: Es gibt ihn nicht, diesen gekränkten, beleidigten Gott, der nicht anders zu beschwichtigen ist, als mit dem blutigen Opfer seines eigenen Sohnes. Für die erschreckende Erfahrung von Karfreitag gilt genau dasselbe, was für die wunderschöne Erfahrung von Weihnachten gilt: Gott ist Mensch geworden. Gott war in Christus. Und das bedeutet – Gott wird am Karfreitag mitgekreuzigt.

Aber wer brachte ihn zum Kreuz? Bei den Lesungen und Andachten in der Karwoche und bei den Passionen der großen Komponisten wurden und werden wir daran erinnert: Den Weg zum Kreuz Jesu haben Menschen gebaut, Menschen wie wir. Es wäre schön, wenn wir von uns behaupten könnten: Das, was Menschen damals empfunden und getan haben, wäre bei uns unmöglich und das würden wir niemals tun, wir seien besser. Aber, wenn wir uns ehrlich prüfen, müssen wir dann nicht feststellen, dass auch wir als ganz anständige Menschen die Empfindungen und Regungen, von denen die Menschen zur Zeit Jesu geleitet wurden, zumindest ansatzweise aus unserer eigenen Erfahrung kennen: Wut, Neid, Rechthaberei, Rachsucht oder Angst, die Kontrolle über andere Menschen oder über eine Situation zu verlieren, Selbstsucht oder auch einfach Feigheit?

Wenn wir uns vor den Spiegel der letzten Wahrheit stellen und hart mit uns ins Gericht gehen würden, könnten wir sicherlich verstehen, warum Dietrich Bonhoeffer sich einst verzweifelt gefragt hat: *Wer bin ich?* Er schreibt:

> Die anderen sagen mir oft, ich träte aus meiner Zelle gelassen und heiter und fest wie ein Gutsherr aus seinem Schloss ... Sie sagen mir auch, ich trüge die Tage des Unglücks gleichmütig, lächelnd und stolz, wie einer, der Siegen gewohnt ist.
>
> Bin ich das wirklich, was andere von mir sagen? Oder bin ich nur das, was ich selbst von mir weiß? Unruhig, sehnsüchtig, krank, wie ein Vogel im Käfig, ringend nach Lebensatem, ... zitternd vor Zorn über Willkür und kleinlichste Kränkung ... Wer bin ich? Der oder jener? Bin ich denn heute dieser und morgen ein andrer? Bin ich beides zugleich? Vor Menschen ein Heuchler und vor mir selbst ein verächtlich wehleidiger Schwächling?

Wie ein Hilfeschrei klingen diese Worte auf dem Papier in der Zelle eines Gefangenen. Aber dieser Hilfeschrei fasst nur etwas zusammen: die Hilflosigkeit der Menschheit gegenüber dem eigenen Versagen. Wir Menschen werden immer wieder bewusst und unbewusst in den Kreislauf des Bösen hineingezogen. Und wir können nicht aus der Geschichte der Menschheit aussteigen und sagen: „Ich als einziger bin ohne Schuld." Wir Menschen gehören zusammen. Wir sind eine Solidargemeinschaft im Guten wie im Bösen.

Die Kreuzigung Jesu zeigt uns zweierlei. Sie ist der Höhepunkt menschlichen Versagens, der offenbart: Wir Menschen sind fähig, die Güte und die Liebe Gottes in Person ans Kreuz zu bringen. Und – sie ist der Punkt, an dem der Kreislauf des Bösen durchbrochen wird. Und diese Durchbrechung bewirkt Gott. Gott, der in Menschengestalt in die Welt kam, der das Leben, den Alltag und die Sprache mit uns Menschen teilte samt dem Leiden und dem Sterben, dieser Gott verfällt dem Bösen nicht. Er bietet ihm die Stirn und stoppt es, indem er auf die Gerechtigkeit der Vergeltung verzichtet. Gott hält sein Wort der Treue und der Liebe. Und uns Menschen wird die Gnade Gottes zuteil, die uns als Gerechtigkeit geschenkt wird mit der Botschaft: Wir sind frei gesprochen.

Dietrich Bonhoeffer hat als Theologe eine Unterscheidung ins Gespräch gebracht, die sehr prägnant und stark ist: die Unterscheidung zwischen einer *teuren* und einer *billigen* Gnade. Die Versöhnung, die Gott uns mittels der Kreuzigung erfahren lässt, ist alles andere als eine billige Gnade. Die Liebe, die ihr Leben für die anderen gibt, ist die teuerste Gnade, die es gibt. Sie ist wertvoll und kostbar nicht nur, weil sie viel gekostet hat, sondern auch, weil etwas Neues aus ihr entsteht. Das haben viele Menschen erfahren: Wenn man diese Gnade Gottes auf sich wirken lässt, beginnt sich im Herzen eine neue Kraft zu regen.

Es ist, wie wenn man nach einer Krisensituation, nach einer Lebensgefahr im Krankheitsverlauf oder im Krieg, oder nach einer Naturkatastrophe wieder Boden unter den Füßen spürt, wenn man wieder frei atmen, denken, fühlen kann. Auf einmal sieht man alles neu, in einem anderen Licht.

Oder wenn man echte Vergebung erlebt. Erinnern Sie sich, wann Sie in Ihrem Leben das einmal erfahren haben? Es war Ihnen klar, dass Sie einen großen Fehler gemacht hatten. Sie wussten, dass Sie das Geschehene beim besten Willen nicht wiedergutmachen, geschweige denn rückgängig machen können (das kann man nie!). Und Sie glaubten, dass eine Beziehung, die Ihnen sehr wichtig war, dadurch endgültig zugrundegegangen ist.

Und dann hat der andere Ihnen vergeben. Er hat das Geschehene nicht ausgeblendet, Ihr falsches Handeln nicht für unwichtig erklärt. Aber er hat den Schmerz, den Sie verursacht haben, auf sich genommen und ausgetragen – Ihretwegen, aus Liebe, damit die Beziehung weiterleben kann. Wenn man so etwas erlebt hat, dann geht es anders weiter, wie auch unser Predigttext sagt: „Das Alte ist vergangen, siehe, Neues ist geworden."

Lieder: EG 81,1.5.6; EG 83,1.4.6; EG 97,1–6
Wochenpsalm: 22 I
Schriftlesungen: Jesaja 52,13–53,5 und Johannes 19,16–30

Auferstehung als Erhöhung

Liebe Gemeinde,

je weiter wir zu den Anfängen des christlichen Osterglaubens zurückgehen, desto mehr sind zwei Begriffe miteinander verbunden, ja verschmolzen, die wir von verschiedenen Festen des Kirchenjahres her kennen und deutlich unterscheiden: Auferstehung und Erhöhung. Wir sind von der Apostelgeschichte her gewohnt, die Auferstehung Jesu Christi dem Osterfest, seine Erhöhung dem Himmelfahrtstag zuzuordnen. Dabei ist uns schon klar, dass es sich bei der Himmelfahrt Jesu nicht um eine Art Weltraumfahrt in den Himmel (in welchen?) gehandelt hat, sondern um die Erhöhung Jesu Christi zur Rechten Gottes, um seine Einsetzung zum Herrn, zum Kyrios, in die gleiche Würde wie Gott. Und genau das steht für die älteste Christenheit schon im Zentrum des Osterglaubens. So haben wir es ja auch am Beginn dieses Gottesdienstes in dem Christushymnus aus dem Philipperbrief, einem der ältesten Texte der Christenheit, miteinander gesprochen. Dort heißt es: „Er erniedrigte sich selbst und ward gehorsam bis zum Tode, ja zum Tode am Kreuz". Und dann fährt der Hymnus *nicht* fort mit den Worten: Darum hat Gott ihn *auferweckt* von den Toten, sondern: „Darum hat ihn auch Gott erhöht." (Phil 2,8 f.) Und dabei ist von Ostern die Rede.

So sind Auferstehung und Erhöhung Jesu Christi ursprünglich *eines*, und diese Einsicht kann uns einen neuen Zugang zum Verstehen des Osterglaubens eröffnen.

Diese Einheit von Auferstehung und Erhöhung Jesu Christi ist auch in unserem heutigen Predigttext aus 1. Korinther 15,20–28 vorausgesetzt:

> Nun aber ist Christus auferstanden von den Toten als Erstling unter denen, die entschlafen sind. Denn da durch einen Menschen der Tod gekommen ist, so kommt auch durch einen Menschen die Auferstehung der Toten. Denn wie sie in Adam alle sterben, so werden sie in Christus alle lebendig gemacht werden. Ein jeder aber in seiner Ordnung: als Erstling Christus; danach, wenn er kommen wird, die, die Christus angehören; danach das Ende, wenn er das Reich Gott, dem Vater, übergeben wird, nachdem er alle Herrschaft und alle Macht und Gewalt vernichtet hat. Denn er muss herrschen, bis Gott ihm „alle Feinde unter seine Füße legt" (Ps 110,1). Der letzte Feind, der vernichtet wird, ist der Tod. Denn „alles hat er unter seine Füße getan" (Ps 8,7). Wenn es aber heißt, alles sei ihm unterworfen, so ist offenbar, dass der ausgenommen ist, der ihm alles unterworfen hat. Wenn aber alles ihm untertan sein wird, dann wird auch der Sohn selbst untertan sein dem, der ihm alles unterworfen hat, damit Gott sei alles in allem.

Aus diesem Text wird deutlich, wie die Überwindung des Todes, die im Zentrum sowohl des Ostergeschehens als auch der christlichen Hoffnung über den Tod hinaus steht, mit der Erhöhung Jesu Christi zusammenhängt: Der Tod selbst wird als ein machtvoller Feind verstanden, der erst noch besiegt werden muss, und zwar als der „letzte Feind, der vernichtet wird". Vorher wird Christus alle Herrschaft, alle Macht und Gewalt abtun, um schließlich und endlich auch selbst Gott, dem Vater untertan zu sein. Aber bis dahin wird immer noch – solange wir auf Erden weilen – *gestorben*: zur Zeit oder zur Unzeit; alt und lebenssatt oder jung und noch lebenshungrig; im Frieden oder mit Schreien der Angst und der Schmerzen auf den Lippen.

Dabei hat der entscheidende Durchbruch durch die Macht des Todes bereits stattgefunden: „Nun aber ist Christus auferstanden von den Toten als Erstling unter denen, die entschlafen sind." Wie kommt Paulus, wie kommt die ganze frühe Christenheit zu dieser Gewissheit, mit der unser Predigttext beginnt und von der alles andere abhängt?

Paulus ist zu dieser Gewissheit gekommen, weil er etwas erlebt hat: Er hat Jesus Christus nach dessen Tod gesehen (1. Kor 15,8), und zwar nicht als einen Leichnam, sondern *lebendig*. Die Apostelgeschichte erzählt, er habe kurz vor Damaskus, als er unterwegs war, um Christen zu verfolgen, ein Licht vom Himmel gesehen und die Stimme Jesu gehört. Er selbst beschreibt dieses Sehen eher als ein inneres Schauen und das Hören als ein Berufenwerden, wenn er im Galaterbrief schreibt, dass es „Gott wohlgefiel, ... dass er seinen Sohn offenbarte in mir, damit ich ihn durchs Evangelium verkündigen sollte unter den Heiden" (Gal 1,15 f.). „In mir", sagt Paulus und verweist damit offenbar auf ein Geschehen, das man als eine durch diese Christusvision ausgelöste Erleuchtung, ein Einsehen, ein Klarwerden beschreiben kann.

Und was ist ihm da klar geworden? Was hat ihm vom Himmel, also von Gott her eingeleuchtet? Als Verfolger der

Christen war Paulus fest davon überzeugt, dass Jesus zu Recht im Namen Gottes als Gesetzesbrecher zum Tode verurteilt und hingerichtet wurde. Deshalb verfolgte er ja die Anhänger dieses Jesus mit ganzem Eifer. Und nun erlebt er durch seine Christusvision, dass Gott sich durch den Tod hindurch zu Jesus bekannt, ihn erhöht und ins Recht gesetzt hat. Damit wird ihm bewusst, dass Jesus kein Gotteslästerer, sondern der von Gott gesandte Christus und Gottessohn war. Und damit wird ihm auch schlagartig klar, dass nicht der Gehorsam gegenüber dem Gesetz, sondern der Glaube an das Evangelium von Jesus Christus der Weg zum Leben ist – für Juden wie für (uns) Heiden. Das wirft Paulus zu Boden, das blendet ihn so, dass er eine Zeit lang nichts mehr sehen kann. Das nötigt ihn, sein ganzes Leben umkrempeln zu lassen und aus einem Verfolger Christi zu seinem Apostel zu werden.

Paulus war bekanntlich nicht der *Einzige*, der eine solche Ostererscheinung Christi hatte. Petrus war wohl schon kurz nach der Kreuzigung Jesu der *Erste*, der eine solche Erscheinung hatte. Der Kreis der Zwölf folgte. Dann sahen 500 Menschen ihn auf einmal. Sie alle sind Zeugen des Auferstandenen. Nein, Paulus war wirklich nicht der Einzige, dem eine solche Ostererscheinung zuteil wurde.

Aber Paulus ist der einzige Osterzeuge, von dem wir einen *selbst verfassten Bericht* haben. Und er ist – ebenso wie die Frauen unter dem Kreuz – ein Zeuge, von dem wir sicher wissen, dass er nicht zum Kreis derer gehörte, die Jesus verlassen, verleugnet oder verraten hatten. Die Jünger befanden sich ja möglicherweise in einer psychischen

Verfassung, in der man „anfällig" sein konnte für eine Vision, die einem suggerierte, dass alles gar nicht so schlimm sei, weil Jesus ja noch oder wieder lebt. Verglichen damit ist Paulus ein denkbar *unverdächtiger, glaubwürdiger* Osterzeuge. Er hätte vermutlich damals vor Damaskus viel darum gegeben, wenn ihm diese Begegnung mit dem Gekreuzigten erspart geblieben und nicht zuteilgeworden wäre, und wenn er nicht sein ganzes Fühlen, Wollen und Denken hätte umwerfen und umkrempeln lassen müssen. *Das* wollte er bestimmt nicht.

Paulus ist wider Willen zu der Gewissheit gekommen, dass Jesus auferstanden ist. Aber was heißt das eigentlich? Was wird damit gesagt? Und was nicht? Diese Frage ist deshalb so wichtig, weil es auch zufolge der biblischen Texte keine Augenzeugen für das Auferstehungsgeschehen selbst gab. Niemand *war dabei*. Niemand hat *es gesehen*. Niemand kann *es beschreiben*. Gesehen wurde von manchen ein leeres Grab, in das man Jesus zwei Tage vorher gelegt hatte. Gesehen wurde von vielen Christus als eine himmlische Lichtgestalt. Gesehen wurde einer, der mit zwei Jüngern Jesu nach Emmaus ging, die ihn aber erst erkannten, als er das Brot brach und dann verschwand. Gesehen wurde einer, den selbst Maria Magdalena zunächst für den Gärtner hielt, bevor sie ihn an seinen Worten erkannte. Aber aufgrund dieser und anderer ähnlicher Erlebnisse, Eindrücke und Bilder kommen diejenigen, denen das zuteil wird, durch Zweifel hindurch zu der übereinstimmenden Gewissheit und Aussage: Er ist von den Toten auferstanden, er ist von Gott auferweckt worden.

Was meinen sie damit?

Sie meinen damit jedenfalls nicht, dass er *scheintot* gewesen ist und wieder zu sich gekommen ist. Sie meinen auch nicht, dass er zwar tot war, aber wieder ins Leben *zurückgekehrt* sei, so wie das von mehreren Menschen im Alten und im Neuen Testament erzählt wird. Aber die hatten alle den Tod dann wieder vor sich. Deren Leben war um eine kleinere oder größere Spanne verlängert worden, aber sie waren nicht auferstanden von den Toten in dem Sinne, dass sie durch den Tod hindurchgegangen waren, ihn überwunden und hinter sich hatten. Aber genau das sagt das Osterbekenntnis der Anhänger Jesu und seines Verfolgers Paulus von dem, der ihm begegnet ist. Ostern ist kein Rückgängig-Machen des Todes, sondern ein Darüberhinaus-Gelangen. Es besagt, dass Christus den Tod überwunden hat, indem er durch den Tod hindurch eingegangen ist in die Wirklichkeit Gottes und an ihr nun vollen Anteil hat.

Das ist der zugleich alte und neue Zugang zum Verstehen des Osterglaubens, der durch den Gedanken der *Erhöhung* zum Ausdruck gebracht wird. Denn Erhöhung bedeutet Einsetzung des gekreuzigten Christus, der den Tod überwunden hat, in die Würde und Macht Gottes selbst. Und darum darf und soll Christus wie Gott und als Gott verehrt und angebetet werden.

Indem Christus den Tod überwunden hat, ist er der „Erstling", der die Menschen, die an ihm hängen, durch den Tod mitnimmt und hindurchzieht ins ewige Leben hinein. Er will seine „Glieder" und „Gesellen" bei sich haben und darum mit sich nehmen. So werden wir es gleich singen.

Ist der Glaube an die Auferstehung der Toten *töricht oder weise*? Wenn „Auferstehung der Toten" besagen würde, dass der Tod irgendwann rückgängig gemacht wird, dass alle Toten irgendwann ins Leben zurückkehren, wiederbelebt und „wieder auferstehen" werden, wie es oft heißt, dann könnte man gut verstehen, dass viele Menschen darin nur eine Torheit sehen können. Gegenüber *dieser Vermutung* verdient schon die alttestamentliche Bitte den Vorzug: „Lehre uns bedenken, dass wir sterben müssen, auf das wir klug werden." (Ps 90,12) Gegen alle Illusionen und Vertröstungen verdient die Klugheit den Vorzug, die versucht, die Realität des Todes wahrzunehmen, ernstzunehmen und anzunehmen. Insofern ist diese Klugheit gut und wichtig.

Aber Weisheit reicht weiter als Klugheit; denn in der Weisheit verbindet sich die Klugheit mit Güte und mit Liebe und bekommt damit einen weiten Horizont. Und wenn „Auferstehung der Toten" besagt, dass Liebe nicht nur „stark ist wie der Tod" (Hld 8,6), sondern stärker ist als der Tod, weil sie den Tod überwindet; und wenn damit gesagt ist, dass die Liebe unter allem, was über den Tod hinaus bleibt, das Größte ist (1. Kor 13,13), dann ist es weise, an die Auferstehung der Toten zu glauben, auf sie zu hoffen, auf sie hin zu leben und schließlich auch zu sterben.

Da das so ist, können wir der Bitte aus Psalm 90: „Lehre uns bedenken, dass wir sterben müssen, auf dass wir klug werden", noch eine andere Bitte hinzufügen: Lehre uns erkennen, dass wir *auferstehen dürfen*, auf dass wir *weise* werden.

Lieder: EG 100,1–4; EG 106,1–5; EG 112,1.2.6.8
Als Wochenpsalm: Philipper 2,5–11
Schriftlesungen: 1. Samuel 2, 6–8 und Markus 16,1–8

Am Brotbrechen erkannt

Liebe Gemeinde,
Goethes „Faust" enthält im Anfangsteil eine Szene, die im Volksmund unter dem Namen „Osterspaziergang" bekannt ist und deren erste Worte die meisten Menschen kennen:

> Vom Eise befreit sind Strom und Bäche
> Durch des Frühlings holden, belebenden Blick.

Der damit beginnende Monolog endet mit den ebenfalls bekannten Worten:

> Zufrieden jauchzet Groß und Klein:
> Hier bin ich Mensch, hier darf ich's sein.

Was für ein Glücksgefühl strömt aus diesen Zeilen. Und das trifft ja insbesondere auf Faust zu: Noch am frühen Ostermorgen wollte er sich aus Verzweiflung über die Sinnlosigkeit der Welt das Leben nehmen. Und dann ertönen in dem Moment, als er das Glas mit dem Gift an die Lippen gesetzt hatte, gleichzeitig die Osterglocken und der Gesang: „Christ ist erstanden!" und beides zieht ihm „mit Gewalt das Glas von (s)einem Munde". Und mit Freudentränen in den Augen bricht Faust seinen Suizidversuch ab.

Ist das Osterfreude? Obwohl Faust im selben Zusammenhang sagt:

> Die Botschaft hör ich wohl, allein mir fehlt der Glaube ...
> Und doch, an diesen Klang von Jugend auf gewöhnt,
> Ruft er auch jetzt zurück mich in das Leben.

Es ist nicht der Oster*glaube,* aber es ist eine österliche *Erinnerung,* die Faust vom Suizid zurückhält und ihn dem Leben wiedergibt. Aber wie oberflächlich dieser Bezug zu Ostern ist, zeigt sich bei Faust noch am selben Tag: Noch während des Osterspaziergangs läuft ihm der Pudel zu, als dessen Kern sich dann Mephisto, der Teufel, herausstellt. Und mit ihm schließt Faust ebenfalls an diesem Abend den berüchtigten Teufelspakt, in dem er seine Seele für einen Augenblick an irdischem Glück verkauft. Und was mit dem Osterspaziergang so scheinbar glücklich begann, endet schließlich in dieser Tragödie mit vier Todesopfern: Gretchen, ihrer Mutter, ihrem Bruder und dem gemeinsamen Kind von Faust und Gretchen. Kein Wunder, dass Gretchen ihrem Geliebten am Ende zuruft: „Heinrich! Mir graut vor dir."

Auch unser heutiger Predigttext handelt von einer Art „Osterspaziergang", obwohl ich zögere, das Wort „Spaziergang" dafür zu verwenden. Denn der Weg, den hier zwei Menschen an Ostern zurücklegen, ist düster und schwer. Aber sie teilen mit Goethes Faust nicht nur, dass sie sich an Ostern auf den Weg machen, sondern auch, dass sie eine wunderbare Botschaft vernehmen, die sie zwar klar und deutlich hören, aber – jedenfalls zunächst – nicht glauben können.

Wir hören den Predigttext aus dem Lukasevangelium, Kapitel 24 Verse 13–35:

Und siehe, zwei von ihnen gingen an demselben Tage in ein Dorf, das war von Jerusalem etwa zwei Wegstunden entfernt; dessen Name ist Emmaus. Und sie redeten miteinander von allen diesen Geschichten. Und es geschah, als sie so redeten und sich miteinander besprachen, da nahte sich Jesus selbst und ging mit ihnen. Aber ihre Augen wurden gehalten, dass sie ihn nicht erkannten. Er sprach aber zu ihnen: Was sind das für Dinge, die ihr miteinander verhandelt unterwegs? Da blieben sie traurig stehen. Und der eine, mit Namen Kleopas, antwortete und sprach zu ihm: Bist du der Einzige unter den Fremden in Jerusalem, der nicht weiß, was in diesen Tagen dort geschehen ist? Und er sprach zu ihnen: Was denn? Sie aber sprachen zu ihm: Das mit Jesus von Nazareth, der ein Prophet war, mächtig in Taten und Worten vor Gott und allem Volk; wie ihn unsre Hohenpriester und Oberen zur Todesstrafe überantwortet und gekreuzigt haben. Wir aber hofften, er sei es, der Israel erlösen werde. Und über das alles ist heute der dritte Tag, dass dies geschehen ist. Auch haben uns erschreckt einige Frauen aus unserer Mitte, die sind früh bei dem Grab gewesen, haben seinen Leib nicht gefunden, kommen und sagen, sie haben eine Erscheinung von Engeln gesehen, die sagen, er lebe. Und einige von uns gingen hin zum Grab und fanden's so, wie die Frauen sagten; aber ihn sahen sie nicht. Und er sprach zu ihnen: O ihr Toren, zu trägen Herzens, all dem zu glauben, was die Propheten geredet haben! Musste nicht Christus dies erleiden und in seine Herrlichkeit eingehen? Und er fing an bei Mose und allen Propheten und legte ihnen aus, was in der ganzen Schrift von ihm gesagt war. Und sie kamen nahe an das Dorf, wo sie hingingen. Und er stellte sich, als wollte er weitergehen. Und sie nötigten ihn und sprachen: Bleibe bei uns; denn es will Abend werden und der Tag hat sich geneigt. Und er ging hinein, bei ihnen zu bleiben. Und es geschah, als er mit ihnen zu Tisch saß, nahm er das Brot, dankte, brach's und gab's ihnen. Da wurden ihre Augen geöffnet, und sie erkannten ihn. Und er verschwand vor ihnen. Und sie sprachen untereinander: Brannte nicht unser Herz in uns, als er mit uns redete auf dem Wege und uns die Schrift öffnete? Und sie standen auf zu der-

selben Stunde, kehrten zurück nach Jerusalem und fanden die Elf
versammelt und die bei ihnen waren; die sprachen: Der Herr ist
wahrhaftig auferstanden und Simon erschienen. Und sie erzählten ihnen, was auf dem Wege geschehen war und wie er von ihnen
erkannt wurde, als er das Brot brach.

Was für eine bedrückende Stimmung auf dem Weg der beiden Männer nach Emmaus liegt, hat der expressionistische
Maler Karl Schmidt-Rottluff mit seinem Holzschnitt aus
dem Jahr 1918 unter dem Titel „Christus in Emmaus" eindrucksvoll dargestellt (siehe EGWü S. 228). Das ist alles andere als ein schönes Osterbild. Das atmet nicht Lebens-
freude, sondern Todestrauer. Und das ist es ja auch, was
die beiden Männer rechts und links, Kleopas und seinen
namenlosen Weggefährten, bewegt. Sie haben vor zwei Tagen den Tod des Mannes miterlebt, auf den sie ihre Hoffnung gesetzt hatten: „Wir aber hofften, er sei es, der Israel
erlösen werde."

Wahrscheinlich hatten sie in ihrem Heimatort Emmaus vor Monaten erzählt, dass sie den Messias gefunden
hätten und mit ihm ziehen wollten – und nun dieses Ende.
Sie kehren als Enttäuschte und Gescheiterte zurück. Und
sie können sich schon die Sticheleien und hämischen Be-
merkungen ihrer Angehörigen, Freunde und Nachbarn
vorstellen, die von Anfang an skeptisch waren: Ein Zimmermann aus Nazareth als Messias und Gottessohn? Wer
glaubt denn so etwas?

Und dann fühlen sie sich zusätzlich verwirrt, weil einige Frauen in der Frühe am Grab Jesu waren, seinen Leichnam nicht fanden, aber eine Engelserscheinung hatten, die

ihnen sagte, Jesus lebe. Aber den auferstandenen Jesus hatten sie nicht gesehen. Nein, diese Botschaft hat die zwei nicht veranlassen können, noch länger in Jerusalem zu bleiben und ihrer Trauer und Enttäuschung nachzuhängen. Sie gehen dorthin zurück, woher sie gekommen sind, um wieder so gut wie möglich an ihr früheres Leben anzuknüpfen und die Sache mit Jesus so schnell und gründlich wie möglich zu vergessen. Das kann man doch alles gut verstehen.

Und dann gesellt sich unterwegs ein Fremder zu ihnen. Wir als Leser und Hörer der Erzählung erfahren sofort, dass es der auferstandene Jesus ist, der auf dem Weg zu ihnen kommt, ihnen zuhört und mit ihnen redet. Aber merkwürdig: Sie erkennen ihn nicht. „Ihre Augen wurden gehalten" (V. 16), wie es im Bibeltext heißt. Eine neuere Übersetzung (Berger/Nord) schreibt: „Sie waren mit Blindheit geschlagen und erkannten ihn nicht". Schmidt-Rottluff stellt das in seinem Holzschnitt so dar, dass die beiden Männer rechts und links – im Unterschied zu der österlichen Gestalt in der Mitte – keine Pupillen haben. Sie erkennen den ihnen vertrauten Meister nicht.

Und das wird nicht nur hier im Lukasevangelium so gesagt, sondern auch bei Matthäus (28,17) und im Johannesevangelium (21,4). Sogar Maria Magdalena, die Jesus doch offenbar sehr nahe stand, erkannte den auferstandenen Jesus zunächst nicht, sondern hielt ihn für den Gärtner (Joh 20,14 f.). Erst als Jesus sie mit ihrem Namen anredet, erkennt sie ihn. Das heißt aber doch: Der Auferstandene ist nicht in seine irdische Gestalt und in sein irdisches Leben zurückgekehrt, sondern er ist im Durchgang durch den Tod radikal verwandelt worden. Und doch gibt er sich den Seinen zu erkennen an dem, was sie mit ihm verbunden hat und verbindet. Aber so weit ist es in unserer Erzählung noch nicht.

Jesus spricht die beiden auf ihre traurige Unterhaltung an und sie bleiben zunächst erstaunt stehen, weil er offenbar als einziger Fremder, der doch auch aus Jerusalem kommt, nichts von der Kreuzigung Jesu mitbekommen hat. Und Jesus bringt sie dazu, ihm zu erzählen, was geschehen ist und warum sie so ratlos und verzweifelt sind. Und nachdem er zugehört hat, tauscht Jesus die Rollen: Nun erklärt er ihnen aus den Schriften von Mose und den Propheten, dass dieses Leidens- und Todesschicksal nichts ist, was der Sendung Jesu durch Gott widerspricht, sondern genau so zu erwarten war und in der Schrift vorhergesagt ist. So ist es doch schon den Propheten des Alten Bundes immer wieder ergangen. So ergeht es Gott, wenn er in dieser Welt aus Liebe seinen Geschöpfen nachgeht, sie ruft und lockt. Sie wenden sich ab, wollen nichts von ihm wissen, wollen ihre eigenen Wege gehen und drängen die, die sie an Gott erinnern und wieder mit Gott in Verbindung bringen wollen, hinaus aus ihrem Leben, aus ihrer Welt. Gott *will* nicht, dass es so ist, aber Gott *weiß*, dass es so ist. Und darum konnte auch Jesus von Anfang an nichts anderes erwarten als Leiden und Tod. Und das hat er seinen Jüngern wieder und wieder angekündigt, aber sie konnten – und wollten – es nicht verstehen.

Aber nun öffnet sich jedenfalls für diese beiden Nachfolger Jesu allmählich das Verstehen. „Brannte nicht unser Herz in uns, als er mit uns redete auf dem Wege und uns die Schrift öffnete?" So fragen sie sich nachher rückblickend. Sie fangen an zu begreifen, was die Jünger während des ganzen Erdenwirkens Jesu nicht begriffen hatten: dass Jesus die Nähe und Herrschaft Gottes nicht mit Gewalt durchsetzt, sondern in dem geduldigen Bemühen, den Menschen nachzugehen und sie durch seine Liebe und für seine Liebe zu gewinnen.

Aber ganz haben die beiden das wohl noch nicht verstanden. Das ging vermutlich zu schnell. Und als sie in Emmaus ankommen und Jesus den Anschein erweckt, als wolle er allein weiterwandern, da bitten sie ihn mit den Worten, die sicher vielen von uns als der Kanon bekannt sind, den Albert Thate im Jahr 1935 einfühlsam vertont hat: „Herr bleibe bei uns; denn es will Abend werden und der Tag hat sich geneiget." Und dabei dürfen wir – gerade im Horizont des Passions- und Ostergeschehens – sicher nicht nur an den Abend des jeweiligen Tages, sondern auch den Abend des Lebens und der Welt denken: „Herr, bleibe bei uns!"

Und Jesus, den sie immer noch nicht erkannt haben, lässt sich bitten und kehrt bei ihnen ein und hält mit ihnen Tischgemeinschaft. Und dann hören wir Worte, die wir aus jeder Abendmahlsfeier kennen: „Und er nahm das Brot, dankte, brach's und gab's ihnen." (V. 30) Das heißt: Der auferstandene Christus feiert mit den Seinen das Abendmahl, und *da* gehen ihnen die Augen auf und sie erkennen ihn als den Gekreuzigten, der von Gott auferweckt und erhöht worden ist. „Oh, wie schön", möchte man sagen, „so darf und soll es jetzt gerne für immer bleiben". Aber der nächste Satz heißt: „Und er verschwand vor ihnen." (V. 31) Er lässt sich nicht festhalten. Er macht sich nicht verfügbar. Aber er verheißt seinen Jüngern immer wieder, zu ihnen zu kommen, bei ihnen zu sein und zu bleiben, wenn sie darum bitten. Und so können auch wir den Auferstandenen erkennen und erleben: in seinem Wort, im Abendmahl, im Gottesdienst, im Gebet, im Gespräch – wo immer er uns als der Auferstandene und Lebendige begegnen will.

Kleopas und sein Weggefährte konnten diese Erfahrung nicht für sich behalten. Daran müssen sie die anderen Jünger so schnell wie möglich Anteil haben lassen. Und so stehen die beiden sofort auf und treten den Rückweg von Emmaus nach Jerusalem an.

Wenn Schmidt-Rottluff auch einen Holzschnitt von diesem Rückweg geschaffen hätte, dann wäre der sicher ganz anders ausgefallen als das bedrückend wirkende Bild von 1918: leuchtender, strahlender, schwungvoller, fröhlicher, zuversichtlicher, österlicher. Ein Bild von einem richtiggehenden Oster*spaziergang* wäre auch das mit Sicherheit nicht geworden; denn dafür hatten es die beiden zu eilig. Sie wollten ja den anderen erzählen, dass sie dem Auferstandenen begegnet waren und woran sie ihn erkannt hatten: am Brechen des Brotes.

Aber – wie es manchmal so ist – die Jünger in Jerusalem konnten ihnen dieselbe Neuigkeit erzählen, dass Christus dem Simon Petrus erschienen war (V. 34). Und aus dem

Neuen Testament und aus der Geschichte der christlichen Kirche wissen wir, dass das dann zu einem österlichen Grundbekenntnis der Christenheit geworden ist: „Der Herr ist wahrhaftig auferstanden und dem Simon Petrus erschienen." Und nicht nur ihm. Das geschieht auf vielfältige Weise überall dort, wo Menschen durch das Evangelium von Jesus Christus Gott begegnen und zu ihrem Heil mit ihm in Berührung kommen – bis heute.

Lieder: EG 108,1–3; EG 101,1–4; EG 115,1.4–6; EG 421
Wochenpsalm: 84
Schriftlesungen: Jesaja 25,6–9 und 1. Korinther 15,12–20

Der gläubige Thomas

Friede sei mit euch!

Liebe Gemeinde,

haben die ersten Jünger und Jüngerinnen Jesu es mit dem Glauben an die Auferstehung Jesu von den Toten leichter gehabt als wir heute? Wer davon überzeugt ist, nennt dafür oft zwei Gründe:

Der *erste* Grund lautet: Sie konnten den Auferstandenen mit ihren *eigenen Augen* sehen und daraufhin glauben. *Das stimmt!* Wer eine solche Christus-Erscheinung gehabt hat, tut sich mit dem Glauben wohl tatsächlich leichter und lässt sich von ihm vielleicht nie mehr abbringen.

Der *zweite* Grund lautet: Die Menschen der Antike waren *unaufgeklärt und leichtgläubig*; sie haben die Auferweckung oder Auferstehung von Toten für leicht möglich gehalten und hatten deshalb keine großen Schwierigkeiten mit dem Osterglauben. *Das stimmt nicht!* Man muss nur die Ostererzählungen, die in allen vier Evangelien in den Schlusskapiteln überliefert sind, durchlesen und findet in jedem von ihnen ganz massive Belege für Zweifel und Unglauben.

Lesen wir einmal nach in Matthäus 28,17: „Etliche aber zweifelten", man kann auch übersetzen: „Sie aber zweifelten." In Markus 16,11 und 13 heißt es: „Als sie hörten, dass er lebe und ihnen erschienen sei, glaubten sie es nicht", und als andere von ihrer Begegnung mit dem Auferstandenen erzählten, heißt es: „Aber auch denen glaubten sie nicht." Bei Lukas (24,11) noch deftiger: Als die Frauen den Jüngern vom leeren Grab und von der Auferstehung Jesu berichteten, heißt es: „Und es erschienen ihnen diese Worte als wär's Geschwätz, und sie glaubten ihnen nicht."

Nein, leichtgläubig waren die damaligen Menschen hinsichtlich der Auferstehung wirklich nicht, aber sie hatten – soweit ihnen das widerfuhr – die Möglichkeit, den Auferstandenen zu *sehen* und *daraufhin* zu glauben.

Der Prototyp, an dem all das deutlich wird und der darum auch als *der große Zweifler* in die Ostergeschichte einging, ist der Jünger Thomas, von dem uns das Johannesevangelium im Kapitel 20, den Versen 19–20 und 24–29, erzählt.

Am Abend aber dieses ersten Tages der Woche, als die Jünger versammelt und die Türen verschlossen waren aus Furcht vor den Juden, kam Jesus und trat mitten unter sie und spricht zu ihnen: Friede sei mit euch! Und als er das gesagt hatte, zeigte er ihnen die Hände und seine Seite. Da wurden die Jünger froh, dass sie den Herrn sahen ...

Thomas aber, der Zwilling genannt wird, einer der Zwölf, war nicht bei ihnen, als Jesus kam. Da sagten die andern Jünger zu ihm: Wir haben den Herrn gesehen. Er aber sprach zu ihnen: Wenn ich nicht in seinen Händen die Nägelmale sehe und meinen Finger in die Nägelmale lege und meine Hand in seine Seite lege, kann ich's nicht glauben. Und nach acht Tagen waren seine Jünger abermals drinnen versammelt und Thomas war bei ihnen. Kommt Jesus, als die Türen verschlossen waren, und tritt mitten

unter sie und spricht: Friede sei mit euch! Danach spricht er zu
Thomas: Reiche deinen Finger her und sieh meine Hände, und reiche deine Hand her und lege sie in meine Seite, und sei nicht
ungläubig, sondern gläubig! Thomas antwortete und sprach zu
ihm: Mein Herr und mein Gott! Spricht Jesus zu ihm: Weil du
mich gesehen hast, Thomas, darum glaubst du. Selig sind, die
nicht sehen und doch glauben!

Nachdem Maria von Magdala am Ostermorgen das leere
Grab gefunden hatte und dann dem Auferstandenen begegnet war (siehe Joh 20,1–18), erzählte sie davon den Jüngern Jesu. Und da wird ausnahmsweise nichts von einer
ungläubigen Reaktion gesagt.

Am Abend des Ostertages erscheint dann der Auferstandene selbst seinen Jüngern, indem er durch die äußerlich und innerlich verschlossenen Türen ihrer Furcht hindurch eintritt und sich ihnen mit dem Friedensgruß und
mit dem unaufgeforderten Vorzeigen seiner Wunden bekannt macht. Und da heißt es, die Jünger seien froh geworden, als sie den Herrn *sahen.*

Aber der Auferstandene zeigt sich nicht *allen* seinen
Jüngern. Er *kann* es nicht; denn zwei fehlen: *Judas,* der Verräter, der seinen Verrat zwar bereut, aber mit seiner Reue
nicht zum Auferstandenen zurückfindet, sondern in seiner
Verzweiflung in den Suizid flieht, und *Thomas,* der – wir
wissen nicht, warum – eigene Wege geht und sich nicht
zur Gemeinschaft der Jünger hält. Aber eine Woche später
kehrt er in den Jüngerkreis zurück. Beide Begegnungen der
Jünger mit dem Auferstandenen finden übrigens zu der
Zeit statt, an der von nun an die junge christliche Ge-

meinde zum Gottesdienst zusammenkommt: am Sonntagabend.

Als Thomas zurückkommt, berichten ihm die anderen Jünger natürlich die freudige Botschaft von der Begegnung mit dem auferstandenen Jesus. Thomas hört diese Botschaft, aber – so übersetzt Luther den Text – er kann sie nicht glauben. Im griechischen Urtext steht dort freilich nicht „können", sondern er sagt dort: Ich *werde* das nicht glauben, wenn ich nicht die Wundmale sehe und wenn ich nicht meine Finger und meine Hände in seine Nägelmale und in seine aufgerissene Seitenwunde lege, die beweisen, dass er der lebendige Gekreuzigte ist. Er *wird* das nicht glauben und *kann* es nicht glauben, weil er es ohne Beweise auch nicht glauben *will*.

Ist das nicht verständlich und nachvollziehbar? Er will doch scheinbar nur für sich das, was der Auferstandene auch den anderen Jüngern von sich aus gewährt hat: die Selbstvorstellung anhand der Kreuzeswunden! Das scheint so, aber Thomas geht doch mit seiner Forderung darüber erheblich hinaus. Nicht nur *sehen* will er, sondern *anfassen*, ganz körperlich materiell, um nicht zu sagen: materialistisch. Steckt dahinter schon die uns vertraute Überzeugung: nur das, was zu unserer stofflichen, dinglichen Welt gehört, ist real, alles andere ist wohl doch nur frommer Schein und Einbildung?

Und der Auferstandene, der Maria von Magdala noch am Morgen zurückgewiesen hat mit den Worten: „Rühre mich nicht an [das berühmte ‚noli me tangere']; denn ich bin noch nicht aufgefahren zum Vater", der bietet dem

Thomas nun diesen Beweis an: „Reiche ... deine Hand her und lege sie in meine Seite". Dieses Angebot muss für Thomas sterbenspeinlich gewesen sein. Der Auferstandene weiß, was Thomas in seiner Abwesenheit gesagt und gefordert hat, und er lässt sich nun darauf ein. Dass umgekehrt Thomas sich auf dieses Angebot Jesu *nicht* einlässt, kann man gut verstehen. Jedenfalls wird davon nichts erzählt.

Aber auf ein *anderes* Angebot Jesu lässt Thomas sich nun gerne ein. „Sei nicht ungläubig, sondern gläubig", sagt Jesus zu ihm, und darauf antwortet Thomas mit dem *stärksten Glaubensbekenntnis,* das wir im ganzen Neuen Testament vorfinden: „Mein Herr und mein Gott!" Er, der so stark und vollmundig zweifeln konnte, kann nun auch ein starkes und vollmundiges Glaubensbekenntnis ablegen. Dieses Glaubensbekenntnis zu Jesus Christus geht über das noch hinaus, das der römische Hauptmann unter dem Kreuz ablegte, als er sagte: „Wahrlich dieser Mensch ist Gottes Sohn gewesen." (Mk 15,39) Der entscheidende Unterschied besteht darin, dass Thomas sagt: „*Mein* Herr und *mein* Gott". Ob jemand *ein* Sohn Gottes, *ein* Herr und Gott, oder *mein* Herr und *mein* Gott ist, das macht den *entscheidenden Unterschied aus;* denn erst durch diese Aussage wird aus einer Feststellung eine *persönliche Vertrauens- und Zugehörigkeitserklärung,* eben ein *Glaubens*bekenntnis.

„Worauf du nun dein Herz hängst und dich verlässest, das ist eigentlich dein Gott" (Bekenntnisschriften der evangelisch-lutherischen Kirche 560, 22–24), hat Martin Luther am Beginn seines Großen Katechismus gesagt, um zu erklären, was wir meinen, wenn wir von „Gott" reden. Und das fasst Thomas hier für sich in eigenen Worten zusammen. Damit wird deutlich, an wen er von nun an glauben und auf wen er sich im Leben und im Sterben verlassen will: auf den auferstandenen Jesus Christus, der der Erstling ist unter denen, die durch den Tod hindurchgegangen sind und nun an Gottes ewigem Leben Anteil haben.

An dieses Glaubensbekenntnis fügt Jesus dann noch einen Satz von grundlegender Bedeutung an: „Weil du mich gesehen hast, Thomas, darum glaubst du. Selig sind, die nicht sehen und doch glauben." Das klingt wie ein Tadel, eine Kritik oder eine Rüge. So habe ich es immer verstanden. Aber bei der Vorbereitung auf diese Predigt ist mir zum ersten Mal bewusst geworden: Das ist dem Wortlaut und Sinn nach etwas anderes. Es ist eine *Seligpreisung*. Mit solchen Seligpreisungen beginnt die Bergpredigt bzw. Feldrede Jesu, die im Matthäus- und Lukasevangelium überliefert ist. Im Johannesevangelium finden wir nur *eine einzige Seligpreisung*. Das ist diese hier: die Seligpreisung derer, die nicht sehen und doch glauben. Und wem gilt sie? Uns! Oder vorsichtiger gesagt: Diese Seliggepriesenen *können* wir sein, die wir alle den Auferstandenen *nicht gesehen*, aber von ihm *gehört* haben und an ihn *glauben* oder jedenfalls nach ihm *suchen*.

Und worin besteht die Seligkeit, die denen verheißen ist, die nicht sehen und doch glauben? Eine Antwort auf diese Frage habe ich bei zwei bekannten Schriftstellern des 20. Jahrhunderts gefunden.

Der *eine* von beiden ist Saint Exupéry, der seinem Kleiner Prinzen viele bemerkenswerte Sätze in den Mund gelegt hat. Ein besonders schöner lautet: „Man sieht nur mit dem Herzen gut. Das Wesentliche ist für die Augen unsichtbar." Wer an den Auferstandenen glauben kann, obwohl er ihn nie mit seinen Augen gesehen hat, der sieht ihn mit dem Herzen und darum sieht er ihn *gut*. Denn was man mit dem Herzen gesehen hat, das geht einem auch so schnell und so leicht nicht verloren. Gott gebe uns solche „erleuchtete Augen des Herzens", wie es im Epheserbrief (1,18) heißt.

Der *andere* wichtige Ausspruch, der zu unserer Seligpreisung passt und sie gewissermaßen erläutert, stammt von dem Dichter und Zeichner Wilhelm Busch, der den meisten vor allem als der Autor von „Max und Moritz" bekannt ist, der aber auch sehr tiefsinnige Dinge schreiben konnte. Einer dieser Sätze heißt: „Nur was wir glauben, wissen wir gewiss." Viele Menschen würden diesen Satz wohl eher umdrehen und sagen: „Nur wenn wir etwas gewiss wissen, können wir daran glauben." Aber Wilhelm Busch hat sich nicht vertan. Als *erstes* kommt der Glaube, mit dem ein Mensch sich auf etwas vertrauensvoll einlässt, was er sieht oder von dem er hört. Und *dann* kann er damit Erfahrungen machen, die ihm die Gewissheit geben, aufgrund deren er sagen kann: „Jetzt weiß ich es gewiss".

Dabei hängt viel davon ab, ob die Menschen, die uns die Auferstehung Jesu von den Toten bezeugen, für uns *glaubwürdige* Zeugen sind. Sind die ersten Jüngerinnen und Jünger, also die grundlegenden Osterzeugen in diesem Sinne glaubwürdig? Nun, es sind jedenfalls Menschen, die sich *vor* ihrer Ostererfahrung aus Furcht hinter verschlossenen Türen versammelt haben (so die Jünger) oder die *vor* ihrer Begegnung mit dem Auferstandenen leidenschaftliche Verfolger der Christen und ihrer Botschaft waren (so Paulus) und *danach* in aller Öffentlichkeit für sie eintraten auf Marktplätzen, in Synagogen, in Tempeln und vor Gerichten. Es sind Menschen, die dafür Spott, Verfolgung, Schläge, ja den Tod in Kauf nahmen. Was hätte sie veranlassen sollen, all das zu tun und zu erleiden, wenn sie nicht *wirklich davon überzeugt* gewesen wären, dass Jesus Christus von den Toten auferstanden ist?

Aufgrund ihres Glaubens haben sie und unzählige Menschen nach ihnen die *Erfahrung* gemacht, dass diese Botschaft ein tragfähiges Fundament im Leben und im Sterben ist, dass man sich darauf verlassen und darauf vertrauen, also daran glauben kann, selbst wenn alles vergeht, was wir in dieser Welt haben und besitzen. Denn wenn Jesus den Tod überwunden hat, dann dürfen auch wir daran glauben, dass er uns durch den Tod hindurch mit sich nimmt und wir ewig mit ihm in der Gemeinschaft mit Gott leben werden.

Lieder: EG 349,1–4; EG 107,1–3; EG 115,1.5.6; EG 357,1.3–5
Wochenpsalm: 116
Schriftlesungen: Jesaja 40,26–31 und 1. Petrus 1,3–9 (Übersetzung
    nach der „Gute Nachricht Bibel" oder „Basisbibel")

Der unbekannte Gott

Predigttext: Apostelgeschichte 17,16–34

Als aber Paulus in Athen auf sie wartete, ergrimmte sein Geist in ihm, als er die Stadt voller Götzenbilder sah. Und er redete zu den Juden und den Gottesfürchtigen in der Synagoge und täglich auf dem Markt zu denen, die sich einfanden. Einige Philosophen aber, Epikureer und Stoiker, stritten mit ihm. Und einige von ihnen sprachen: Was will dieser Schwätzer sagen? Andere aber: Es sieht so aus, als wolle er fremde Götter verkündigen. Er hatte ihnen nämlich das Evangelium von Jesus und von der Auferstehung verkündigt. Sie nahmen ihn aber mit und führten ihn auf den Areopag und sprachen: Können wir erfahren, was das für eine neue Lehre ist, die du lehrst? Denn du bringst etwas Neues vor unsere Ohren; nun wollen wir gerne wissen, was das ist. Alle Athener nämlich, auch die Fremden, die bei ihnen wohnten, hatten nichts anderes im Sinn, als etwas Neues zu sagen oder zu hören. Paulus aber stand mitten auf dem Areopag und sprach: Ihr Männer von Athen, ich sehe, dass ihr die Götter in allen Stücken sehr verehrt. Ich bin umhergegangen und habe eure Heiligtümer angesehen und fand einen Altar, auf dem stand geschrieben: Dem unbekannten Gott. Nun verkündige ich euch, was ihr unwissend verehrt. Gott, der die Welt gemacht hat und alles, was darin ist, er, der Herr des Himmels und der Erde, wohnt nicht in Tempeln, die mit Händen gemacht sind. Auch lässt er sich nicht von Menschenhänden dienen wie einer, der etwas nötig hätte, da er doch selber jedermann Leben und Odem und alles gibt. Und er hat aus einem Menschen das ganze Menschengeschlecht gemacht, damit sie auf dem ganzen Erdboden wohnen, und er hat festgesetzt, wie lange sie bestehen und in welchen Grenzen sie wohnen sollen, damit sie Gott suchen sollen, ob sie ihn wohl fühlen und finden könnten; und fürwahr, er ist nicht ferne von einem jeden unter uns. Denn in ihm leben, weben und sind wir; wie auch einige Dichter bei euch gesagt haben: Wir sind seines Geschlechts. Da wir nun göttlichen Geschlechts sind, sollen wir nicht meinen, die Gottheit sei gleich den goldenen, silbernen und steinernen Bildern, durch menschliche Kunst und Gedanken gemacht. Zwar hat Gott über die Zeit der Unwissenheit hinweggesehen; nun aber gebietet er den Menschen, dass alle an allen Enden Buße tun. Denn er hat einen Tag festgesetzt, an dem er den Erdkreis richten will mit Gerechtigkeit durch einen Mann, den er dazu bestimmt hat, und hat jedermann den Glauben angeboten, indem er ihn von den Toten auferweckt hat. Als sie von der Auferstehung der Toten hörten, begannen die einen zu spotten; die andern aber sprachen: Wir wollen dich darüber ein andermal weiterhören. So ging Paulus von ihnen. Einige Männer schlossen sich ihm an und wurden gläubig; unter ihnen war auch Dionysius, einer aus dem Rat, und eine Frau mit Namen Damaris und andere mit ihnen.

Liebe Gemeinde,

im 1. Jahrhundert nach Christus war Athen zwar noch keine Metropole heutigen Zuschnitts, sondern mit seinen ca. 5.000 Einwohnern eher eine Kleinstadt, wenn nicht ein besseres Dorf, aber es erstrahlte doch noch immer im Glanz der großen Philosophen: Sokrates, Platon, Aristoteles und der vielen anderen, die vor und nach ihnen dort gelebt und gewirkt hatten. Das verlieh dieser Stadt seit eh und je etwas Besonderes, vor allem ein besonderes kulturelles, akademisches, intellektuelles Flair. Athen galt außerdem als ein Ort mit besonders ausgeprägter, vielfältiger und intensiver Religiosität. Davon legten vor allem die zahlreichen Tempel und Götterstatuen sowie die regelmäßig dargebrachten Opfer und veranstalteten Spiele für die Götter ein beredtes Zeugnis ab. Hätte man damals in einer Reisebeschreibung Athen als eine Stätte umfassender philosophischer Bildung und weltof-fener Religiosität gerühmt – die Athener hätten gewiss nichts dagegen gehabt, sondern hätten das gerne gelesen und sich dadurch gut verstanden gefühlt.

Und in diese Stadt kommt der wichtigste Vertreter der noch jungen Christenheit – der Apostel Paulus, Jude von Herkunft, umfassend gebildet und als christlicher Heidenmissionar tätig. Liest man den Text der Apostelgeschichte genau, dann klingt es allerdings so, als hätte Paulus ausgerechnet dieses Bildungs-, Religions- und Kulturzentrum gar nicht auf seiner Reiseroute gehabt. Er hält sich in Athen offenbar nur für einige wenige Tage auf, weil er genötigt ist, seine Reise von Beröa nach Korinth zu unterbrechen, um auf seine Gefährten Silas und Timotheus zu warten. Könnte es sein, dass Paulus bewusst nicht Athen als eine Station seiner Missionstätigkeit vorgesehen hatte, sondern es links liegen ließ?

Wenn man die Sätze liest, die Paulus am Beginn des 1. Korintherbriefs über die Weisheit dieser Welt schreibt, dann könnte man sehr wohl auf diesen Gedanken kommen. Denn Paulus ist davon überzeugt, dass die Klugen und Weisen der Welt – heute würden wir sagen: die Intellektuellen und die bildungsnahen Schichten – dem Evangelium von Jesus Christus mit seiner zentralen Botschaft vom Gekreuzigten eher ablehnend als aufgeschlossen gegenüberstehen. Für sie ist das Wort vom Kreuz eine Torheit, so wie es für die Juden ein Ärgernis ist (1. Kor 1,18–25).

Das ist freilich noch nicht einmal die halbe Wahrheit der paulinischen Botschaft; denn der Apostel ist zugleich der Überzeugung, dass die Torheit Gottes weiser ist, als es die Menschen sind. Und das klingt ja mindestens wie eine Antithese, wenn nicht sogar wie eine Kampfansage gegenüber der griechischen Weisheit, der Philosophie.

Von der griechischen Frömmigkeit hat Paulus sich zunächst auf einem Rundgang durch die Stadt ein Bild verschafft. Die zahlreichen Tempel, Götterstatuen und -bilder haben ihn aber nicht etwa beeindruckt, sondern aufgebracht und in zornige Erregung versetzt. Er, der von seinem jüdischen Glauben her überzeugt ist, dass es nur einen einzigen Gott gibt und dass dieser Gott nicht durch Bilder dargestellt werden kann und darf, muss hier erleben, dass Gott von den Griechen zu einem ganzen Götterhimmel, einem Pantheon, vervielfältigt worden ist und so auch bildlich dargestellt und angebetet wird. Darüber wird Paulus von heiligem Zorn ergriffen. Aber dieser Zorn führt nicht dazu, dass er sich zurückzieht, um über diese abergläubischen Athener zu schimpfen und die Begegnung mit Menschen, die so etwas glauben, zu meiden, sondern dass er – ganz im Gegenteil – den Kontakt und das Gespräch mit ihnen sucht.

Er geht in Athen sowohl in die Synagoge und redet dort zu den Juden, als auch auf den Marktplatz, die Agora, um sich dort mit den griechischen Philosophen, den Epikureern und Stoikern, auseinanderzusetzen. (Wo ist eigentlich in unserer Gesellschaft diese Agora? An den Stammtischen und in Chatrooms? In Vereinen, in Gewerkschaften oder in Parteien? Oder haben wir sie gar nicht mehr?)

Die Popularphilosophen auf der athenischen Agora halten Paulus zunächst für einen dahergelaufenen Schwätzer, der irgendwelches zusammengesammeltes, aufgelesenes oder angelesenes Zeug verkündigt (auf Griechisch: einen „Körnerpicker"). Aber Paulus gewinnt ihr Interesse in dem Moment, in dem er das Evangelium von Jesus und von der *Auferstehung* verkündigt. Erstaunlich und nachahmenswert ist diese Unbefangenheit, mit der Paulus von dem Evangelium von Jesus Christus redet. Nicht etwa, weil das die Philosophen und die übrigen Zeitgenossen damals oder heute schlagartig überzeugen würde, wohl aber, weil es ihr Interesse wecken kann.

Dabei unterläuft den Athenern zunächst ein *Missverständnis*, das ihre Neugier aber nur noch steigert. Sie halten das griechische Wort für „Auferstehung", nämlich „Anastasis", für den Namen einer Göttin und meinen deshalb, Paulus verkündige ihnen ein neues Götterpärchen, namens Jesus und Anastasis, von dem sie bisher noch nie etwas gehört hatten. Und da die Götter in der griechischen Mythologie erotisch meist sehr ansprechbar und aktiv sind, erhoffen die Menschen sich vielleicht sogar ein paar pikante Geschichten oder Geschichtchen über diese beiden noch unbekannten Götter: Jesus und Anastasis. Da kommt ihnen Paulus gerade recht mit seiner neuen Verkündigung. Die muss er auf bzw. vor dem Areopag erklären und zur Diskussion stellen, wobei nicht ganz ausgeschlossen ist, dass diese öffentliche Anhörung für Paulus auch *gefährlich* werden könnte; denn Götter und neue Lehren, die den Frieden Athens stören oder gar gefährden könnten, dürfen natür-

lich nicht gelehrt werden – man denke nur an Sokrates und
sein Schicksal. – Aber Paulus geht offenbar bereitwillig mit
zum Areopag und ergreift gerne die Gelegenheit, „seine"
Lehre vorzutragen und zu erläutern und zwar gerade, weil
es keine neue Lehre, sondern eine uralte und darum ver-
lässliche Wahrheit ist. Er beginnt das außerordentlich geschickt, indem er anknüpft an die Beobachtungen, die er
während seines Stadtrundgangs gemacht hat. Aber er haut
den Athenern weder ihren Aberglauben um die Ohren,
noch gibt er ihnen mit ihrem Vielgötterglauben recht,
sondern er vollzieht eine kritische Anknüpfung und versucht seine Zuhörer von da aus zum Evangelium von Jesus
Christus hinzuführen. Und wie macht er das konkret?

Er hat einen interessanten Altar gesehen mit der Auf-
schrift: „Dem unbekannten Gott" oder: „Einem unbekannten Gott". Darin spricht sich offenbar die Sorge oder Angst
der Athener aus, man könnte eine der vielen Gottheiten vergessen haben und es sich durch diese Missachtung mit ihr
verderben und ihren Zorn auf sich ziehen – wie man das von
der 13. Fee im Märchen kennt, die nicht eingeladen wurde
und sich dann dafür bitter rächt. Aber wie clever haben die
Athener dieses Problem gelöst: Sollte trotz des ganzen olym-
pischen Pantheons eine Gottheit vergessen worden sein,
dann darf die sich diesen Altar gutschreiben und die dort
dargebrachten Opfer als ihr dargebracht annehmen. Sicher
ist sicher! Solche Blüten bringt eine Religion übrigens häufig dann hervor, wenn ihr Grundmotiv Angst ist.

Und nun macht Paulus einen gewinnenden, kühnen
und zugleich ehrlichen rhetorischen Eröffnungszug: „Ihr

Athener seid außergewöhnlich religiös. Ihr verehrt sogar einen unbekannten Gott. Und diesen euch unbekannten Gott verkündige ich euch nun: Es ist der Schöpfer des ganzen Kosmos und damit auch euer und unser Schöpfer. Es ist der Gott, der alles gemacht hat." Im Mund eines gläubigen Juden und Christen heißt das ja nicht weniger und nichts anderes als: „Bei all euerer Religiosität, die wie ein großes jenseitsorientiertes Versicherungsunternehmen gegen alle möglichen Lebensrisiken wirken soll, habt ihr den *Einzigen*, der tatsächlich von Ewigkeit her Gott ist und ‚Gott' genannt zu werden verdient, bisher weder erkannt noch verehrt." Eigentlich ist das ja ein vernichtendes Urteil, aber Paulus formuliert das nicht als eine vernichtende Kritik, sondern er erkennt darin eine Wissenslücke, über die Gott hinwegsieht. Die Athener haben es bisher nicht besser gewusst. Aber nun hat sich das geändert, und zwar dadurch, dass dieser unbekannte Gott sich durch Jesus Christus offenbar und bekannt gemacht hat. Nun stehen sie vor einer echten Glaubensmöglichkeit und Glaubensentscheidung, die es bisher für sie noch gar nicht gab.

Und worin besteht diese Glaubensentscheidung? Was ist das Entscheidende? In seiner Areopagrede formuliert Paulus diese Alternative bestürzend einfach, sodass man sich als Athener eigentlich fragen muss: „Wie konnten wir das bisher übersehen?" Paulus stellt einander zweierlei gegenüber. Zunächst die Religiosität der Athener, die auf dem aufbaut, was Menschen selbst zu ihren Göttern machen, für ihre Götter opfern und mit ihren Göttern tun: Menschen ersinnen in ihren Gedanken Bilder des Göttlichen, sie erschaffen solche Götterbilder aus Stein, Holz, Gold oder Silber, sie bauen ihren Gottheiten Häuser, in denen diese leben können, sie bringen ihnen Opfer dar, von denen die Götter sich nähren und an denen sie sich erfreuen können. Alle diese Gottheiten sind das Werk von Menschen: abhängig von ihnen, angewiesen auf sie, gemacht von ihnen. Und man sieht ihnen das in der Regel auch an; denn für sie gilt der bekannte Spruch von Ludwig Feuerbach: Der Mensch schuf Gott, das heißt die Götter, nach seinem Bilde. Heute heißt das Konstruktivismus. Dem gegenüber verkündigt Paulus nun den einen wahren Gott, Schöpfer des Himmels und der Erde, der alles gemacht hat. Von ihm gilt: „Gott schuf den Menschen zu seinem Bilde." (1. Mose 1,27) So einfach kann man das ausdrücken. So einfach, dass sogar ein Kind es verstehen kann – aber dass manch ein Gelehrter sagen wird: So einfach kann das doch gar nicht sein. Und ist diese Reduktion auf die Frage: „Wer macht wen?" bzw. „Wer verdankt sich wem?" nicht tatsächlich allzu simpel?

Oder muss man dem einfach zustimmen, weil es so vernünftig, so weise und wahr klingt, dass Paulus sich dafür sogar auf griechische Dichter berufen kann, die auch schon erkannt und ausgedrückt haben, dass wir ein von Gott erschaffenes und insofern göttliches Geschlecht sind, und dass Gott uns darum nicht ferne, sondern ganz nahe ist. Das heißt für Paulus freilich nicht, dass Gott damit zu einer Selbstverständlichkeit für uns würde. Er drückt das vielmehr ganz fein und behutsam aus, wenn er sagt: „Gott hat aus einem Menschen das ganze Menschengeschlecht gemacht, ... damit sie Gott suchen sollen, ob sie ihn wohl fühlen [wörtlich: ertasten] und finden könnten; und fürwahr, er ist nicht ferne von einem jeden unter uns." (V. 26 f.) Ist das nicht eine großartig gute und genaue Beschreibung dessen, wie es mit uns Menschen im Blick auf den Glauben an Gott geht? Da tasten und suchen wir, weil wir spüren, dass wir von einer Wirklichkeit herkommen und durch sie in unserem Leben bestimmt werden, die wir zwar nicht sehen und berechnen können, die uns aber auf geheimnisvolle Weise umgibt und uns nahe ist, und die wir erspüren, ertasten und berühren können.

Ich denke, dass das die Hörer des Paulus im Areopag beeindruckt haben könnte und dass sie sehr aufmerksam und mit innerer Zustimmung zugehört haben. Aber dann kommt es plötzlich zu einer *Wende*. Für Paulus ist es nur die Konsequenz alles bisher Gesagten: Dieser Gott hat sich offenbart, indem er Jesus auferweckt hat, und dieser Gott wird sich am Ende offenbaren, indem er die Toten auferweckt. Wenn Gott tatsächlich der Schöpfer der Welt ist, dann hat er Macht auch über den Tod. Am Tod ist es mit *unserer* Macht und *unserem* Machen endgültig vorbei. Und darum muss sich am und im Tod zeigen, ob es eine schöpferische, göttliche Macht gibt, die sogar noch dem Tod überlegen ist und ihn überwinden kann.

Aber auf diesem Weg geht die Weisheit der Griechen nicht mehr mit. Da fangen die einen an zu spotten, und den anderen wird der Boden zu heiß unter den Füßen. Die einen finden das nur lächerlich, die anderen wollen erst einmal Zeit gewinnen, indem sie sagen: „Davon gerne ein andermal mehr, aber nicht hier und jetzt". Immerhin: zwei namentlich genannte Personen, Dionysius und Damaris, schlossen sich ihm an und wurden gläubig, „und andere mit ihnen" (V. 34), heißt es zum Schluss. Kein überwältigender Erfolg für eine so gute Predigt. Von einer Athener Gemeinde, oder einem Athenerbrief lesen wir auch nichts im Neuen Testament. Es gibt Einzelne, die zum Glauben kommen, oder sollte man vielleicht eher sagen: zu denen der Glaube kommt und die diesem Glauben in ihrem Leben Raum und Wohnung geben. Und dort, wo das passiert, da geschieht etwas ganz Großes: Da wird ein Mensch durch die Weisheit Gottes berührt und verändert, da erwacht das Vertrauen auf Gott, mit dem ein Mensch sein Leben und sein Sterben bestehen kann.

Paulus hat eine *große* Rede gehalten: Verständlich, überzeugend, ehrlich, anrührend. Aber der Erfolg fällt eher bescheiden aus. Auch ein Apostel hat es eben nicht in der Hand, was aus seiner Verkündigung und seinem Glaubenszeugnis wird. Das behält Gott sich selbst vor; denn sein Geist, der zur Erkenntnis der Wahrheit führt, ist wie der Wind, der weht, wo er will. Und es ist für uns gut und tröstlich, dass wir das nicht selbst in der Hand haben, sondern dass das Gottes Sache ist und bleibt. „Und weil es seine Sache ist, kann sie nicht untergehn." (EGWü 593,1). Aber daran dürfen wir mitarbeiten. Das ist unsere Berufung.

Lieder: EG 133, 1–3; EG 108,1–3; EG 349,1–4; EGWü 593,1–3
       („Die Sach ist dein, Herr Jesu Christ")
Wochenpsalm: 118
Schriftlesungen: Sprüche 8,22–36 und Johannes 15,1–8

Ein sanftes Joch

Predigttext: Matthäus 11,25–30
Zu der Zeit fing Jesus an und sprach: Ich preise dich, Vater, Herr
des Himmels und der Erde, weil du dies den Weisen und Klugen
verborgen hast und hast es den Unmündigen offenbart. Ja, Vater;
denn so hat es dir wohlgefallen. Alles ist mir übergeben von meinem Vater; und niemand kennt den Sohn als nur der Vater; und
niemand kennt den Vater als nur der Sohn und wem es der Sohn
offenbaren will. Kommt her zu mir, alle, die ihr mühselig und
beladen seid; ich will euch erquicken. Nehmt auf euch mein Joch
und lernt von mir; denn ich bin sanftmütig und von Herzen
demütig; so werdet ihr Ruhe finden für eure Seelen. Denn mein
Joch ist sanft, und meine Last ist leicht.

Liebe Gemeinde,

„mühselig und beladen", so reden wir heute nicht mehr,
aber ich bin mir sicher, dass alle, die das hören, auch heute
noch verstehen, was damit gemeint ist, und zwar unabhängig vom Lebensalter, vom Beruf, vom Einkommen und
von der Lebenssituation. „Ich fühle mich überlastet", sagen
wir dazu heute, oder: „Ich habe Stress", oder: „Ich bin total
erschöpft", oder: „Ich bin fix und fertig", oder: „Ich weiß
nicht, wo mir der Kopf steht", oder: „Ich kann nicht mehr".
Wer so fühlt und von sich spricht, ist in der Regel kein
amüsanter oder unterhaltsamer Gesprächspartner. Und
wer solchen Menschen trotzdem nicht ausweicht, muss

damit rechnen, etwas von dieser Last und Schwere abzubekommen.

Jesus kommt am Beginn unseres Predigttextes selbst aus einer Situation, die einen Menschen sehr belasten kann. Er stellt fest, dass er in den meisten Städten rund um den See Genezareth kein positives Echo bekommen hat, obwohl er dort viele große Taten getan hat. Und er ruft diesen Städten sein „Wehe!" zu und warnt sie vor dem Gericht Gottes, das sie zu erwarten haben. Auch er könnte sich also zu den Mühseligen und Beladenen, zu den Erfolglosen und Verzweifelten rechnen, aber er tut das nicht.

Er wendet sich vielmehr an Gott und lobt ihn. Wofür? Dafür, dass Gott die Botschaft des Evangeliums zwar nicht den Weisen und Klugen offenbart hat, dafür aber den Unmündigen, also denen, die noch nicht oder nicht mehr in der Lage sind, eigenständig über ihr Leben zu entscheiden und es in die eigenen Hände zu nehmen. An Jesu Misserfolg in den Städten Galiläas wird deutlich, dass sich die Umkehr zu Gott nicht von selbst versteht, sondern dass sie nur für *die* Menschen möglich ist, denen sich das Geheimnis Gottes erschließt. Und da scheint es so zu sein, dass besondere Klugheit, ein hoher IQ und Cleverness im Leben hierfür nicht die *besten* und schon gar keine *notwendigen* Voraussetzungen sind. Einfache Gemüter sind offenbar besser dafür geeignet, das Geheimnis Gottes zu verstehen und sich von ihm bestimmen zu lassen als die allzu Klugen. Warum?

Vielleicht liegt das vor allem daran, dass es den Unmündigen leichter fällt, einzugestehen, dass sie sich mühselig und beladen fühlen. Denn so spricht Jesus sie nun an mit den bekannten Worten: „Kommt her zu mir, alle, die ihr mühselig und beladen seid. Ich will euch erquicken." Jesus macht also keinen Bogen um die Mühseligen und Beladenen, sondern er lädt sie – und zwar alle – mit ausgebreiteten Armen ein. Mehr noch. Er verspricht ihnen, sie zu erquicken. Das ist schon wieder so ein Wort, das wir normalerweise nicht gebrauchen, das wir aber gut verstehen, weil wir wissen oder ahnen, was es bedeutet: frisch machen, erfrischen, beleben wie ein kühles Getränk nach einer langen Wanderung, wie ein Erfrischungstuch, wenn wir verschwitzt sind, wie ein Bad oder eine Dusche nach einer anstrengenden Arbeit. „Ich will euch erquicken", das klingt in meinen Ohren und in meinem Herzen richtig gut: einladend, verheißungsvoll, ermutigend. Da wird mir schon beim Hören frisch oder jedenfalls frischer zumut.

Und wie will Jesus das machen? *Wie* will er die Mühseligen und Beladenen erquicken? Jetzt folgt keiner der heute üblichen Werbesprüche: „Geld, Gold, ein sorgenfreies Leben" oder „Wir machen den Weg frei" oder „Bei uns geht alles wie von selbst". Jesus verspricht keine „Aprilfrische" und hat kein „Verwöhnaroma" anzubieten oder wie die Begriffe und Sprüche alle heißen. Nein, da kommt stattdessen eine ganz herb klingende Einladung: „Nehmt auf euch mein Joch und lernt von mir; denn ich bin sanftmütig und von Herzen demütig." Wer darauf *enttäuscht* reagiert, den kann ich gut verstehen. Mühselige und Beladene werden eingeladen, es wird ihnen Erquickung angekündigt, und zum Erreichen dieses Ziels wird ihnen ein „Joch" angeboten, das man einem Schwerarbeiter oder einem Ochsen auf die Schultern legt. Also statt Entlastung noch eine zusätzliche Last? Was soll das für einen Sinn haben? Viele Ausleger schreiben: Das Besondere an dem Joch Jesu sei, dass es ein *sanftes* Joch und eine *leichte* Last sei. So steht es auch im Text. Aber Joch bleibt Joch. Hat Jesus den Mühseligen und Beladenen nichts Besseres anzubieten als ein Joch – und sei es sanft und leicht? Warum nimmt er den Menschen nicht einfach ihre Lasten und die Joche ab, die auf ihren Schultern liegen?

Um diese Frage beantworten zu können, ist es hilfreich, einen etwas genaueren Blick auf das zu werfen, was sich hinter dem Wort „Joch" verbirgt. Ein Joch ist eine Vorrichtung, die auf die Schultern von Menschen oder Tieren gelegt wird, um sie entweder aneinander zu fesseln und am Weglaufen zu hindern, oder ihnen ihre Last und Arbeit zu erleichtern. Im ersten Fall sprechen wir gerne von „Unterjochung" einzelner Tiere oder Menschen oder ganzer Völker. Dabei geht es also um Freiheitsberaubung. Im zweiten Fall sprechen wir von einem Joch, das Menschen oder Tieren hilft, ihre Lasten besser tragen oder ihre Arbeit leichter verrichten zu können. Von diesem zweiten Joch ist in unserem Predigttext die Rede. Es ist keine zusätzliche Last, sondern es ist ein Hilfsmittel, die Last, die man tragen oder ziehen muss, zu erleichtern. Dazu ist es freilich nötig, dass das Joch selbst nicht kantig und sperrig, sondern „sanft" ist, indem es zum Beispiel mit Stoff oder Leder umwickelt ist.

Inwiefern kann aber ein solches sanftes Joch einem Menschen oder Tier helfen, die Lasten leichter zu tragen oder zu ziehen? Dadurch, dass das Joch die Lasten dorthin bringt, wo wir Menschen, aber auch viele Tiere die größte Kraft haben. Das sind normalerweise die Schultern. Wenn das der Sinn und die Funktion eines Jochs ist, dann besagt die Aufforderung Jesu: *Lasst euch von mir dabei helfen, die Lasten eures Lebens besser und leichter tragen zu können.* Aber wäre es denn nicht viel bequemer und einladender, wenn Jesus oder Gott uns diese Lasten ganz abnähmen und an unserer Stelle trügen? *Bequemer* wäre das sicher, *einladender* vielleicht auch, aber es entspräche gar nicht der Aufgabe und Bestimmung, die Gott uns mit unserer Erschaffung gegeben hat. Wir sollen die Erde *bebauen und bewahren*, sollen die anderen Kreaturen *fürsorglich beherrschen*, sollen die uns anvertrauten Talente *verantwortungsvoll einsetzen*. Aber wir sollen nicht die Lasten unseres Lebens auf andere – seien es Menschen, sei es Gott – abschieben. Gott wirkt nicht wie die (angeblich früher einmal in Köln ansässigen und tätigen) Heinzelmännchen, die zur Unterstützung der Bequemlichkeit und Faulheit der Menschen nachts die Dinge erledigten, die diese tagsüber liegen ließen und versäumten. Gott wirkt so, dass er unsere Bestimmung und unsere Aufgaben, die er uns selbst gegeben hat, ernst nimmt, uns aber hilft, sie zu erledigen. Und dazu dient das sanfte Joch Jesu.

Aber *wie* dient es dazu? Was heißt es für unser praktisches Leben, dass das Joch Jesu die Lasten dorthin bringt, wo wir die größte Kraft haben? Das muss mit der *Sanftmut* und *Demut* Jesu zu tun haben, von der unser Text spricht. Was damit gemeint ist, erschließt sich auch dadurch, dass wir fragen, was das Gegenteil von Sanftmut und Demut ist, was also damit ausgeschlossen wird. Für dieses Gegenteil stehen uns Worte wie *Ungeduld, Gewalttätigkeit, Rücksichtslosigkeit, Sturheit, Hochmut oder Starrsinn* zur Verfügung.

Eine Veranschaulichung einer solchen ungeduldigen, gewalttätigen, rücksichtslosen, sturen, hochmütigen oder starrsinnigen Haltung fand ich in dem berühmten Drama von Carl Zuckmayer, *Der Schinderhannes*, das einst mit Curd Jürgens und Maria Schell verfilmt wurde. Der Schinderhannes war ursprünglich eine Art „Robin Hood" aus Hessen, der sich mit den Mächtigen und Reichen anlegte und den Armen helfen wollte. Aber dabei geriet er immer tiefer ins Unrecht-Tun hinein. Er wurde maßloser, unbesonnener und gewalttätiger. Da sagte seine Lebensgefährtin zu ihm: „Hannes, pass auf! Du hebst auf der falschen Schulter, du verhebst dich. Das kann nicht gut ausgehen." Und so kommt es dann auch.

Das Bild vom Heben auf der falschen Schulter erscheint mir wie ein Gegenbild zu dem, was die Sanftmut und Demut ist, für die Jesus steht. Wer eine Last auf der falschen Schulter heben will, der versucht, etwas zu *erzwingen*, was er mit Ruhe und Besonnenheit viel besser erreichen könnte. Er *verhebt* sich und *überhebt* sich. Demgegenüber lebt der sanftmütige und demütige Mensch aus dem, was ihm zuteilwird und gelingt. Er muss manchmal warten und sich zunächst sammeln; muss manchmal die Mithilfe anderer in Anspruch nehmen oder jedenfalls auf deren Rat hören und bereit sein, von anderen zu lernen und sich korrigieren zu lassen.

Und was haben wir davon? Jesus sagt: „So werdet ihr Ruhe finden für eure Seelen." Das ist die verheißene Erquickung für die Mühseligen und Beladenen: Ruhe für die Seele. Und noch einmal sei gefragt. Was ist das?

Es gibt verschiedene Arten der Ruhe. Eine davon ist die schläfrige, träge Ruhe, in der jemand sich nicht aufraffen kann (oder will), die Aufgaben seines Lebens anzupacken. Diese träge, schlaffe Ruhe ist hier nicht gemeint. Und dann gibt es eine innere Ruhe, die zugleich *Entspannung und Wachheit* ist. Das nehme ich wahr bei Leistungssportlern unmittelbar vor ihrem Start oder Einsatz. Und diese gesammelte, konzentrierte Ruhe nehme ich auch in den Worten Jesu wahr.

Wo bekommt man die? Manche finden sie in der Kunst, in der Musik, in der Literatur oder in der Natur. Vorzügliche Orte hierfür sollten Gottesdienste sein, das Lesen in der Bibel – alleine oder mit anderen – und das Gebet. Es *ist* gut und es *tut uns gut*, wenn wir diese Oasen des Lebens nicht verachten oder verlassen, sondern uns an ihnen immer wieder Ruhe für unsere Seelen und Kraft für unser Leben holen.

Und der Friede Gottes, der höher ist als alle Vernunft, bewahre unsere Herzen und Sinne in Christus Jesus.

Lieder: EG 243,1.2.5.6; EG 286,1–4; EG 363,1.2.7; EG 333,1.6
Wochenpsalm: 98
Schriftlesungen: Jesaja 12,1–6 und Apostelgeschichte 16,23–34

Im Namen Jesu beten

Predigttext: Johannes 16,23b–27

Wahrlich, wahrlich, ich sage euch: Wenn ihr den Vater um etwas bitten werdet in meinem Namen, wird er's euch geben. Bisher habt ihr um nichts gebeten in meinem Namen. Bittet, so werdet ihr nehmen, dass eure Freude vollkommen sei. Das habe ich euch in Bildern gesagt. Es kommt die Zeit, dass ich nicht mehr in Bildern mit euch reden werde, sondern euch frei heraus verkündigen von meinem Vater. An jenem Tage werdet ihr bitten in meinem Namen. Und ich sage euch nicht, dass ich den Vater für euch bitten will; denn er selbst, der Vater, hat euch lieb, weil ihr mich liebt und glaubt, dass ich von Gott ausgegangen bin.

Liebe Gemeinde,

die Botschaft Jesu, die in unserem Predigttext enthalten ist, kann man ziemlich kurz zusammenfassen: Alles, was ihr von Gott in meinem Namen erbittet, wird er euch geben, damit eure Freude vollkommen sei. Das klingt gut. Aber stimmt es denn? Können wir nicht alle von Gebeten erzählen, die *nicht* erhört wurden? Und ist es denn sicher, dass unsere Freude vollkommen wäre, wenn alle unsere Bitten und Wünsche in Erfüllung gingen? Und was ist bei alldem mit dem „Gebet im Namen Jesu" gemeint? Fragen über Fragen, und sie sind nicht belanglos, sondern betreffen das Zentrum unseres Glaubens.

Um mit der letzten Frage nach dem Gebet im Namen

Jesu zu beginnen, von der her sich die anderen Fragen erst beantworten lassen, hat mir persönlich ein besonderes Märchen der Gebrüder Grimm geholfen, besser zu verstehen, was mit dem Gebet im Namen Jesu gemeint ist. Ich nenne es ein besonderes Märchen, weil es das einzige ist, in dem Gott als eine auf Erden wandelnde und handelnde Person vorkommt, so wie dies auch in der Paradieserzählung in 1. Mose 2 geschildert wird. Das heißt nicht, dass die Bibel ein Märchenbuch wäre. Aber es heißt, dass auch Märchen, in denen menschliche Lebensweisheit gesammelt ist, uns manchmal helfen können, biblische Texte besser zu verstehen.

Nun das Märchen: *Der Arme und der Reiche*

Vor alten Zeiten, als der liebe Gott noch selber auf Erden unter den Menschen wandelte, trug es sich zu, dass er eines Abends müde war und ihn die Nacht überfiel, bevor er zu einer Herberge kommen konnte. Nun standen auf dem Weg vor ihm zwei Häuser einander gegenüber, das eine groß und schön, das andere klein und ärmlich anzusehen, und gehörte das große einem reichen, das kleine einem armen Manne. Da dachte unser Herrgott: „Dem Reichen werde ich nicht beschwerlich fallen: bei ihm will ich übernachten." Der Reiche, als er an seine Türe klopfen hörte, machte das Fenster auf und fragte den Fremdling, was er suche. Der Herr antwortete: „Ich bitte um ein Nachtlager." Der Reiche guckte den Wandersmann von Haupt bis zu den Füßen an, und weil der liebe Gott schlichte Kleider trug und nicht aussah wie einer, der viel Geld in der Tasche hat, schüttelte er mit dem Kopf und sprach: „Ich kann Euch nicht aufnehmen, meine Kammern liegen voll Kräuter und Samen, und sollte ich einen jeden beherbergen, der an meine Tür klopft, so könnte ich selber den Bettelstab in die Hand nehmen. Sucht Euch anderswo ein Auskommen." Schlug damit sein Fenster zu und ließ den lieben Gott stehen.

Also kehrte ihm der liebe Gott den Rücken und ging hinüber zu dem kleinen Haus. Kaum hatte er angeklopft, so klinkte der Arme schon sein Türchen auf und bat den Wandersmann einzutreten. „Bleibt die Nacht über bei mir", sagte er, „es ist schon finster, und heute könnt Ihr doch nicht weiterkommen." Das gefiel dem lieben Gott, und er trat zu ihm ein. Die Frau des Armen reichte ihm die Hand, hieß ihn willkommen und sagte, er möchte sich's bequem machen und vorlieb nehmen, sie hätten nicht viel, aber was es wäre, gäben sie von Herzen gerne. Dann setzte sie Kartoffeln ans Feuer, und derweil sie kochten, melkte sie ihre Ziege, damit sie ein wenig Milch dazu hätten. Und als der Tisch gedeckt war, setzte sich der liebe Gott nieder und aß mit ihnen, und schmeckte ihm die schlechte Kost gut, denn es waren vergnügte Gesichter dabei. Nachdem sie gegessen hatten und Schlafenszeit war, rief die Frau heimlich ihren Mann und sprach: „Hör, lieber Mann, wir wollen uns heute Nacht eine Streu machen, damit der arme Wanderer sich in unser Bett legen und ausruhen kann: er ist den ganzen Tag über gegangen, da wird einer müde." „Von Herzen gern", antwortete er, „ich will's ihm anbieten", ging zu dem lieben Gott und bat ihn, wenn's ihm recht wäre, möchte er sich in ihr Bett legen und seine Glieder ordentlich ausruhen. Der liebe Gott wollte den beiden Alten ihr Lager nicht nehmen, aber sie ließen nicht ab, bis er es endlich tat und sich in ihr Bett legte. Sich selbst aber machten sie eine Streu auf die Erde.

Am andern Morgen standen sie vor Tag schon auf und kochten dem Gast ein Frühstück, so gut sie es hatten. Als nun die Sonne durchs Fensterlein schien und der liebe Gott aufgestanden war, aß er wieder mit ihnen und wollte dann seines Weges ziehen. Als er in der Türe stand, kehrte er sich um und sprach. „Weil ihr so mitleidig und fromm seid, so wünscht euch dreierlei, das will ich euch erfüllen." Da sagte der Arme: „Was soll ich mir sonst wünschen als die ewige Seligkeit, und dass wir zwei, solang wir leben, gesund dabei bleiben und unser notdürftiges tägliches Brot haben; fürs dritte weiß ich mir nichts zu wünschen." Der liebe Gott sprach: „Willst du dir nicht ein neues Haus für das alte wünschen?" „O ja", sagte der Mann, „wenn ich das auch noch erhalten kann, so wär mir's wohl lieb." Da erfüllte der Herr ihre Wünsche, verwandelte ihr altes Haus in ein neues, gab ihnen nochmals seinen Segen und zog weiter.

Es war schon voller Tag, als der Reiche aufstand. Er legte sich ins Fenster und sah gegenüber ein neues reinliches Haus mit roten Ziegeln, wo sonst eine alte Hütte gestanden hatte. Da machte er große Augen, rief seine Frau herbei und sprach: „Sag mir, was ist geschehen? Gestern Abend stand noch die alte elende Hütte, und heute steht da ein schönes neues Haus. Lauf hinüber und höre, wie das gekommen ist." Die Frau ging und fragte den Armen aus. Er erzählte ihr: „Gestern Abend kam ein Wanderer, der suchte Nachtherberge, und heute morgen beim Abschied hat er uns drei Wünsche gewährt, die ewige Seligkeit, Gesundheit in diesem Leben und das notdürftige tägliche Brot dazu, und zuletzt noch statt unserer alten Hütte ein schönes neues Haus." Die Frau des Reichen lief eilig zurück und erzählte ihrem Manne, wie alles gekommen war. Der Mann sprach: „Ich möchte mich zerreißen und zerschlagen: hätte ich das nur gewusst! Der Fremde ist zuvor hier gewesen und hat bei uns übernachten wollen, ich habe ihn aber abgewiesen." „Eil dich", sprach die Frau, „und setze dich auf dein Pferd, so kannst du den Mann noch einholen, und dann musst du dir auch drei Wünsche gewähren lassen."

Der Reiche befolgte den guten Rat, jagte mit seinem Pferd davon und holte den lieben Gott noch ein. Er redete fein und lieblich und bat, er möcht's nicht übelnehmen, dass er nicht gleich wäre eingelassen worden, er hätte den Schlüssel zur Haustüre gesucht, derweil wäre er weggegangen: wenn er des Weges zurückkäme, müsste er bei ihm einkehren. „Ja", sprach der liebe Gott, „wenn ich einmal zurückkomme, will ich es tun." Da fragte der Reiche, ob er nicht auch drei Wünsche tun dürfte wie sein Nachbar. Ja, sagte der liebe Gott, das dürfte er wohl, es wäre aber nicht gut für ihn, und er sollte sich lieber nichts wünschen. Der Reiche meinte, er wollte sich schon etwas aussuchen, das zu seinem Glück gereiche, wenn er nur wüsste, dass es erfüllt würde. Sprach der liebe Gott: „Reit heim, und drei Wünsche, die du tust, die sollen in Erfüllung gehen."

Nun hatte der Reiche, was er verlangte, ritt heimwärts und fing an nachzusinnen, was er sich wünschen sollte. Wie er sich so bedachte und die Zügel fallen ließ, fing das Pferd an zu springen, so dass er immerfort in seinen Gedanken gestört wurde und sie gar nicht zusammenbringen konnte. Er klopfte ihm an den Hals und sagte: „Sei ruhig, Liese", aber das Pferd machte aufs neue Männerchen. Da ward er zuletzt ärgerlich und rief ganz ungeduldig: „So wollt ich, dass du den Hals zerbrächst!" Wie er das Wort ausgesprochen hatte, plump, fiel er auf die Erde, und lag das Pferd tot und regte sich nicht mehr; damit war der erste Wunsch erfüllt. Weil er aber von Natur geizig war, wollte er das Sattelzeug nicht im Stich lassen, schnitt's ab, hing's auf seinen Rücken, und musste nun zu Fuß gehen. „Du hast noch zwei Wünsche übrig," dachte er und tröstete sich damit. Wie er nun langsam durch den Sand dahinging und zu Mittag die Sonne heiß brannte, ward's ihm so warm und verdrießlich zumut, der Sattel drückte ihn auf den Rücken, auch war ihm noch immer nicht eingefallen, was er sich wünschen sollte. „Wenn ich mir auch alle Reiche und Schätze der Welt wünsche", sprach er zu sich selbst, „so fällt mir hernach noch allerlei ein, dieses und jenes, das weiß ich im voraus, ich will's aber so einrichten, dass mir gar nichts mehr übrig zu wünschen bleibt." ... Manchmal meinte er, jetzt hätte er es gefunden, aber hernach schien's ihm doch noch zu wenig. Da kam ihm so in die Gedanken, was es seine Frau jetzt gut hätte, die säße daheim in einer kühlen Stube und ließe sich's wohl schmecken. Das ärgerte ihn ordentlich, und ohne dass er's wusste, sprach er so hin: „Ich wollte, die säße daheim auf dem Sattel und könnte nicht herunter, statt dass ich ihn da auf meinem Rücken schleppe." Und wie das letzte Wort aus seinem Munde kam, so war der Sattel von seinem Rücken verschwunden, und er merkte, dass sein zweiter Wunsch auch in Erfüllung gegangen war. Da ward ihm erst recht heiß, er fing an zu laufen und wollte sich daheim ganz einsam in seine Kammer hinsetzen und auf etwas Großes für den letzten Wunsch sinnen. Wie er aber ankommt und die Stubentür aufmacht, sitzt da seine Frau mittendrin auf dem Sattel und kann nicht herunter, jammert und schreit. Da sprach er: „Gib dich zufrieden, ich will dir alle Reichtümer der Welt herbeiwünschen, nur bleib da sitzen." Sie schalt ihn aber einen Schafskopf und sprach: „Was helfen mir alle Reichtümer der Welt, wenn ich auf dem Sattel sitze; du hast mich daraufgewünscht, du musst mir auch wieder herunterhelfen." Er mochte wollen oder nicht, er musste den dritten Wunsch tun, dass sie vom Sattel ledig wäre und heruntersteigen könnte; und der Wunsch ward alsbald erfüllt. Also hatte er nichts davon als Ärger, Mühe, Scheltworte und ein verlornes Pferd. Die Armen aber lebten vergnügt, still und fromm bis an ihr seliges Ende.

Liebe Gemeinde, „Alles, was ihr von Gott dem Vater in meinem Namen erbittet, wird er euch geben, damit eure Freude vollkommen sei." Der Arme ist ein Beispiel für die Wahrheit dieses Satzes, obwohl er den Namen Jesu nicht nennt. Seine Bitten an Gott werden erhört und seine Freude ist vollkommen. Offensichtlich kommt es weniger auf die förmliche Nennung des Namens Jesu an, als auf die *Art* der Bitten und auf die *Einstellung*, in der sie ausgesprochen werden.

Unter dieser Voraussetzung können wir an diesem Märchen drei Beobachtungen machen, die uns zum besseren Verstehen des Bibeltextes helfen:

Erstens: Dem Reichen geht es nie um die *Beziehung zu Gott*, sondern immer nur um sich selbst und seinen Vorteil. Er will Gott *benützen* als Erfüllungsgehilfen für seine Wünsche. Nur daran hat er Interesse. Dem Armen und seiner Frau geht es hingegen um den müden Wanderer. Ihm wollen sie helfen. Die Bitten ergeben sich erst nachträglich. Sie fallen ihnen als eine Gabe Gottes in den Schoß. Sie sind ein Element in der Gottesbeziehung.

Zweitens: Der Arme muss nicht lange überlegen, was er sich erbitten soll. Er weiß es spontan, nämlich das, was im Leben und Sterben notwendig und gut ist: die ewige Seligkeit und das, was man zum Leben braucht (Gesundheit und das tägliche Brot bis zum Lebensende). Das Haus erhält er von Gott als Dreingabe (wie Salomo bei seinem Gebet, das wir als Schriftlesung gehört haben). Er nimmt es gerne an, aber *notwendig* ist es für ihn nicht. Betrachtet man die Wünsche des Armen genauer, so sind sie nicht etwa allzu bescheiden, sondern im Gegenteil *sehr anspruchsvoll*: ewige Seligkeit, ausreichend zu Essen und Gesundheit bis ans Lebensende. Was braucht man eigentlich mehr?

Der Reiche dagegen quält sich ab. Er weiß nicht, was er sich wünschen soll, weil er nicht weiß, was für ihn notwendig und gut ist. Er gerät in Wut und Panik, und dabei rutschen ihm statt *guter Wünsche böse Verwünschungen* heraus, die seine Mitmenschen (seine Ehefrau) und Mitgeschöpfe (sein Pferd) treffen.

Drittens: Beiden, dem Armen und dem Reichen, werden (ihre) drei Wünsche erfüllt. Beim Armen, der schon glücklich ist, bedeutet das gesteigerte Freude. Beim Reichen, der von Hartherzigkeit, Geiz und Gier zerfressen und darum unglücklich ist, bedeutet das gesteigertes Unglück. Davor hatte Gott ihn gewarnt.

Und was lässt sich daraus für das Verständnis des Betens im Namen Jesu entnehmen? Auch hier sehe ich drei Elemente:

Erstens: Der Arme ist ein Beispiel für ein Bitten, das zur vollkommenen Freude führt, weil seine Bitten und Wünsche keine isolierten Akte, keine Fremdkörper, sondern natürliche Bestandteile der *Beziehung zu Gott* und daraufhin auch zum Nächsten sind. Für den christlichen Glauben ist diese Beziehung begründet durch die Person, die den Namen Jesus trägt. „Im Namen Jesu" heißt also: im Zusammenhang der durch Jesus Christus begründeten und gestifteten Gottesbeziehung. Unser Bitten und Gottes Geben hat in dieser Beziehung seinen Ort. Mit Bonhoeffers Worten gesagt: „Gott erfüllt nicht alle unsere Wünsche, aber er erfüllt alle seine Verheißungen."

Zweitens: Charakteristisch für diese durch Jesus Christus gestiftete Beziehung ist, dass Gott nicht erst durch unser Bitten oder Betteln gnädig und freundlich gestimmt werden muss. Wir müssen nicht erst – wie der Reiche – „fein und lieblich" auf Gott einreden, sondern wir dürfen immer schon davon ausgehen, dass Gott uns liebt. Und *deswegen* mündet das Gebet im Namen Jesu auch immer – ausgesprochen oder unausgesprochen – ein in die Bitte: „Dein Wille geschehe". Das ist nicht resignative Ergebung oder anspruchslose Bescheidenheit, sondern Ausdruck der Gewissheit, dass unser himmlischer Vater weiß, was wir bedürfen und was für uns wirklich gut ist.

Drittens: Warum sollen wir dann überhaupt beten und Gott bitten? Damit wir das *mit Dank empfangen* können, was Gott uns geben will. Im Namen Jesu beten heißt: Gott in unserem Leben zur Wirkung kommen lassen, damit unsere Freude größer, ja schließlich vollkommen werde. Das hat Martin Luther in seinem Großen Katechismus einprägsam ausgedrückt, indem er sagt: „Gott will, dass du solche Not und Anliegen klagst und heranziehst, nicht dass er's nicht wüsste, sondern damit du dein Herz entzündest, desto stärker und mehr zu begehren, und nur *den Mantel weit ausbreitest und auftuest, um viel zu empfangen.*“ (BSLK 668,34–40) Das hat der Arme im Märchen gemacht: den Mantel weit ausgebreitet und von Gott viel empfangen. Und insofern ist er ein gutes Beispiel für das Beten im Namen Jesu, das zur vollkommenen Freude führt.

Lieder: EG 382,1–3; EG 133,1.5.6; EG 165,1.6–8
Wochenpsalm: 100
Schriftlesungen: 1. Könige 3,5–14 und 1. Timotheus 2,1–6a

Himmelfahrtsbotschaften

Predigttext: Matthäus 28,16–20

Aber die elf Jünger gingen nach Galiläa auf den Berg, wohin Jesus sie beschieden hatte. Und als sie ihn sahen, fielen sie vor ihm nieder; einige aber zweifelten. Und Jesus trat herzu und sprach zu ihnen: Mir ist gegeben alle Gewalt im Himmel und auf Erden. Darum gehet hin und machet zu Jüngern alle Völker: Taufet sie auf den Namen des Vaters und des Sohnes und des Heiligen Geistes und lehret sie halten alles, was ich euch befohlen habe. Und siehe, ich bin bei euch alle Tage bis an der Welt Ende.

Liebe Gemeinde,

kaum ein kirchliches Fest zeigt so deutlich den Unterschied zwischen dem antiken und dem modernen Weltbild wie das Himmelfahrtsfest. Beim antiken Weltbild mit seinen drei Stockwerken (Unterwelt, Erdscheibe und Firmament, an dem Sonne, Mond und Sterne befestigt sind) und dem Himmel Gottes darüber kann man sich eine räumliche Himmelfahrt zur Not vorstellen, aber kein erwachsener Mensch teilt heute noch dieses Weltbild. Und da stellt sich natürlich die Frage: Hat sich mit diesem überholten Weltbild auch die *Botschaft* des Himmelfahrtsfestes erledigt? Oder hat dieses Fest einen Inhalt, der unabhängig vom antiken oder modernen Weltbild gültig ist und ausgesagt werden kann?

Wie gut, dass es neben der Apostelgeschichte in Form unseres Predigttextes aus dem Matthäusevangelium eine andere Erzählung gibt, in der das antiquierte Weltbild keine wesentliche Rolle spielt, aber die entscheidenden Elemente des „Himmelfahrtsfestes" trotzdem vorkommen:

– die Erhöhung Christi;

– der Abschied Jesu von seinen Jüngern;

– die bleibende Gegenwart Christi und

– die Sendung der Jünger.

Lassen Sie uns diese vier Elemente je für sich betrachten:

1. Die Erhöhung Christi

Schon in dem ältesten uns überlieferten Christushymnus aus Philipper 2 wird beschrieben, dass Christus sich zur Menschwerdung erniedrigt hat und was Gott an ihm nach seiner Kreuzigung getan hat: „Darum hat er ihn auch erhöht und hat ihm einen Namen gegeben, der über alle Namen ist". Das ist der Gottesname „Kyrios", also „Herr". D. h. Jesus Christus ist durch seinen Tod hindurch eingesetzt zu dem Gott und Herrn zur Rechten Gottes, den wir anbeten und auf dessen Kommen wir warten dürfen. In unserem Text kommt das zum Ausdruck in den Worten des Auferstandenen: „Mir ist gegeben alle Gewalt im Himmel und auf Erden". Da geht es nicht um Gewalt mit Waffen oder Fäusten. Die befreiende Wahrheit Gottes, die in ihm menschliche Gestalt angenommen hat, ist letztlich stärker als alle irdischen Machthaber und Gewalten. Aber stimmt das denn?

Von Pilatus kennen wir die Frage: „Bist du der König der

Juden?", und von Jesus die Antwort: „Mein Reich ist nicht
von dieser Welt." Aber: „Ich bin ein König. Ich bin dazu geboren und in die Welt gekommen, dass ich die Wahrheit
bezeugen soll." (Joh 18,33.36 f.) Das römische Weltreich ist
längst untergegangen, aber die Kirche Jesu Christi ist die
Religionsgemeinschaft, der die meisten Menschen angehören. Ihre Stärke zeigt sich aber gerade dann nicht, wenn sie
politische oder militärische Macht für sich in Anspruch
nimmt, sondern wenn sie die ihr aufgetragene Botschaft
als freimachende Wahrheit verkündigt und selbst lebt. Das
ist die Gewalt, die Jesus Christus mit seiner Erhöhung gegeben ist.

2. Der Abschied Jesu von seinen Jüngern

In den Ostererzählungen kommt immer wieder die Aufforderung der Engel an die Jünger vor: Geht nach Galiläa.
Dort wird sich euch der Auferstandene zeigen. (Mt 28,7,
Mk 16,7) Und die Jünger gehen nach Galiläa auf den Berg
(der Bergpredigt oder der Verklärung?), und Jesus zeigt sich
ihnen, allerdings in einer durch den Tod radikal verwan-
delten Gestalt, so dass etliche von ihnen zweifeln, ob er es
tatsächlich sei. Davon berichtet auch unser kurzer Abschnitt. Aber die Zeit, in der die Jünger den Auferstandenen
in dieser Welt mit ihren Augen sehen können, ist zeitlich
begrenzt. Nachdem ihn hunderte von Menschen, die ihn
kannten, gesehen haben, geht die Zeit der Erscheinungen
des auferstandenen Christus zu Ende. Und nun gilt: „Selig
sind, die nicht sehen (sondern hören) und doch glauben!"
(Joh 20,29)

3. Die bleibende Gegenwart Jesu Christi

Abschied nehmen von lieben Menschen fällt schwer. Jeder Abschied ist – wie das Sprichwort sagt – ein kleines Sterben. Aber über dieser Abschiedsszene aus dem Matthäusevangelium liegt nicht eine bedrückende Trauer, die durch die Trennung ausgelöst wird, sondern merkwürdigerweise die Zusage einer bleibenden, für die ganze Erdenzeit geltenden *Gegenwart* Christi: „Siehe, ich bin bei euch alle Tage, bis an der Welt Ende". Wie soll man das verstehen? Christus nimmt doch gerade Abschied. Er lässt sich bei uns doch gerade nicht mehr sehen! Aber er lässt sich bei uns *hören* durch das Evangelium, und er lässt sich bei uns sogar *sehen* durch das Sakrament der Taufe und das Altarsakrament. Und er lässt sich bei uns *spüren* durch seinen Geist, den er auf seine Jüngerinnen und Jünger sendet. Außerdem ist Jesus Christus gegenwärtig in den „geringsten Brüdern" (Mt 25,40), die auf unsere Zuwendung und helfende Tat warten. So ist Jesus Christus bei uns alle Tage bis an der Welt Ende: in unserem Alltag und an unseren Sonntagen, in unserer Arbeitszeit und in unserer Freizeit, in unserem Leben und in unserem Sterben. Und so umfassend kann Jesus Christus nur deshalb bei uns sein, weil die Zeit seiner räumlichen, örtlichen, begrenzten Gegenwart damals um die Zeitenwende in Palästina an ihr Ende gekommen ist. Von manchen Dingen müssen wir erst im räumlichen Sinn Abschied nehmen, damit wir mit ihnen in der Tiefe unseres Herzens ganz und unbegrenzt verbunden sein und bleiben können. Oft ist das auch bei der Trennung von Menschen so, die uns lieb sind.

4. Die Sendung der Jünger

Aber die Zusage der Gegenwart Jesu an seine Jünger ist schließlich verbunden mit einem *Auftrag*. Christen werden gesandt. „Wie mich der Vater gesandt hat, so sende ich euch" (Joh 20,21), sagt der auferstandene Christus zu seinen Jüngern. Und wozu sendet er sie? Sie sollen die Botschaft des Evangeliums verkündigen. Sie sollen andere Menschen zu Jüngern machen, indem sie sie taufen und lehren. In der Geschichte der mittelalterlichen Kirche hat man das leider gelegentlich als Aufforderung zu *Zwangs*missionierungen und *Zwangs*taufen missverstanden und damit viel Elend über Menschen gebracht und dem Ansehen der christlichen Kirche dauerhaft großen Schaden zugefügt. Dass das ein schlimmer Irrweg war, wissen wir schon lange. Auch heute sollen und werden wir durch Zwang oder Druck niemanden zu einem überzeugten und freien Christen machen – seien es unsere Kinder und Enkel oder andere Menschen, die von uns abhängig sind. Ja, wir können überhaupt keinen Menschen zu einem Christen *machen*. Wir sollen anderen aber *sagen*, was wir glauben und warum das für unser Leben wichtig ist. Und dann sollen wir es *Gott* überlassen, dass er durch seinen Heiligen Geist Menschen dessen gewiss macht, dass das auch die für ihr Leben befreiende Wahrheit ist.

Vier inhaltliche Bestandteile des Himmelfahrtsfestes haben wir gefunden: die *Erhöhung*, den *Abschied*, die *Gegenwart* und die *Sendung*. Sie alle gehen von dem gekreuzigten und auferstandenen Christus aus. Keines von ihnen ist gebunden an das antike, vergangene Weltbild. Und wenn eines Tages unser gegenwärtiges, modernes Weltbild überwunden und durch ein anderes ersetzt wird, dann wird auch damit der Inhalt dieser Botschaft nicht vergehen, sondern seine bleibende Gültigkeit und Wichtigkeit behalten. Man bedenke doch nur, was uns da an wichtigen Botschaften zugerufen wird – wie bei einem Abschied am Bahnsteig zu einer weiten Reise, wo besorgte Eltern ihren Kindern noch einmal das sagen, was sie ja nicht vergessen sollen. So sagt Christus hier den Seinen und damit auch uns:

- „Mir ist gegeben alle Gewalt im Himmel und auf Erden."
- „Gehet hin und machet zu Jüngern alle Völker!"
- „Lehret sie halten alles, was ich euch befohlen habe!"
- „Ich bin bei euch alle Tage bis an der Welt Ende."

Was für tröstliche, wichtige und bleibende Botschaften zum Himmelfahrtsfest!

Lieder: EG 119,1–5; EG 121,1–4; EG 184,1–5
Wochenpsalm: 47 oder Philipperhymnus
Schriftlesungen: 1. Könige 8,22–24.26-28 und
        Apostelgeschichte 1,1–11

Abschied der dritten Art

Predigttext: Johannes 15,26–16,4

Wenn aber der Tröster kommen wird, den ich euch senden werde vom Vater, der Geist der Wahrheit, der vom Vater ausgeht, der wird Zeugnis geben von mir. Und auch ihr seid meine Zeugen, denn ihr seid von Anfang an bei mir gewesen.

Das habe ich zu euch geredet, damit ihr nicht abfallt. Sie werden euch aus der Synagoge ausstoßen. Es kommt aber die Zeit, dass, wer euch tötet, meinen wird, er tue Gott einen Dienst damit. Und das werden sie darum tun, weil sie weder meinen Vater noch mich erkennen. Aber dies habe ich zu euch geredet, damit, wenn ihre Stunde kommen wird, ihr daran denkt, dass ich's euch gesagt habe. Zu Anfang aber habe ich es euch nicht gesagt, denn ich war bei euch.

Liebe Gemeinde,

von Gott, dem Vater müssen wir *nie* Abschied nehmen, weder im Leben noch im Tod. Denn so sagt der 139. Psalm (V. 8): „Führe ich gen Himmel, so bist du da; bettete ich mich bei den Toten, siehe, so bist du auch da". Von Gott, dem Heiligen Geist, müssen wir auch *nie* Abschied nehmen, weder im Leben noch im Tod. Denn durch Gottes Geist wird der Mensch am Beginn „ein lebendiges Wesen" (1. Mose 2,7) und Gott wird am Ende „eure sterblichen Leiber lebendig machen durch seinen Geist, der in euch wohnt" (Röm 8,11). Aber von Jesus Christus, dem Mensch gewordenen Sohn Gottes, mussten seine Jünger Abschied nehmen und er von ihnen; denn alle Menschen müssen irgendwann voneinander Abschied nehmen. Spätestens mit unserem Sterben und Tod ereilt uns die unausweichliche, oft als bitter und schmerzlich empfundene Notwendigkeit des Abschiednehmens. Das war bei Jesus und den Seinen nicht grundsätzlich anders, als es bei uns ist.

Jesus bereitet sich und seine Jünger bewusst auf diesen Abschied vor. Zu Anfang seines Wirkens war das noch nicht notwendig, sagt er selbst, denn da war er ja bei ihnen. Und so gibt es auch in unserem menschlichen Leben lange Phasen, in denen das Sterben und der Tod noch keine Themen sein müssen. Da ist *Leben* angesagt. Aber angesichts der bevorstehenden Passion ist für Jesus „die Stunde" gekommen, sich und die Seinen auf seinen Abschied vorzubereiten, und davon ist im Johannesevangelium in den so genannten Abschiedsreden (Joh 13–17) ausführlich die Rede. Daraus stammt auch unser heutiger Predigttext.

Jedes Sterben ist ein Abschied, und – wie wir von den Franzosen gelernt haben – „Jeder Abschied ist ein kleines Sterben" (Heinz Kruschel, 1970). Aber Abschied ist nicht gleich Abschied. Es gibt Abschiede, äußere und innere, die *endgültig* sind, Abschiede auf Nimmer-Wiedersehen, wie wir oft sagen. Und es gibt Abschiede, die *vorübergehender* Natur sind, weil wir wissen oder zumindest darauf hoffen, dass wir uns (vielleicht schon bald) wiedersehen werden – vielleicht noch am selben Tag bzw. in näherer oder fernerer Zukunft. Da signalisiert der Abschied nicht einen *definitiven Abbruch* einer Beziehung, sondern nur eine *vorüberge-*

hende Unterbrechung nach dem Motto: „Fortsetzung folgt".

Auf welchen Abschied bereitet Jesus seine Jünger vor? Jedenfalls nicht auf einen endgültigen; denn in den Versen, die auf unseren Predigttext folgen, heißt es mehrfach: „Ihr werdet mich sehen" und „ich will euch wieder sehen" (Joh 16,17.19.22). Dieses angekündigte, verheißene und erhoffte Wiedersehen ist aber nicht eine Rückkehr in den früheren Zustand nach dem Motto: „Fortsetzung folgt", sondern hat den Charakter einer tiefgreifenden Veränderung. Das hat etwas zu tun mit dem „Tröster", von dem Jesus spricht und den er und der Vater zu den Ihren senden werden.

Durch diesen „Tröster" oder „Beistand", wie man das griechische Wort „Paraklet" auch übersetzen kann, werden der Vater und der Sohn nach dem „Weggang" Jesu aus dieser Welt bei den Jüngern gegenwärtig sein. Das wird – verglichen mit der körperlichen Form der Gegenwart Jesu – eine andere, verwandelte Form der Gegenwart sein, aber keine geringere. Im Gegenteil. Denn durch den Heiligen Geist, der als Beistand verheißen ist, werden der Vater und der Sohn nicht nur *bei* den Ihren sein, sondern sogar *in ihnen* wohnen. Diese Gegenwart des dreieinigen Gottes bei und in den Glaubenden ist nicht an die Grenzen von Raum und Zeit gebunden, sondern umfasst und überwindet diese Grenzen.

Dabei ist es für das christliche Verständnis des Heiligen Geistes wichtig, dass er nicht eine neue Stufe der Offenbarung darstellt, die inhaltlich über die Selbstoffenbarung Gottes in Jesus Christus hinausginge, sondern er wird

Zeugnis geben vom Sohn, die Jünger an ihn erinnern und vergewissern. Der Heilige Geist führt also nicht über den Sohn hinaus, sondern *tiefer in ihn hinein*, indem er die Menschen an das Evangelium von Jesus Christus erinnert und es ihnen gewiss macht. Und mit dieser *Erinnerung* und *Vergewisserung* verbindet sich immer auch die *Sendung* der Jünger. Sie sollen und werden durch ihr Reden und Leben das *bezeugen*, was sie von Anfang an gesehen, gehört haben und glauben.

Wenn man das so auf sich wirken lässt, merkt man: Der Abschied, auf den Jesus seine Jünger und sich vorbereitet, passt *weder* zu der Vorstellung von einem definitiven Ende, noch zu der von einer vorübergehenden Unterbrechung, sondern es ist *ein Abschied der dritten Art*, nämlich ein Abschied, der zugleich eine *tiefgreifende Verwandlung* der Gemeinschaft und Gegenwart bedeutet. Diese Verwandlung geschieht *durch den Geist und im Geist*. Aber was heißt das?

Der Hamburger Theologe Traugott Koch schreibt in seinem nicht leicht zu lesenden, aber sehr inhaltsreichen und gehaltvollen Buch „Mit Gott leben" (Tübingen 1989, S. 149 f.):

„Gott ist Geist": Höheres, an Sinn Reicheres kann von Gott nicht gesagt werden. Wenn wir verstehen, was das heißt und bedeutet, dass Gott „Geist" ist, dann ist wohl alles verständlich, was über Gott und den Glauben zu sagen ist. Aber was ist das: „Geist"; was ist da zu verstehen, wenn wir dieses Wort hören? ... An einer kleinen Geschichte sei das veranschaulicht: Eine ältere Frau in einem Seniorenstift wickelt das Geschenkpaket ihrer Tochter aus. Lauter schöne und teure Sachen stellt sie auf den Tisch: Konfekt, eine

Vase, einen Porzellanteller, einen Zinnleuchter, eine Flasche Wein
und anderes mehr. Als sie alles ausgepackt hat, sagt sie: „Aber Liebe war nicht drin." ... Oder, um ein anderes Beispiel zu nennen,
was meinen wir, wenn wir ... vom „Geist eines Hauses" sprechen?
Vermutlich denken wir zunächst an die Atmosphäre, die dort
herrscht, an das Fluidum, das dieses Haus prägt – dann ... aber
auch an die Art und den Ton des Umgangs untereinander, also
wie man dort miteinander spricht, Frau und Mann untereinander, die Eltern mit den Kindern; und nicht zuletzt zeigt sich der
„Geist eines Hauses" darin, wie man dort empfangen wird, gast-
frei oder steif. Spätestens beim Abschied, wenn man sich selbst
fragt, ob man gerne da war oder gerne wiederkäme, weil man sich
dort frei fühlte, wird einem der „Geist eines Hauses" bewusst.

Im Geist ist unser Fühlen, Wollen und Denken zu einer
Einheit verbunden. Im Geist können wir über Zeiten und
Räume hinweg eilen, können unabhängig von Raum und
Zeit Gegenwart und Gemeinschaft erleben, erinnern oder
erwarten. Und so können wir auch im Geist und durch den
Geist über die Grenze des Todes hinaus mit Gott und un-
tereinander verbunden sein und bleiben.

Wir alle gehen auf einen letzten irdischen Abschied zu.
Viele von uns haben solche Abschiede schon *durchlebt*, oftmals schmerzlich *erlitten*, manchmal *dankbar angenommen* als Befreiung von schwerem Leiden. Das alles gehört
zu unserem irdischen Menschsein hinzu – bei Jesus von
Nazareth ebenso wie bei uns. Und darum dürfen wir unseren Predigttext auch lesen unter der Frage, was er nicht nur
über Jesus und seinen Abschied von den Jüngern sagt, sondern auch im Blick darauf, was er über uns und die Abschiede von unseren Lieben sagt – obwohl und gerade weil

wir wissen, dass wir damit an die Grenzen dessen stoßen, was wir erkennen und wissen und worüber wir reden
können.

Meine Tochter fragte mich vor einiger Zeit, ob ich
glaube, dass wir uns nach dem Tod wiedersehen werden.
Ich habe ihr sinngemäß geantwortet – und würde das auch
heute wieder tun: Ich glaube, dass wir durch unser Sterben
und durch den Tod *nicht von Gott getrennt* werden, sondern ewig an ihm Anteil haben werden. Ich glaube aber
auch, dass wir durch Sterben und Tod hindurch *radikal
verwandelt* werden, indem wir einen „geistlichen Leib" erhalten, wie Paulus das (1. Kor 15,44) nennt. Das heißt: eine
Lebensgestalt, die ganz und gar von Gottes Geist, dem Tröster und Beistand, bestimmt ist. Und in diesem Geist Gottes
werden wir auch *als Menschen untereinander* verbunden
sein und bleiben. Darin wird all das bleiben, was uns in
unserem irdischen Leben an Glauben, Hoffnung und Liebe
gegeben wurde. Alles Widergöttliche, Böse und Selbstsüchtige wird aber *vergehen.*

So verstehe ich auch die Botschaft unseres heutigen Predigttextes auf dem Weg von Ostern nach Pfingsten. Dabei
ist mir ein Element besonders wichtig geworden, das auch
viele von Ihnen schon so erlebt haben und bezeugen können. Durch den Abschied des Sterbens und Todes hindurch
und über ihn hinweg kann uns nicht nur etwas von dem
erhalten bleiben, was uns miteinander verbunden hat und
woran uns Bilder, Briefe, Tagebücher und andere Zeichen
immer wieder erinnern. Durch diesen Abschied des Sterbens und des Todes hindurch und über ihn hinweg kann

auch eine *Verbundenheit im Geist* entstehen und sogar wachsen, die eine *Vertiefung und Läuterung* darstellt. Und das passt zu dem, was Jesus zu seinen Jüngern (im Anschluss an unseren Predigttext) sagt: „Es ist gut für euch, dass ich weggehe. Denn wenn ich nicht weggehe, kommt der Tröster nicht zu euch. Wenn ich aber gehe, will ich ihn zu euch senden." (Joh 16,7) Dieser Tröster und Beistand, der Heilige Geist, wird uns mit dem dreieinigen Gott und untereinander verbinden in Zeit und Ewigkeit.

Der Apostel Paulus hat diese Erkenntnis im ältesten Brief des Neuen Testaments, dem 1. Thessalonicherbrief (4,17 f.), in ähnlichen Worten, aber noch einfacher ausgedrückt, indem er sagt: „so werden wir bei dem Herrn sein allezeit. So tröstet euch mit diesen Worten untereinander."

„Bei dem Herrn sein", das ist der Grundton, von dem alles abhängt. Das „Wir" zeigt, dass der (Christen-)Mensch dabei nicht als vereinzeltes, isoliertes Individuum im Blick ist, sondern als das Geschöpf, das vom ersten Augenblick seines Lebens an in Beziehung und Gemeinschaft existiert. Und das kann darum auch über den Abschied des Todes hinaus nicht anders sein. „Allezeit", also ewig, das heißt, ohne Begrenzung, Unterbrechung und Abbruch. Alle Abschiede liegen dann *hinter* uns.

Lieder: EG 135,1–4; EG 128,1.2.5–7; EG 124,1–4; EG 232,1.4; EG 421
Wochenpsalm: Psalm 27
Schriftlesungen: Jeremia 31,31–34 und Epheser 3,14–21

Durchs Herz

Predigttext: Apostelgeschichte 2,22–23.32–33 und 36–39
Und Petrus sprach: Ihr Männer von Israel, hört diese Worte: Jesus
von Nazareth, von Gott unter euch ausgewiesen durch Taten und
Wunder und Zeichen, die Gott durch ihn in eurer Mitte getan hat,
wie ihr selbst wisst – diesen Mann, der durch Gottes Ratschluss
und Vorsehung dahingegeben war, habt ihr durch die Hand der
Heiden ans Kreuz geschlagen und umgebracht ... Diesen Jesus hat
Gott auferweckt; dessen sind wir alle Zeugen. Da er nun durch die
rechte Hand Gottes erhöht ist und empfangen hat den verheißenen Heiligen Geist vom Vater, hat er diesen ausgegossen, wie ihr
hier seht und hört ... So wisse nun das ganze Haus Israel gewiss,
dass Gott diesen Jesus, den ihr gekreuzigt habt, zum Herrn und
Christus gemacht hat. Als sie aber das hörten, ging's ihnen durchs
Herz und sie sprachen zu Petrus und den andern Aposteln: Ihr
Männer, liebe Brüder, was sollen wir tun? Petrus sprach zu ihnen:
Tut Buße, und jeder von euch lasse sich taufen auf den Namen
Jesu Christi zur Vergebung eurer Sünden, so werdet ihr empfangen
die Gabe des Heiligen Geistes. Denn euch und euren Kindern gilt
diese Verheißung, und allen, die fern sind, so viele der Herr, unser
Gott, herzurufen wird.

Liebe Gemeinde,
was wir soeben als Predigttext gehört haben, ist selbst ein
Auszug aus einer Predigt, und zwar aus der Predigt, die der
Apostel Petrus am ersten Pfingstfest in Jerusalem gehalten
hat. Dieser Auszug fasst den wesentlichen Inhalt seiner

Predigt zusammen. Es fehlt am Ende unseres Textabschnitts allerdings der Hinweis auf die Resonanz dieser ersten Pfingstpredigt, und die ist beeindruckend: „Die nun sein Wort annahmen, ließen sich taufen; und an diesem Tag wurden hinzugefügt etwa dreitausend Menschen." (V. 41) Das nenne ich einen gewaltigen Predigterfolg. Lassen wir die Frage einmal beiseite, wo sich in Jerusalem so viele Menschen versammeln konnten und dort auch noch getauft werden konnten. Maler haben diese Szene gerne in den Tempel verlegt. Das könnte man sich vorstellen. Aber in jedem Fall bleibt doch die Frage: Wie ist dieser gewaltige Predigterfolg zu erklären? Wie hat Petrus das *gemacht*?

Wenn wir ihn danach fragen würden, dann würde er bestimmt sagen: „Ich habe das gar nicht gemacht, und ich kann es auch nicht erklären. Aber es ist geschehen! Es ist zwar durch meine Predigt geschehen, aber ich habe dafür kein ‚Rezept' und keine Erklärung". Und wahrscheinlich hätte Petrus auch gesagt: „Ein solches Geschehen, das sich immer wieder einmal ereignet, nennen wir das Wirken des Heiligen Geistes, also des Geistes *Gottes*, weil es für uns unverfügbar ist." Und mit der Nennung des Heiligen Geistes sind wir mitten in dem Anlass und Thema des Pfingstfestes: bei der Ausgießung des Heiligen Geistes, durch welche die christliche Kirche damals entstand und immer wieder neu entsteht.

Der Apostel Paulus gibt in seinem Brief an die Römer eine Antwort auf die Frage, wie der Glaube entsteht. Er sagt: „So kommt der Glaube aus der Predigt, das Predigen aber aus dem Wort Christi." (Röm 10,17) Und so ist es auch bei der Pfingstpredigt des Petrus: Der Glaube kommt aus der Predigt, die ihrerseits der Verkündigung, dem Leben, Sterben und Auferstehen Jesu Christi entstammt, und so verweist der Gaube auf Christus. Von ihm erzählt Petrus mit knappen, verständlichen Worten. Aber er erinnert auch mit großer Deutlichkeit und Härte an das, was erst vor kurzem geschehen ist: „… ihr habt ihn ans Kreuz schlagen und umbringen lassen durch die Hand der Heiden" (V. 23).

Kann und darf man so unverblümt mit Menschen reden, die man für den Glauben gewinnen will? Petrus mutet seinen Hörern diese Wahrheit zu, und sie lassen sich das sagen, zumal er ihnen bewusst macht, dass die Kreuzigung Jesu nicht das letzte Wort geblieben ist. Gott hat Jesus auferweckt. Dafür gibt es viele Zeugen. Er ist erhöht worden, so dass er nun an der rechten Seite Gottes sitzt. Und den Heiligen Geist hat er nun ausgegossen über seine Jünger. Was Petrus hier verkündigt, sind die Botschaften, die wir an Weihnachten, am Karfreitag, an Ostern, an Himmelfahrt vernommen haben und nun am Pfingstfest wieder hören: Gott sandte seinen Sohn, er wurde gekreuzigt, Gott hat ihn auferweckt und erhöht und nun den Heiligen Geist ausgegossen. Das sind wohlvertraute Aussagen aus dem Glaubensbekenntnis. Und dann fasst Petrus den entscheidenden Inhalt noch einmal in *einem* Satz zusammen: „So wisse nun das ganze Haus Israel gewiss, dass Gott diesen Jesus, den ihr gekreuzigt habt, zum Herrn und Christus gemacht hat." Was löst das bei den damaligen Hörern aus?

Die Antwort darauf gibt der folgende wichtige Satz: „Als sie aber das hörten, ging's ihnen durchs Herz." Und damit sind wir an dem Punkt angelangt, der für die Wirkung einer solchen Predigt (oder eines Gesprächs oder Buchs oder Films) ausschlaggebend ist: Geht es durchs Herz? Oder erreicht es das Herz gar nicht, berührt es vielleicht nur den Verstand, weckt es bloß die Neugier oder nicht einmal das? Das Herz ist nach hebräischem Denken das Zentrum der menschlichen Person, ihres Fühlens, Wollens und Denkens. Und das ist auch unserem Sprachgefühl nicht fremd. Wir sagen ja auch: „Das ist mir zu Herzen gegangen", wenn uns etwas wirklich trifft und betrifft, oder: „Das will ich mir zu Herzen nehmen", wenn uns etwas so erreicht, dass wir daraus Konsequenzen für unser Leben ziehen wollen.

„Als sie aber das hörten, ging's ihnen durchs Herz." Damit ist allerdings noch nicht gesagt, wie die Hörer darauf reagieren werden. Denn auf das, was einem durchs Herz geht, kann man ganz unterschiedlich reagieren: empört, beleidigt, verletzt, aggressiv, betroffen, beschämt. Nur eines nicht: gleichgültig. Das kann man ausschließen. Was uns durchs Herz geht, lässt uns nicht gleichgültig oder kalt. Es beschäftigt uns. Es bewegt uns. Es geht uns nach – vielleicht noch bis in den Schlaf und in unsere Träume. Dass etwas, was wir sagen, einem anderen durchs Herz geht oder ihn ins Herz trifft, können wir uns vornehmen oder erhoffen, sogar erbitten. Aber wir haben es nicht in der Hand, dass etwas, was wir sagen oder hören, anderen oder uns selbst tatsächlich durchs Herz geht. Darüber verfügen wir nicht.

Allerdings, *wenn* wir selbst berührt, bewegt, betroffen sind, dann können wir, ja dann *müssen* wir darauf irgendwie reagieren. Und die Zuhörer am ersten Pfingstfest reagieren, indem sie Petrus und die anderen Apostel fragen: „Was sollen wir tun?" Und Petrus antwortet – wie so oft – an Stelle aller anderen Apostel und für sie: „Tut Buße, und jeder von euch lasse sich taufen auf den Namen Jesu Christi zur Vergebung eurer Sünden, so werdet ihr empfangen die Gabe des Heiligen Geistes." Damit nimmt Petrus die Botschaft auf, die Jesus vom Anfang seines Wirkens an verkündigt hatte. Aber was heißt das: Tut Buße? Es heißt jedenfalls nicht: Bezahlt eine Strafe. Es heißt auch nicht: Leistet Wiedergutmachung. Sondern es heißt: kehrt um, ändert euer Denken und Leben.

Aber das ist ja immer noch sehr allgemein gesagt. Umkehren und Umdenken und das Leben ändern, ja, aber in welche Richtung? Petrus gibt die Richtung genau an: „Lasst euch taufen auf den Namen Jesu Christi zur Vergebung eurer Sünden, so werdet ihr empfangen die Gabe des Heiligen Geistes." Da können die meisten von uns sagen: Das ist bei mir doch längst geschehen. Schon als kleines Kind bin ich getauft worden. Habe ich da auch schon den Heiligen Geist empfangen, der mich zu einem Kind Gottes macht und beruft? Ja, das haben wir. Aber das, was wir damals und damit empfangen haben, soll nicht in einer Truhe liegen und verstauben, sondern unser Fühlen, Wollen, Denken, Handeln – kurz: unser Leben bestimmen. Der Heilige Geist, der an Pfingsten ausgegossen wird und der jedem Getauften mit der Taufe gegeben wurde, bringt uns durch Jesus Christus in Verbindung und Gemeinschaft mit Gott. Und *das* verändert das Leben eines Menschen. Das kann man einem Menschen sogar anmerken und abspüren: *Der* lebt in Verbindung und Gemeinschaft mit Gott – im Glauben, in der Hoffnung und in der Liebe. Und die Einladung, die Petrus da ausspricht, gilt nicht nur den in Jerusalem gerade Anwesenden, sondern ausdrücklich auch ihren Kindern, und nicht nur den kirchlichen Insidern, ausdrücklich auch „allen, die fern sind" (V. 39).

Dass dieser Ruf Gottes ergeht und weitergegeben wird, das ist die *Aufgabe* der christlichen Kirche und aller Christenmenschen. Dass dieser Einladungsruf Gottes die Menschen ins Herz trifft, das haben wir nicht in der Hand. Aber wenn er uns erreicht, dann gilt die Aufforderung der Bibel: „Heute, wenn ihr seine Stimme hören werdet, so verstockt eure Herzen nicht" (Hebr 3,7 f., siehe auch Ps 95,7 f.), d. h. macht sie nicht hart und verschlossen, sondern lasst euch einladen und kommt. Heute!

Lieder: EG 166,1–6; EG 125,1–3; EG 130,1–3
Wochenpsalm: 100
Schriftlesungen: Joel 3,1–5 und Johannes 14,23–27

Die Dreieinigkeit Gottes verstehen

Liebe Gemeinde,

unter den Festzeiten im Kirchenjahr ist die Trinitatiszeit, die heute beginnt, ein *Stiefkind* und zugleich die *Königin*. Die Königin, weil keine Festzeit länger dauert und weil es kein Fest gibt, nach dem so viele Sonntage benannt sind. Wenn es hoch kommt, sind es 25, also fast das halbe Kirchenjahr. Aber auch und vor allem, weil es kein Fest gibt, an dem es so umfassend um das geht, woran wir glauben: an den dreieinigen Gott. Die Trinitatiszeit ist so gesehen die wichtigste Festzeit des Kirchenjahres. Und trotzdem ist sie auch ein Stiefkind; denn mit diesem Fest und dieser Festzeit können die meisten Menschen nicht viel anfangen – zumal, wenn man es mit Advent und Weihnachten oder mit der Passions- und Osterzeit vergleicht. Mit Trinitatis verbindet sich keine Geschichte, keine Erzählung, kein (oder fast kein) Bild. Am Trinitatisfest kann man sich nicht gut innerlich wärmen. Die meisten Menschen sagen oder denken, dass sie gar nicht genau verstehen, was mit der so genannten Dreieinigkeit gemeint sein soll: drei und doch einer; einer und doch drei?

Zugegeben, die Lehre von der Dreieinigkeit Gottes hat mehr mit unserem Denken und Verstehen als mit unserem Fühlen und Erleben zu tun. Aber wir können es uns als

Christen in einer religiös so vielfältigen Zeit, in der wir vor allem von Muslimen, aber auch von anderen Zeitgenossen nach unserem Glauben an den dreieinigen Gott gefragt werden, eigentlich nicht (mehr) leisten, da mit den Schultern zu zucken: „Keine Ahnung"; „Weiß ich auch nicht", „Versteh ich nicht"; „Wird schon nicht so wichtig sein". Die Achtung von Muslimen uns gegenüber wird sich durch solche Antworten jedenfalls nicht erhöhen.

Aber *kann* man das denn verstehen? Ist das nicht ein undurchdringliches, göttliches Geheimnis? Ja, es ist ein göttliches Geheimnis, aber es ist eines, das man *verstehen kann*, und zwar nicht nur, wenn man ein Gymnasium besucht oder studiert hat. Auch ganz einfache, ganz normale Menschen können das verstehen. Das Neue Testament gibt uns dazu in mehreren Texten Hilfestellungen, auch wenn wir dort noch keine ausformulierte Lehre von der Dreieinigkeit Gottes finden. Es gibt im Neuen Testament den Segensspruch aus 2. Korinther 13,13, den wir vorhin als Schriftlesung gehört haben, in dem Jesus Christus, Gott der Vater und der Heilige Geist vorkommen. Und es gibt den Taufbefehl des Auferstandenen aus Matthäus 28,19, der uns gebietet, Menschen auf den Namen des Vaters und des Sohnes und des Heiligen Geistes zu taufen. Aber das ist nicht alles. Über diese beiden Formeln hinaus gibt es im Neuen Testament zahlreiche Texte, die uns helfen können, die Lehre vom dreieinigen Gott, also die Trinitätslehre, zu verstehen. Über einen solchen Text möchte ich heute predigen. Er wird vermutlich selten zur Erklärung der Trinitätslehre herangezogen, aber er ist meines Erachtens dazu gut geeignet. Es ist das Petrusbekenntnis aus dem 16. Kapitel des Matthäusevangeliums, Verse 13–17:

> Da kam Jesus in die Gegend von Cäsarea Philippi und fragte seine Jünger und sprach: Wer sagen die Leute, dass der Menschensohn sei? Sie sprachen: Einige sagen, du seist Johannes der Täufer, andere, du seist Elia, wieder andere, du seist Jeremia oder einer der Propheten. Er fragte sie: Wer sagt denn ihr, dass ich sei? Da antwortete Simon Petrus und sprach: Du bist Christus, des lebendigen Gottes Sohn! Und Jesus antwortete und sprach zu ihm: Selig bist du, Simon, Jonas Sohn; denn Fleisch und Blut haben dir das nicht offenbart, sondern mein Vater im Himmel.

Jesus ist mit seinen Jüngern unterwegs – hoch oben im Norden Israels. Es ist der am weitesten von Jerusalem entfernte Punkt seines Weges. Danach kehrt er um in Richtung Jerusalem, zum Leiden und zum Sterben. Und dort oben fragt er seine Jünger: „Wer sagen die Leute, dass der Menschensohn sei?" Jesus will also wissen, was von seiner Verkündigung, seiner Botschaft, seinem Wirken bei den Menschen angekommen ist. Er will wissen, ob und wie sie ihn verstanden haben.

Die Jünger haben sich offenbar umgehört. Sie wissen, was die Leute so über Jesus reden, was sie von ihm halten: „Die einen sagen, du seist Johannes der Täufer." Wie denn das? Haben sie Jesus verwechselt mit dem asketischen Täufer in der Wüste am Jordan? Keineswegs! Denn Johannes war ja von König Herodes umgebracht worden, und das wussten die Menschen sehr gut (Mt 14,1–12; Mk 6,14–29; Lk 9,7–9). Aber Herodes und offensichtlich auch manche anderen glaubten, der Täufer, diese große, eindrucksvolle prophetische Gestalt sei in Jesus wieder auferstanden. „Andere sagen, du seist Elia". Sie halten ihn für den alttestamentlichen Propheten, dessen Wiederkunft ganz am Ende des Alten Testaments, im Buch des Propheten Maleachi, als Vorbote des Jüngsten Gerichts angekündigt wird (Mal 3, 23). Die dritten und vierten meinen, „du seist Jeremia", der einsame Leidensprophet „oder einer der Propheten". Soweit der Bericht der Jünger über das, was sie von den Menschen an Meinungen über Jesus gehört haben. Man kann es leicht zusammenfassen: einer *der ganz großen, bedeutenden Propheten.* Für israelitische Verhältnisse war das eine große religiöse Auszeichnung für einen Zimmermannssohn aus Nazareth.

Wenn bei uns heute eine Umfrage unter „den Leuten" gemacht würde, käme das Wort „Prophet" wahrscheinlich nicht ganz so oft vor, aber vielleicht „ein guter Mensch". Viele andere würden wahrscheinlich sagen: „Jesus ist eine der beeindruckendsten Persönlichkeiten der Geschichte" oder: „Er ist ein großes Vorbild". Wir neigen als Christen manchmal dazu, über solche Antworten ein wenig die Nase zu rümpfen, weil uns da das Entscheidende fehlt, weil da zu wenig gesagt wird. Jesus rümpft die Nase nicht, er wertet diese Antworten nicht ab, beklagt sich nicht über das Unverständnis der Menschen. Was er gedacht hat, wissen wir nicht. Er lässt das einfach so stehen – vielleicht auch, weil er darin mögliche Brücken erkennt, die weiterführen können im Sinne seines Wortes: „Du bist nicht fern vom Reich Gottes." (Mk 12,34)

Aber Jesus beendet das Gespräch damit nicht, sondern

wendet sich nun direkt an seine Jünger: „Wer sagt denn ihr, dass ich sei?" Diese Frage an die Jünger schließt jedenfalls ein, dass mit den Antworten der Leute noch nicht alles und noch nicht das Entscheidende über Jesus gesagt ist. Stellvertretend für alle Jünger antwortet Petrus, der ja oft mit dem Mund vorneweg ist: „Du bist Christus, des lebendigen Gottes Sohn!" Das ist keine *quantitative* Steigerung und Überbietung der bisherigen Antworten, sondern eine grundlegende *qualitative* Veränderung; denn das heißt im Klartext: In dir sind wir *Gott* begegnet – zu unserem Heil. Du kennst nicht nur Gott wie ein Prophet, der Offenbarungsworte von Gott empfängt und an andere Menschen weitergibt, sondern du *verkörperst* durch dein Reden, Tun und Leben Gott. In dir kommt *Gott selbst* zu uns in diese Welt. Und die andere Kennzeichnung bestätigt das ausdrücklich noch einmal: „Du bist der Sohn des lebendigen Gottes." Das heißt ja nicht, dass Jesus im biologischen Sinne von Gott abstammt, sondern dass in ihm Gottes unsichtbares Wesen sichtbar wird. Es wird anschaulich, wie man manchmal in Kindern das Wesen der Eltern wahrnehmen und erkennen kann und dann gelegentlich sagt: „ganz die Mutter, ganz der Vater".

Als Philippus einmal Jesus bittet: „Herr, zeige uns den Vater!" (Joh 14, 8), da sagt Jesus – offenbar etwas enttäuscht über das mangelhafte Verständnis seines Jüngers: „So lange bin ich bei euch, und du kennst mich nicht, Philippus? Wer mich sieht, der sieht den Vater." (V. 9) Das ist es: Wer Jesus so begegnet, dass er in ihm „das Ebenbild des unsichtbaren Gottes" (Kol 1,15) erkennt, der begegnet in der irdischen, menschlichen Gestalt Jesu Gott selbst. Darum wagt es das Johannesevangelium (ganz am Ende, nach der Auferwekkung Jesu von den Toten), die Anrede an Jesus zu formulieren: „Mein Herr und mein Gott" (Joh 20, 28), und es legt diesen Satz ausgerechnet dem Zweifler Thomas in den Mund.

Was diese Gewissheit für das rechte Denken und Reden über Gott bedeutet, damit hat sich die früheste Christenheit etwa 300 Jahre lang herumgeschlagen – teilweise sogar im wörtlichen Sinn –, bevor einmütig das gesagt werden konnte, was wir vorhin mit dem Glaubensbekenntnis von Nizäa gesprochen haben: „Wir glauben ... an den einen Herrn Jesus Christus, Gottes eingeborenen Sohn, ... Gott von Gott, Licht vom Licht, wahrer Gott vom wahren Gott." Damit war, wenn man so will, eine „Zweieinigkeitslehre" erreicht und formuliert, die vom Vater und vom Sohn, vom unsichtbaren Gott und von dem sichtbaren Menschen Jesus Christus sagt: Sie haben ein und dasselbe Wesen, unterscheiden sich aber in ihrer Gestalt, und darum sind sie zwei und doch eins – *eines* Wesens.

Aber dabei konnte die frühe Christenheit nicht stehen bleiben. Dabei ist auch Jesus in seinem Gespräch mit den Jüngern nicht stehen geblieben. Als Petrus ihm die Antwort gibt, in der Jesus sich und seine Sendung richtig verstanden fühlt, da preist er ihn selig und mutet ihm zugleich eine neue, eine weitere wichtige Einsicht zu: „Selig bist du, Simon, Jonas Sohn, denn Fleisch und Blut haben dir das nicht offenbart, sondern mein Vater im Himmel." Mit dieser Antwort Jesu taucht eine *neue Frage und Antwort* auf. Die Frage lautet: „Woher weiß ein Mensch wie Petrus (und die andern Jünger) das?" Nachdem die erste Frage beantwortet ist: „Wer ist Jesus Christus eigentlich?" taucht hiermit die weiterführende Frage auf: „Woher und wie wird einem Menschen diese Einsicht zuteil, dass uns in Jesus Christus Gott selbst zu unserem Heil begegnet?"

Jesu Antwort auf diese Frage hat einen *negativen* und einen *positiven* Teil. Der *negative* Teil heißt: „Fleisch und Blut haben dir das nicht offenbart." Mit andern Worten: Das hast du nicht von Menschen, weder von anderen noch von dir selbst. Das hast du dir nicht ausgedacht und zurechtgelegt. Martin Luther hat das in seinem Kleinen Katechismus so ausgedrückt: „Ich glaube, dass ich nicht aus eigener Vernunft noch Kraft an Jesus Christus, meinen Herrn, glauben oder zu ihm kommen kann." (BSLK 511,46–512,1) Das klingt vielleicht beim ersten Hören enttäuschend: Wie? Wir sollen das nicht selbst entscheiden und machen können, weder bei uns noch bei anderen? Antwort: Nein, das können wir nicht. Und es ist *gut*, das zu wissen. Was würde es denn sonst heißen, wenn unsere eigenen Kinder und Enkel, unsere Partner und Freunde, unsere Kollegen und Nachbarn keinen Zugang zum Glauben an Jesus Christus finden?

Was würde es denn heißen, wenn wir selbst vielleicht schon lange glauben möchten, das heißt: auf Gott so vertrauen, dass davon unser Leben bestimmt und getragen wird, wenn wir es aber *nicht können*? Es würde heißen: selber schuld! Zum fehlenden Glauben käme noch ein zweites Unglück hinzu: die Selbstanklage, dass wir offenbar nicht alles oder nicht das Richtige gemacht haben, was dazu führen müsste, dass wir oder andere zum Glauben finden.

Wir wissen ja aus Erfahrung, dass es so ist: Wir können uns selbst und andere nicht zu Glaubenden *machen*. Das passiert nur, wenn *an uns* etwas geschieht, wenn uns etwas begegnet und einleuchtet, uns also klar und gewiss wird. Und das sagt der *positive* Teil der Antwort Jesu: „Das hat dir mein Vater im Himmel offenbart." Zu der Sendung Jesu in die Welt, die von Gott her geschieht, muss noch etwas hinzukommen, damit wir in Jesus den Christus und Sohn Gottes erkennen und an ihn glauben können: Gott muss uns seinen Sohn *offenbaren*. Jesus spricht hier vom Vater im Himmel, der das tut. An anderen Stellen, z. B. im Johannesevangelium und in den Briefen des Apostels Paulus, wird das dann noch genauer gesagt: Durch den *Geist* Gottes wird uns diese Erkenntnis zuteil, wo und wann Gott will. Und von diesem Geist gilt: Er hat dasselbe *göttliche Wesen* wie der Vater und der Sohn, aber er begegnet uns nicht in sichtbarer, menschlicher Gestalt wie der Sohn, sondern er wird uns von Gott wie ein Windhauch oder Geistesblitz gegeben und wirkt in uns, unsichtbar, aber spürbar, ganz nahe. So nahe, dass man es leicht übersehen kann.

Nachdem die frühe Christenheit im Jahr 325 im Bekenntnis von Nizäa die Wesenseinheit des *Vaters und des Sohnes* formuliert und ausgesagt hatte, hat es noch einmal mehr als 50 Jahre gedauert, bis sie im Jahr 381 im Bekenntnis von Konstantinopel die Wesenseinheit von *Vater, Sohn und Heiligem Geist* formulieren und bekennen konnte. Damit war dann der positive Teil der Antwort Jesu theologisch entfaltet durch die Lehre vom Heiligen Geist und vom dreieinigen Gott. Und in dieser vollständigen Form – als Bekenntnis von Nizäa und Konstantinopel – haben wir es vorhin miteinander gesprochen. Auch diesen positiven Teil hat Martin Luther in seinem Kleinen Katechismus treffend formuliert: „ ... sondern der Heilige Geist hat mich durchs Evangelium berufen, mit seinen Gaben erleuchtet, im rechten Glauben geheiligt und erhalten, gleichwie er die ganze Christenheit auf Erden beruft, sammelt, erleuchtet, heiligt und bei Jesus Christus erhält im rechten einigen Glauben" (BSLK 512, 2–8).

Die Lehre von der Dreieinigkeit Gottes besagt *nicht*, dass uns Gott in der Schöpfung und in der Geschichte Israels als der Vater, in der Mitte der Zeit als der Sohn und in der Geschichte nach Jesus Christus, also in der Zeit der Kirche, als der Heilige Geist begegnen würde. Das kann man manchmal so hören oder lesen, aber das führt eher in die Irre und ist nicht vereinbar mit dem biblischen Wissen um die *Einheit* Gottes und seines Wirkens. Die Lehre von der Dreieinigkeit besagt stattdessen, dass es immer Gott als der Vater selbst ist, dessen unsichtbares Wesen uns auf sichtbare Weise in Jesus Christus, seinem Sohn, zu unserem Heil *begegnet*, und der durch seinen Geist so *in uns* wirkt, dass er uns Jesus Christus als unseren Herrn erkennen lässt und uns lehrt, an ihn zu glauben.

Als Christen glauben wir *nicht* an die Trinitäts*lehre*, sondern an den dreieinigen *Gott*. Aber die Trinitätslehre kann uns helfen, das genauer zu verstehen, was wir glauben, und darüber auch anderen Menschen Rechenschaft zu geben – unseren eigenen Kindern und Enkeln, aber auch den anderen, die uns nach unserem Glauben fragen. Das ist zwar etwas anderes als die Bezeugung des Evangeliums, die uns aufgetragen ist, aber warum sollte Gott nicht auch durch solches Nachdenken und Verstehen Menschen zum Glauben führen oder im Glauben erhalten? Und das ist dann Grund genug, Gott dafür zu loben und ihm zu danken.

Lieder: EG 155,1–4; EG 139,1–5; EG 129,1–4; EG 264,1–3
Wochenpsalm: 145
Schriftlesungen: Jesaja 6,1–8 und 2. Korinther 13,11–13
Glaubensbekenntnis: Nizänum

Hirten und Erntehelfer gesucht

Predigttext: Matthäus 9,35–10,1 und 5–7

Und Jesus ging ringsum in alle Städte und Dörfer, lehrte in ihren Synagogen und predigte das Evangelium von dem Reich und heilte alle Krankheiten und alle Gebrechen. Und als er das Volk sah, jammerte es ihn; denn sie waren verschmachtet und zerstreut wie die Schafe, die keinen Hirten haben. Da sprach er zu seinen Jüngern: Die Ernte ist groß, aber wenige sind der Arbeiter. Darum bittet den Herrn der Ernte, dass er Arbeiter in seine Ernte sende.

Und er rief seine zwölf Jünger zu sich und gab ihnen Macht über die unreinen Geister, dass sie die austrieben und heilten alle Krankheiten und alle Gebrechen.

Diese Zwölf sandte Jesus aus, gebot ihnen und sprach: Geht nicht den Weg zu den Heiden und zieht in keine Stadt der Samariter, sondern geht hin zu den verlorenen Schafen aus dem Hause Israel. Geht aber und predigt und sprecht: Das Himmelreich ist nahe herbeigekommen.

Liebe Gemeinde,

Jesus hat keine Synagoge, keine Kirche und kein Gemeindehaus gebaut und die Menschen dorthin eingeladen, nicht einmal eine Hütte oder ein Zelt, sondern er ging zu den Menschen „in alle Städte und Dörfer", lehrte in ihren Synagogen, predigte das Evangelium vom Reich Gottes und heilte Kranke, so steht es in unserem Predigttext. Und dabei schaute er die Menschen an. Er schaute vermutlich auf ihre Körperhaltung, vor allem aber in ihre Gesichter, in ihre Augen. Und dabei ist ein Satz in unserem Text entscheidend: „Und als er das Volk sah, jammerte es ihn." Das ist ein Ausdruck, der in unserer Umgangssprache kaum noch vorkommt: es jammert mich, oder es jammerte ihn oder sie. Zwar heißt es in letzter Zeit immer wieder einmal, wir jammern oder klagen heute auf hohem Niveau, aber das ist geradezu das Gegenteil zu dem „es jammerte ihn". Wer *jammert*, beschäftigt sich mit sich selbst, möchte auf sich aufmerksam machen und Mitleid bekommen, möchte, dass es ihm selbst besser geht. Wen es dagegen jammert, dessen Aufmerksamkeit und dessen Mitgefühl wird von (einem) anderen angezogen, und zwar in einer tiefen, mitfühlenden, ergriffenen Weise. Das griechische Wort, das an dieser Stelle steht und das Luther mit „es jammerte ihn" übersetzt hat, heißt wörtlich: es drehte ihm die Eingeweide (den Magen) um. Da wird der ganze leibhafte Mensch erfasst. Ich vermute, das kennen wir alle: Es gibt Bilder oder Erzählungen von Menschenschicksalen, da wird einem geradezu schlecht oder übel. Da möchte man sich am liebsten abwenden und wegschauen oder sogar weglaufen, aber gerade damit würde man den Jammer der Betroffenen vermutlich noch größer machen. Jesus wendet sich nicht ab. Er schaut die Menschen an und lässt sich ergreifen.

Und *wovon* wird Jesus ergriffen? Es heißt zunächst: „Sie waren verschmachtet und zerstreut wie Schafe, die keinen Hirten haben." Er sieht den ungestillten Lebenshunger und Lebensdurst der Menschen und ihre Orientierungslosigkeit, und das ergreift ihn, davon lässt er sich ergreifen. Er sieht nicht zuerst die Schuld oder das Versagen der Menschen, sondern ihre Not und ihre Bedürftigkeit. Und dafür verwendet Jesus das eindrucksvolle Bild von den Schafen, die keinen Hirten haben. Das erinnert an Jesu Gleichnis vom verlorenen Schaf (Lk 15,1–7), dem der Hirte nachgeht, um es zu suchen und wieder zur Herde zu bringen. Hier aber ist es die ganze Herde, von der es heißt: Sie waren verschmachtet und zerstreut und hatten keinen Hirten. Solchen Lebenshunger und -durst kann es auch hinter einer scheinbar glänzenden Fassade geben. Und es ist gut, wenn es Menschen gibt, die einen Blick dafür haben, die erkennen, wann es anderen nicht gut geht, und die sich dann nicht abwenden, sondern sich berühren und ergreifen lassen – so wie das hier von Jesus berichtet wird.

Aber Jesus fügt dem Bild von den Schafen ohne Hirten ohne Übergang ein zweites Bild an: Er sieht die Menschen wie ein großes Feld, das reif ist zur Ernte, aber es fehlen die Arbeiter, die helfen könnten, diese Ernte einzubringen. Das ist ein ganz anderes Bild: Es spricht von Früchten und Gaben, von einem Reichtum, der da ist, der aber in Gefahr ist, verloren zu gehen, auf dem Halm zu vertrocknen oder zu verfaulen, wenn er nicht rechtzeitig eingebracht wird. Vielleicht fühlen sich Menschen – insbesondere junge Menschen – heutzutage noch eher von diesem Bild angesprochen, das sie bei dem abholt, was sie *sind* und *können*, was an ihnen und ihrem Leben wertvoll ist. Sie sehen aber nicht, wie das so in das berufliche und gesellschaftliche Leben und in die Gemeinschaft eingebracht werden kann, dass es einen Sinn und Nutzen für sie selbst und für die Allgemeinheit bekommen könnte. In diesem Bild richtet sich

Jesu Blick also nicht auf die *Schwächen und Defizite* der Menschen, sondern auf ihre *Gaben und Stärken*, die nicht verloren gehen sollen. Aber beide Male ist es ein liebevoller, fürsorglicher Blick, den er auf die Menschen richtet.

Und nun ist auch klar, was nötig ist, was gebraucht wird: *Menschen*, die sich als *Hirten und Erntehelfer* in den Dienst Gottes an anderen Menschen nehmen lassen. Aber merkwürdig: Jesus richtet nun nicht einen Appell an die Menschen, die ihn umstehen. Er fordert sie nicht auf, sich für die Schafe und für die Ernte zur Verfügung zu stellen, sondern er fordert sie auf, *Gott zu bitten*, dass er Arbeiter in seine Ernte sende. Warum dieser scheinbare „Umweg" über das Gebet an Gott, warum nicht die direkte Aufforderung an die Menschen, die er doch gleich anschließend als seine 12 Jünger berufen wird? Ich denke, dieser Weg ist kein Umweg und ist deshalb nötig, damit die Jünger wissen, *von wem* sie gesandt werden, *in wessen Namen* sie zu den Menschen kommen: nicht in ihrem eigenen Namen, sondern in Gottes Namen. Vor allem dann, wenn sie die Erfahrung machen werden, dass sie nicht aufgenommen oder sogar hart oder gleichgültig zurückgewiesen werden, ist es für sie wichtig, sich dessen gewiss zu sein: Ich komme in Gottes Namen.

Deshalb ordinieren wir Männer und Frauen unter Handauflegung zum Dienst als Pfarrer und Pfarrerinnen, die im Auftrag *Gottes* das Evangelium zu verkündigen haben. Und damit erhalten sie Anteil an der „Macht", die Jesus Christus von Gott gegeben ist, durch die er die guten von den bösen Geistern *unterscheiden* und die bösen Geister durch Gottes Geist *vertreiben* kann. Aber an dieser Macht haben nicht nur die ordinierten Amtsträgerinnen und Amtsträger Anteil, sondern durch die Taufe *alle* Christenmenschen, weil sie den Heiligen Geist empfangen haben und dazu berufen sind, Priester Gottes, Hirten und Erntehelfer Gottes in dieser Welt zu sein.

Wenn ich sage, dass wir durch die Taufe berufen sind, Mitarbeiter, Zeugen, ja Priester in dieser Welt zu sein, dann passt das mit unserem Predigttext nicht ganz zusammen. Jesus sendet seine Jünger *nicht* in die *Welt*, sondern *nur* zu den „verlorenen Schafen des Hauses Israel" (ebs. Mt 15,24), und er fügt ausdrücklich hinzu: „Geht nicht den Weg zu den Heiden." Wenn es dabei geblieben wäre, wenn das Jesu letztes Wort in dieser Sache gewesen wäre, dann säßen wir heute alle nicht hier in dieser Kirche, dann wären wir alle keine Christen; denn wir sind vermutlich alle keine Juden, sondern von Haus aus Heiden. Die Begrenzung des Sendungsauftrags auf Israel blieb, Gott sei Dank, nicht Jesu *letztes* Wort, aber sie war Jesu *erstes* Wort: gesandt *nur* zu den verlorenen Schafen aus dem Haus Israel. Und wir wissen auch, wodurch Jesus veranlasst wurde, seinen Auftrag später viel weiter zu verstehen und zu fassen, nämlich als einen, der die ganze Welt, also auch uns Heiden umfasst: Es war wohl die Begegnung mit heidnischen Menschen, einem römischen Hauptmann (Mt 8,10) und einer kanaanäischen Frau (Mt 15,28), die ihn zu der Erkenntnis gebracht hat, dass er zum Heil *für alle* gesandt ist. Denn er findet außerhalb von Israel *den Glauben*, den er in seinem Volk oft vergeblich gesucht hat. Israel verliert damit nicht seine

Erwählung durch Gott, aber die Heiden, auch wir Heiden, werden hinzu erwählt und berufen.

Hat diese anfängliche Begrenzung des Sendungsauftrags Jesu uns heute überhaupt noch etwas zu sagen? Ist das nicht ein bloßer Rückblick auf die Anfänge, bei denen Jesus zum Glück nicht stehen geblieben ist? Ich bin davon überzeugt, dass wir davon auch heute noch etwas Wichtiges lernen können. Mission, Sendung, Bezeugung des Evangeliums muss in unserer *allernächsten Umgebung* beginnen: in unserer Familie, bei unseren Freunden und Nachbarn, im Freundeskreis oder im Verein, am Arbeitsplatz oder in der Schule. Wer die *Welt* für den christlichen Glauben gewinnen will, aber nicht für diesen Glauben in seinem *Nahbereich* eintritt und dort nicht den Mund aufmacht, bleibt etwas ganz Entscheidendes schuldig. Weltmission muss immer wieder in unserem Nahbereich beginnen. Dabei sind vor allem wir als Eltern und Großeltern angesprochen. Von uns werden unsere Kinder und Enkel etwas über den Glauben erfahren und sich abschauen können, oder es wird da eine große Lücke und ein Mangel bleiben. Und dabei haben auch die Kinder und die Enkelkinder da etwas zu tun und eine eigene Aufgabe: Sie sollen *fragen*. Fragt eure Eltern und Großeltern und Paten danach, was ihnen der Glaube bedeutet, warum sie Christen sind! Vielleicht bringt ihr sie und uns damit erst einmal in Verlegenheit oder ins Stottern, aber ich bin mir sicher: damit beginnen Gespräche, die ihr euer Leben lang nicht vergessen werdet – und wir auch nicht.

Jesus sucht Hirten und Erntehelfer, die sich von seiner

Liebe anstecken lassen und seine Botschaft von dem nahe gekommenen Reich Gottes weitertragen. Dazu braucht man keine theologische Ausbildung und kein rhetorisches Talent. Das kann man mit ganz einfachen Worten und Taten tun. Und oftmals ist gerade das Einfache besonders überzeugend und einladend, wenn es ehrlich und echt ist und von Herzen kommt. Darum bittet den Herrn der Ernte, dass er Arbeiter in seine Ernte sendet, und wenn Gott uns selbst ruft und beruft als seine Zeugen, dann könnten wir es so machen wie der Prophet Jesaja (6,8), der – als er Gottes Berufung hörte – einfach sagte: „Hier bin ich, sende mich!"

Lieder: EG 241,1–3.8; EG 124,1–4; EG 353,1.3.8
Wochenpsalm: 34
Schriftlesungen: 5. Mose 6,4–9 und 1. Johannes 4,16b–21

Selber schuld?

Predigttext: Hesekiel 18,1–4.21–24.30–32

Und des HERRN Wort geschah zu mir: Was habt ihr unter euch im Lande Israels für ein Sprichwort: „Die Väter haben saure Trauben gegessen, aber den Kindern sind die Zähne davon stumpf geworden"? So wahr ich lebe, spricht Gott der HERR: Dies Sprichwort soll nicht mehr unter euch umgehen in Israel. Denn siehe, alle Menschen gehören mir; die Väter gehören mir so gut wie die Söhne; jeder, der sündigt, soll sterben.

Wenn sich aber der Gottlose bekehrt von allen seinen Sünden, die er getan hat, und hält alle meine Gesetze und übt Recht und Gerechtigkeit, so soll er am Leben bleiben und nicht sterben. Es soll an alle seine Übertretungen, die er begangen hat, nicht gedacht werden, sondern er soll am Leben bleiben um der Gerechtigkeit willen, die er getan hat. Meinst du, dass ich Gefallen habe am Tode des Gottlosen, spricht Gott der HERR, und nicht vielmehr daran, dass er sich bekehrt von seinen Wegen und am Leben bleibt? Und wenn sich der Gerechte abkehrt von seiner Gerechtigkeit und tut Unrecht und lebt nach allen Gräueln, die der Gottlose tut, sollte der am Leben bleiben? An alle seine Gerechtigkeit, die er getan hat, soll nicht gedacht werden, sondern in seiner Übertretung und Sünde, die er getan hat, soll er sterben.

Darum will ich euch richten, ihr vom Hause Israel, einen jeden nach seinem Weg, spricht Gott der HERR. Kehrt um und kehrt euch ab von allen euren Übertretungen, damit ihr nicht durch sie in Schuld fallt. Werft von euch alle eure Übertretungen, die ihr begangen habt, und macht euch ein neues Herz und einen neuen Geist. Denn warum wollt ihr sterben, ihr vom Haus Israel? Denn ich habe keinen Gefallen am Tod des Sterbenden, spricht Gott der HERR. Darum bekehrt euch, so werdet ihr leben.

Liebe Gemeinde,

in *Sprichwörtern* sammeln Völker ihre Erfahrungen, geben ihnen einen knappen, anschaulichen Ausdruck und übermitteln sie von einer Generation an die andere. Aber nicht alle Sprichwörter stimmen miteinander überein. Manchmal besagen sie geradezu das Gegenteil. So kenne ich das Sprichwort über das frühe Heiraten in zwei gegensätzlichen Versionen: „Jung gefreit hat nie gereut" oder: „Jung gefreit hat stets gereut". Wahrscheinlich gibt es eben beide Erfahrungen: die, dass es gut gegangen ist, und die, dass es schief gegangen ist. Und das bringen die beiden gegensätzlichen Sprichwörter verallgemeinernd zum Ausdruck.

Auch das Volk Israel kannte und hatte solche Sprichwörter. Das erfahren wir aus unserem Predigttext. Eines von ihnen heißt: „Die Väter haben saure Trauben gegessen, aber den Kindern sind die Zähne davon stumpf geworden". Dieses Sprichwort ist allem Anschein nach in der Zeit der Babylonischen Gefangenschaft entstanden, in der der Prophet Hesekiel wirkte. Vor allem die nach Babylon Vertriebenen und Deportierten haben es wohl verwendet, um damit zu sagen: Was wir jetzt erleiden müssen, das ist die Strafe für etwas, was unsere Vorfahren angerichtet haben. Wir müssen die Suppe auslöffeln, die sie uns eingebrockt haben und – so muss man mithören und ergänzen – das ist ungerecht, vielleicht sogar eine schreiende Ungerechtigkeit, wie man dann gerne dramatisierend sagt. Und diesem Sprichwort tritt der Prophet Hesekiel im Namen Gottes entgegen, ja er *verbietet* es geradezu: „So wahr ich lebe, spricht Gott der Herr: dies Sprichwort soll nicht mehr unter euch umgehen in Israel."

Aber sprechen denn nicht für dieses Sprichwort starke Gründe, solche, die der Bibel, und solche, die unserer Lebenserfahrung zu entnehmen sind?

Heißt es nicht schon in den *Zehn Geboten*, dass Gott die Missetat der Väter heimsucht bis ins dritte und vierte Glied an den Kindern derer, die ihn hassen, aber Barmherzigkeit erweist an vielen Tausenden, die ihn lieben und seine Gebote halten? (2. Mose 20,5 f., 5. Mose 5,9 f.)

Wissen wir nicht aus *Erfahrung*, dass die moralischen, politischen, wirtschaftlichen und sonstigen Verfehlungen der Eltern oder Großeltern als Fluch auf einer Familie lasten können und von Kindern und Enkeln schuldlos ertragen werden müssen, aber dass Eltern und Vorfahren mit ihrem Tun und Verhalten auch ein *Segen* sein können, von dem viele Generationen profitieren?

Will unser Predigttext das bestreiten? Auf den ersten Blick scheint es so. Seine Botschaft lautet anscheinend: Gott bestraft und belohnt jeden Menschen nach seinen eigenen Taten, und zwar so, wie sie *heute* sind. Was früher war, spielt dabei keine Rolle. Die Menschen werden von Gott nach ihren *jetzigen* Werken gerichtet.

Aber wenn man den Text richtig verstehen will, muss man genauer zusehen. Und dabei entdeckt man ziemlich schnell *ein* Element, um das alles kreist und über das man leicht stolpern kann: den Zusammenhang zwischen Sünde und Tod, wie er in dem Satz zum Ausdruck kommt: „Jeder, der sündigt, soll sterben." Dieser Gedanke zieht sich durch den ganzen Predigttext, so wie er ja auch schon in der Paradieserzählung auftaucht: „an dem Tage, da du von ihm [nämlich von dem Baum der Erkenntnis des Guten und Bösen] isst, musst du des Todes sterben" (1. Mose 2,17). Und Adam und Eva essen von dem Baum, aber sie sterben nicht an diesem Tag, wohl aber sind sie von nun an *todgeweiht*. Mit ihrem Vertrauensbruch gegenüber Gott haben sie für sich den Tod gewählt. Das ist nicht leicht zu verstehen. Und ebenso schwer verständlich ist in unserem Predigttext der Satz: „Jeder, der sündigt, soll sterben." Der Tod tritt nicht ein, jedenfalls nicht sofort, sondern er wird für die Zukunft angekündigt. Aber Gott selbst *hofft*, dass diese Ankündigung *nicht* eintrifft. Er hofft auf die *Umkehr* des Menschen und auf dessen Leben.

Wenn wir solche Ankündigungen des Todes hören, klingt das in unseren Ohren wie die Drohung mit einer Todesstrafe, die es in unserer Gesellschaft seit dem Ende des Dritten Reiches Gott sei Dank nicht mehr gibt, wohl aber in vielen anderen Staaten. Ist Gott ein so strenger, unerbittlicher, gnadenloser Richter, dass er jede Sünde (jedenfalls jede schwere Sünde) drakonisch mit Todesstrafe bedroht? Aber inwiefern ist er dann zugleich ein barmherziger, vergebender Gott, dem das Leben des Sünders am Herzen liegt?

Das alles gibt dann einen guten Sinn, wenn wir uns bewusst machen, was das *Wesen der Sünde* ist und was mit dem *Tod* gemeint ist. Sünde ist nicht in erster Linie eine moralische Verfehlung, sondern Abkehr und Trennung von Gott dem Schöpfer, der die Quelle des Lebens ist. Wer sich für die Sünde und damit gegen Gott entscheidet, entscheidet sich – bewusst oder unbewusst – für den Tod und damit gegen das Leben (Jer 2,13f.).

Mit dem „Tod" ist dabei nicht unser kreatürliches Sterben gemeint, sondern der „zweite Tod" (Offb 20,14), der die ewige Trennung von Gott bedeutet. *Aber gerade das will Gott nicht, weil er seine Geschöpfe liebt.* Und darum haben die Aussagen über den Zusammenhang von Sünde und Tod nicht den Charakter einer Straf*androhung*, sondern den einer heilsamen *Warnung*: „Tu das nicht! Mit der Sünde wählst du die Trennung von Gott und damit den ewigen Tod."

Deshalb ist auch unser Predigttext noch nicht richtig verstanden, wenn man in ihm nur oder vor allem die Botschaft hört: Jeder empfängt von Gott sein Gerichtsurteil für seine eigenen Taten. Diese Botschaft ist zweifellos auch in diesem Predigttext enthalten, aber sie ist nicht der Punkt, auf den es dem Text, dem Propheten und Gott ankommt, wenn wir diese Worte hören. Und was ist dieser Punkt dann? Darüber sind sich alle Ausleger einig. Er kommt zum Ausdruck in dem Gotteswort: „Meinst du, dass ich Gefallen habe am Tode des Gottlosen, spricht Gott der HERR, und nicht vielmehr daran, dass er sich bekehrt von seinen Wegen und am Leben bleibt?" Das ist ja auch die Botschaft des Evangeliums vom verlorenen Sohn, das wir in der Schriftlesung gehört haben: die Freude im Himmel über die Umkehr und Lebensrettung des Sünders, der sich von seinem Vater getrennt hatte, davongelaufen war und nun zurückkehrt.

Aber wie kommt es zu dieser lebensrettenden Umkehr? Beim verlorenen Sohn ist es die *Erinnerung* an sein Zuhause, die dem Sohn kommt, als er alles verloren hat und schon dankbar wäre, wenn er sich vom Schweinefutter nähren könnte, aber niemand gibt es ihm. Und da erinnert er sich an Zuhause und macht sich nach Hause auf und will seinen Vater um Vergebung bitten. Der Vater aber, der nie aufgehört hat, auf die Rückkehr des Sohnes zu hoffen und zu warten, sieht ihn schon von ferne, eilt ihm entgegen, umarmt ihn vor Glück und lässt ein großes Fest feiern; denn „dieser mein Sohn war tot und ist wieder lebendig geworden; er war verloren und ist gefunden worden" (Lk 15,24).

In unserem alttestamentlichen Predigttext hat die erhoffte Umkehr den Charakter einer *Aufforderung*: „Macht euch ein neues Herz und einen neuen Geist." Ich bin über diesen Satz erschrocken. Wie soll ein Mensch sich selbst ein neues Herz und einen neuen Geist *machen*? Herz und Geist sind doch das Zentrum des Menschen, das alles bestimmt. Die müssten doch schon neu sein, wenn es bei ihm zur Umkehr kommen soll. *Da* sitzt doch das Misstrauen, das uns von Gott wegtreibt.

Aber wenn das in unserem Herzen sitzt und aus ihm herauskommt (Mk 7,21 f.), wie kann uns dann geholfen werden? Wenn wir im Propheten Hesekiel noch einmal 18 Kapitel weiterlesen, dann stoßen wir nicht auf eine *Aufforderung*, sondern auf eine *Verheißung*, die aber ganz ähnlich klingt:

> So spricht der HERR: ... ich will euch ein neues Herz und einen neuen Geist in euch geben und will das steinerne Herz aus eurem

> Fleisch wegnehmen und euch ein fleischernes Herz geben. Ich will
> meinen Geist in euch geben und will solche Leute aus euch ma-
> chen, die in meinen Geboten wandeln ... (Hes 36,26 f.).

Ja, *so* kann uns geholfen werden, dass uns ein neues Herz,
ein neuer Geist, nämlich der Geist Gottes *gegeben wird.*
Und das kann in jedem Gottesdienst, bei jeder Bibellese, bei
jedem Gebet, in jedem Gespräch geschehen.

Aber warum heißt es dann in unserem Predigttext:
„Macht euch ein neues Herz und einen neuen Geist"?
Das Wahrheitsmoment, das in dieser Aufforderung steckt,
kann man so formulieren: Gott ist es, der uns ein neues
Herz und einen neuen Geist geben muss. Wir können das
nicht *machen.* Aber Gott *zwingt* uns das auch nicht auf. Er
tut das nicht *gegen* unseren Willen und Widerstand. Er
klopft bei uns an und wartet darauf, ob wir ihm auftun.
Wir können uns ein neues Herz und einen neuen Geist von
Gott *geben lassen,* aber wir können uns dem auch *verweigern und verschließen.* Gott lockt und lädt ein, aber er tut
uns keine Gewalt an.

Und dann, wenn wir uns locken, einladen und verändern *lassen,* hat Gott sein Ziel mit uns Menschen erreicht:
Daran hat er Gefallen, dass Menschen sich bekehren von
ihren falschen Wegen und leben. Das passiert nicht nur einmal im Menschenleben, sondern immer wieder aufs Neue.
Und da ist dann jedes Mal Freude im Himmel.

Lieder: EG 115,1–4; EG 232,1–4; EG 144,1.4.7; EG 234,1.2.7
Wochenpsalm: 103
Schriftlesungen: Lukas 15,11–24 und 1. Timotheus 1,12–17

6. Sonntag nach Trinitatis

Wo können wir Gott begegnen?

Liebe Gemeinde,
der Predigttext für diesen Gottesdienst ist der wunderbare Psalm 139, der in der Bibel König David zugeschrieben wird. Wir haben ihn zu Beginn im Wechsel miteinander gesprochen. Während der Predigt werden wir ihn in vier Abschnitten hören, und ich will diese Teile dann jeweils auslegen. Sie können den Psalm anhand des Gesangbuchs während der Predigt mitverfolgen.

Wir hören Psalm 139,1–6:

> Herr, du erforschest mich und kennest mich. Ich sitze oder stehe auf, so weißt du es; du verstehst meine Gedanken von ferne. Ich gehe oder liege, so bist du um mich und siehst alle meine Wege. Denn siehe, es ist kein Wort auf meiner Zunge, das du, Herr, nicht schon wüsstest. Von allen Seiten umgibst du mich und hältst deine Hand über mir. Diese Erkenntnis ist mir zu wunderbar und zu hoch, ich kann sie nicht begreifen.

Gleich zu Beginn des Textes erklingt das Gesamtthema dieses Psalms und dieser Predigt: Die unbegrenzte *Nähe und Gegenwart* Gottes, die wir als seine *Allgegenwart* bezeichnen. Und damit ist die Frage, wo wir Gott finden und wie wir ihm begegnen können, eigentlich schon beantwortet: *überall*. Für Menschen, die Gott suchen und ihm begegnen möchten, ist das eine ermutigende Verheißung und Anleitung. Aber *wollen* denn alle Menschen Gott finden und ihm begegnen? Ist diese Vorstellung für manche nicht vielleicht eher unheimlich und unangenehm?

Freunde erzählten mir vor einiger Zeit, sie hätten ihren Sohn, nachdem er in die Schule gekommen war, allmählich daran gewöhnen wollen, dass er abends ab und zu alleine zuhause bleibt und einschläft, damit sie wieder öfter einmal ausgehen und gemeinsam etwas unternehmen könnten. Sie sagten ihrem Jungen rechtzeitig vorher, dass sie weggehen würden und an wen er sich wenden könne, wenn er etwas brauche. Und eines Abends sagte die Mutter beim Abschied am Bett zu dem Jungen: „Du musst keine Angst haben. Die Nachbarn sind ja da und schauen nach dir. Und der liebe Gott ist doch auch bei dir". Als die Mutter das Zimmer verlassen hatte, rief der Junge sie noch einmal zurück und sagte: „Schick mal den lieben Gott weg. Ich will lieber allein bleiben". Die Mutter hat das dann auch irgendwie gemacht, aber sie hat noch lange darüber nachgedacht.

Ob wir Gottes Nähe suchen und ihm begegnen möchten, hängt höchstwahrscheinlich davon ab, was für eine Beziehung zu Gott wir haben und was für Erfahrungen wir in unserem Leben mit Gott gemacht haben. Diese Prägung unseres Gottesbildes reicht bei den meisten Menschen bis in ihre frühe Kindheit zurück. Stellen wir uns Gott wie einen großen, alles sehenden Kontrolleur, einen „big brother", vor, der uns überwacht und argwöhnisch beobachtet, oder wie einen Aufseher, der sich freut, wenn er uns wieder einmal ertappt hat?

So könnte man schon die ersten Worte des Psalms auffassen: „du erforschest mich und kennest mich. Ich sitze oder stehe auf, so weißt du es ... Ich gehe oder liege, so bist du um mich und siehst alle meine Wege." Das klingt doch tatsächlich nach totaler Überwachung. Aber dieser Eindruck ist nur entstanden, weil ich aus dem Text ein kleines, aber wichtiges Stück weggelassen habe: „du verstehst meine Gedanken von ferne." So spricht man nicht, wenn man sich kontrolliert, überwacht oder ertappt fühlt, sondern so spricht man, wenn man sich verstanden fühlt. Und es ist ein wunderbares Gefühl und ein großes Glück, von einem Menschen oder von Gott verstanden zu werden. Das heißt doch: Jemand weiß, wie es mir geht. Er weiß, was ich eigentlich empfinde, fühle und wünsche. Er weiß es vielleicht sogar besser als ich selbst. Das ist Glück. So wie es ein großes Glück ist, einen anderen Menschen zu verstehen. Und das ist das erste, was der Psalm von Gott und Gottes Gegenwart sagt.

Das zweite, das sich damit verbindet: Gott ist eine beschützende und ermutigende *Macht*. So hat auch Dietrich Bonhoeffer die Gegenwart Gottes in seinem bekannten Lied beschrieben, das er wenige Monate vor seiner Hinrichtung im Gestapogefängnis verfasst hat: „Von guten Mächten wunderbar geborgen, erwarten wir getrost, was kommen mag. Gott ist bei uns am Abend und am Morgen und ganz gewiss an jedem neuen Tag." (EG 65,7) Und so erlebt es offenbar auch der Psalmist, wenn er zu Gott sagt: „Von allen Seiten umgibst du mich und hältst deine Hand über mir." Das ist keine bedrängende oder bedrohende Gegenwart, die uns die Luft zum Atmen und den Raum zum Leben nimmt, sondern eine behütende, beschützende Gegenwart, bei der wir uns geborgen wissen dürfen. Und zwar auch und gerade dann, wenn wir „im finstern Tal" wandern, wie es in Psalm 23, Vers 4 heißt, wenn es uns also nicht gut geht. Und die Art und Weise, wie wir diese Erfahrung machen können, ist vor allem das Gebet. Der ganze Psalm ist ja selbst ein Gebet. Denn im Gebet erfahren wir die Gegenwart Gottes, die keinen räumlichen Schranken unterliegt und uns darum näher ist, als wir selbst es sein können.

Lesung von Psalm 139,7–12:

> Wohin soll ich gehen vor deinem Geist, und wohin soll ich fliehen vor deinem Angesicht? Führe ich gen Himmel, so bist du da; bettete ich mich bei den Toten, siehe, so bist du auch da. Nähme ich Flügel der Morgenröte und bliebe am äußersten Meer, so würde auch dort deine Hand mich führen und deine Rechte mich halten. Spräche ich: Finsternis möge mich decken und Nacht statt Licht um mich sein –, so wäre auch Finsternis nicht finster bei dir, und die Nacht leuchtete wie der Tag. Finsternis ist wie das Licht.

Nun wendet sich der Blick des Beters von der Nähe in die *Ferne* und von der nächsten Umgebung in die *Weite.* Er durchstreift das Universum so, wie man es sich in der Antike vorstellte, als eine Scheibe, die auf einem weiten Meer schwimmt und vom Firmament des Himmels überwölbt wird und unter der sich die Unterwelt mit dem Totenreich befindet. Und der Beter findet, wohin er auch schaut, keinen Ort, an dem er von Gott verlassen wäre. Und das gilt natürlich ebenso im Blick auf *unser* Weltbild.

Wenn wir manchmal von einem wenig attraktiven Ort sagen, das sei ein „gottverlassenes Nest", dann erinnert uns der 139. Psalm daran, dass es das im wörtlichen Sinne gar nicht gibt. Gottes Gegenwart ist durch nichts begrenzt, und darum gibt es keinen Menschen, keinen Ort und keine Zeit, bei und in denen Gott nicht wäre: weder im Universum, noch in der Unterwelt, noch an irgendeinem Punkt der Erde.

Die Worte, die der Psalmist dabei verwendet, zeigen, dass es ihm nicht darum geht, Gott zu entkommen, er weiß ja, dass das gar nicht geht. Es geht vielmehr um die hochfliegenden Pläne, die kühnen Abenteuer und die Erforschung der Tiefen der Welt, bei denen er unsicher ist, ob er nicht Gott verlieren oder Gott verloren gehen könnte. Aber egal, ob er das Universum bereiste, die Unterwelt erforschte oder „Flügel der Morgenröte" nähme – was für ein wunderbares Bild! – und am äußersten Meer bliebe, Gott wäre da und seine starke, rechte Hand würde ihn *führen und halten.* Ist das nicht sehr tröstlich und ermutigend?

Ich sage bewusst nicht nur tröstlich, sondern auch ermutigend; denn wenn es so ist, dass wir auch in den entferntesten Weiten und Höhen und Tiefen nicht von Gott verlassen sind, sondern er uns *führt und hält,* dann können wir uns hinauswagen in Räume, die wir noch gar nicht kennen. Sicher ist manchmal die Warnung berechtigt: „Pass auf! Wag dich nicht *zu* weit hinaus, das kann gefährlich werden!" Aber auch das andere gilt: „Sei nicht zu ängstlich und kleinmütig. Gottes Hand führt und hält dich auch an den äußersten Grenzen. Du gehst ihm nicht verloren." Auch in der Finsternis und Nacht verliert Gott uns nicht aus dem Blick und müssen darum auch wir nicht fürchten, Gott aus dem Blick zu verlieren.

Wir hören Psalm 139,13–16:

> Denn du hast meine Nieren bereitet und hast mich gebildet im Mutterleibe. Ich danke dir dafür, dass ich wunderbar gemacht bin; wunderbar sind deine Werke; das erkennt meine Seele. Es war dir mein Gebein nicht verborgen, als ich im Verborgenen gemacht wurde, als ich gebildet wurde unten in der Erde. Deine Augen sahen mich, als ich noch nicht bereitet war, und alle Tage waren in dein Buch geschrieben, die noch werden sollten und von denen keiner da war.

Hier macht unser Psalm einen richtiggehenden Sprung – von der Weite des Kosmos in die verborgene Tiefe des Mutterleibes, und damit zugleich aus der unendlichen Ausdehnung des Weltraums in die Anfänge unserer Lebensgeschichte. Dieser Text sagt uns zusammen mit einer ganzen Reihe anderer ähnlicher biblischer Aussagen in den Sprüchen Salomos, bei Hiob und den Propheten, dass Gottes Geschichte mit uns Menschen jedenfalls nicht erst mit unserer Geburt beginnt, sondern schon mit unserer Entstehung und Bildung im Mutterleib, also als Embryonen und Föten, obwohl die für den Menschen der Antike ja noch nicht (durch Ultraschall) sichtbar gemacht, sondern allenfalls ertastet werden konnten.

Dabei wird überraschenderweise gleich zu Beginn *ein* Organ hervorgehoben, an das wir sicher nicht zuerst gedacht hätten: „du hast meine Nieren bereitet". Warum werden ausgerechnet die Nieren genannt? Für den Menschen der Antike sind die Nieren neben und zusammen mit dem Herzen der Sitz des Gewissens und damit der Schulderkenntnis. Mehrfach heißt es im Alten Testament, dass Gott „Herzen und Nieren prüft", und auch wir sagen manchmal, dass wir etwas „auf Herz und Nieren geprüft haben". Im Herzen und in den Nieren kann sich durch Schmerzen oder Stechen das Bewusstsein melden, dass wir etwas getan haben, das wir selbst für falsch halten. Hier zeigt sich schon im Alten Testament ein Wissen um die psychosomatischen Zusammenhänge im Menschen, die durch die Medizin in den zurückliegenden Jahrzehnten wieder in ihrer Bedeutung für Gesundheit und Krankheit entdeckt und erforscht worden sind. Und wir wissen inzwischen alle, wie gut es ist, auf die Stimme und die Botschaften unseres Leibes und seiner Organe zu hören. Und die Nieren sind dabei – zusammen mit dem Herzen – besondere Orte für die Erfahrung von Schuld und schlechtem Gewissen. Dass wir dafür ein Organ haben und empfänglich sind, ist ein Werk und eine Gabe Gottes, sagt unser Psalm. Wie schade, wenn das abstumpft oder von einem Menschen nicht mehr gehört wird!

Aber Gott ist nicht nur am Anfang und Ursprung unseres Lebens gegenwärtig, sondern er begleitet uns auch in die *Zukunft* hinein: „alle Tage waren in dein Buch geschrieben, die noch werden sollten und von denen keiner da war". Heißt das, dass alles, was in unserem Leben noch geschehen wird, alles, was wir tun und lassen werden, schon im Voraus festgelegt ist – noch bevor wir überhaupt gezeugt und geboren wurden? Wenn das so zu verstehen

wäre, hieße das doch, dass wir vollkommen vorherbestimmt sind. Aber welchen Sinn hätte es dann, dass Jesus
die Menschen auffordert: „Kehrt um, denn die Gottesherrschaft ist nahe herbei gekommen!" (siehe Mk 1,15); oder
wenn Gott sagt: „Heute, wenn ihr meine Stimme hören
werdet, verstockt eure Herzen nicht!" (siehe Hebr 3,7 f.)?
Dann wäre es doch Gott selbst, der unsere Umkehr vollzieht oder sie verhindert. Dann wäre es doch Gott selbst,
der unsere Herzen verstockt oder öffnet!

Richtig daran ist, dass Gott uns einladen, rufen und lok-
ken muss, damit wir uns ihm zuwenden können, aber auf
die Einladung und den Ruf Gottes zu hören und zu antworten, das ist doch unsere Sache. Und diese Antworten hat
Gott nicht festgelegt und vorherbestimmt, auch nicht, indem er alle unsere Tage in sein Buch schreibt.

Wie soll man sich dieses Buch Gottes vorstellen, in das
alle unsere Tage geschrieben sind? Es heißt ja nicht, dass alle
Ereignisse und Entscheidungen aufgeschrieben sind, sondern alle *Tage*. Ich habe vor vielen Jahren ein gedrucktes Tagebuch mit Texten von C. S. Lewis geschenkt bekommen.
Darin ist für jeden Tag ein Motto, eine Leitfrage, ein Impuls
oder eine Aufgabe notiert, und daneben gibt es *viel freien
Platz*, an dem man eigene Gedanken und Einsichten, wichtige Erlebnisse und Entscheidungen notieren kann. So etwa
stelle ich mir das Buch Gottes vor, in das unsere Tage geschrieben sind. Und wenn es so ist, dann zeigt sich: Wir sind
keine Marionetten, sondern zur Freiheit bestimmte, verant-
wortliche Geschöpfe und Kinder Gottes, die in das Tagebuch
schreiben sollen, das Gott für uns vorbereitet hat.

Wir hören Psalm 139,17–18 und 23–24:

Aber wie schwer sind für mich, Gott, deine Gedanken. Wie ist ihre
Summe so groß! Wollte ich sie zählen, so wären sie mehr als der
Sand: Am Ende bin ich noch immer bei dir ... Erforsche mich, Gott,
und erkenne mein Herz; prüfe mich und erkenne, wie ich's meine.
Und sieh, ob ich auf bösem Wege bin, und leite mich auf ewigem
Wege.

Es ist kein Wunder, dass der Psalmist gerade an dieser Stelle
einen tiefen Seufzer darüber hören lässt, wie schwer Gottes
Gedanken für ihn sind und wie groß ihre Summe ist. Und
darum vergleicht er ihre Zahl mit dem Sand am Meer. Der
Kirchenvater Augustinus sah einmal ein Kind am Ufer des
Meeres sitzen und mit einer Muschel spielen. Als er das
Kind fragte, was es mache, sagte das Kind: „Ich schöpfe das
Meer aus." Und Augustinus meint: „So verhalten wir Menschen uns, wenn wir den dreieinigen Gott begreifen und
erfassen wollen." Vielleicht ist es eine typisch menschliche
Verlockung, den Sand zählen oder das Meer ausschöpfen
zu wollen. Aber irgendwann geben wir erschöpft oder ent-
täuscht auf, weil es nicht geht.

Und dann? Dann, sagt unser Psalm, sind wir trotzdem
immer noch bei Gott. Diese Worte gefallen mir besonders
gut: „Am Ende bin ich noch immer bei dir." Selbst dann,
wenn wir bei unseren Versuchen, Gott zu begreifen, immer
wieder scheitern, weil wir an die Grenzen unseres Verstan-
des stoßen und dort stranden, heißt das doch nicht, dass
wir Gott verloren hätten. Am Ende – wie am Anfang – sind
wir immer noch bei Gott, weil er bei uns ist. Wie in einem

großen Kreis ist unser Psalm von der Nähe in die Weite, in die Höhe und Tiefe, in die Vergangenheit und Zukunft gegangen und ist wieder beim Anfangspunkt angekommen: bei Gottes Gegenwart.

Bei der Vorbereitung auf diese Predigt habe ich zum ersten Mal entdeckt, wie wunderbar sich in diesem Psalm der Bogen vom Ende zum Anfang schließt. Erinnern Sie sich noch an den Anfang? „Herr, du erforschest mich und kennest mich", und nun endet der Psalm mit der Bitte: „Erforsche mich, Gott, und erkenne mein Herz". Mit *denselben Worten*, mit denen der Psalm begann, schließt er auch. Aber aus der *Feststellung* („du erforschest und kennest mich") ist nun eine *Bitte* geworden („Erforsche mich, Gott, und erkenne mein Herz"). Deutlicher kann man nicht zeigen, dass einem bewusst geworden ist, wie gut es für uns ist, dass Gott uns erforscht und unser Herz erkennt. Er möge uns prüfen, ob wir auf Abwege geraten sind, und möge uns auf den rechten Weg führen. Wer so betet, rechnet mit der Möglichkeit, dass er in seinem Herzen, vielleicht sogar ohne es zu wissen und zu wollen, auf *böse* Wege geraten könnte, und bittet Gott um ein neues Denken und Wollen, eines, das ihn auf „ewige Wege" führt. Das heißt: auf Wege, die nicht vergehen, wenn unser Leben auf dieser Erde zu Ende geht, sondern die zu Gott führen und bei ihm bleiben – in Ewigkeit.

Lieder: EG 168,1–3; 165,1.6–8; 533,1–3; 168,4–6
Wochenpsalm: 139
Schriftlesungen: Matthäus 28,16-20 und Apostelgeschichte 17,16–31

Vom Ort zur Art der Anbetung

Liebe Gemeinde,
der Predigttext für den heutigen Gottesdienst (am sog. Israelsonntag oder Pfingstmontag) steht im 4. Kapitel des Johannesevangeliums. Es handelt sich dabei um einen Ausschnitt aus einem langen Gespräch, das Jesus in der Nähe von Sychar in Samarien mit einer Frau führt, die aus dieser Stadt stammt. Den Ort und die Uhrzeit, an denen dieses Gespräch geführt wird, nennt der Evangelist auch, denn sie sind wichtig. Der Ort ist ein Brunnen auf dem Feld, das Jakob, der Stammvater der Juden, Jahrhunderte zuvor seinem Sohn Josef geschenkt hatte. Damit ist sowohl das Thema „Wasser" als auch das Thema „Tradition" vorgegeben. Es ist um die sechste Stunde, also um 12.00 Uhr mittags, als Jesus und die Frau sich dort begegnen. Die Frau kommt dorthin, um Wasser zu schöpfen, aber warum – um Gottes willen – zu dieser unmöglichen Zeit, wenn die Sonne brütend im Zenit steht? Sie hat offenbar Grund dazu, ihr Wasser zu einem Zeitpunkt zu holen, an dem sie nicht damit rechnen muss, den anderen Einwohnern des Ortes zu begegnen, um sich deren abschätzigen Blicken und verächtlichen Worten auszusetzen. Denn ihr Lebenswandel ist offenbar nicht in Ordnung: Eine ganze Reihe Männer hat sie schon gehabt, und nun lebt sie mit einem

zusammen, der nicht ihr rechtmäßiger Mann ist. Was für ein ungestillter Lebens- und Liebeshunger kommt darin zum Ausdruck!

Und dann begegnet sie an diesem Brunnen doch einem Menschen, einem jüdischen Mann auf der Durchreise, der dort Rast macht, weil er müde ist. Er ist allein, seine Begleiter sind in die Stadt gegangen, um Essen zu kaufen. Und er spricht die Frau an und bittet sie um Wasser. Sie ist erstaunt, ja irritiert: Ein jüdischer Mann bittet sie als Samariterin um Wasser? Was für eine Grenzüberschreitung! Juden haben doch keine Gemeinschaft mit Samaritern. Sie verachten diese kultisch unreine Mischbevölkerung. Und die Frau bringt das auch genau so zum Ausdruck: „Wie, du bittest mich um etwas zu trinken, der du ein Jude bist und ich eine samaritische Frau?" (Joh 4,9)

Mit Jesu Antwort auf diese Frage kippt das Gespräch auf merkwürdige Weise um und wird hintersinnig, mehrdeutig. Jesus sagt. „Wenn du erkenntest die (in meiner Bitte enthaltene) Gabe Gottes und wer der ist, der zu dir sagt: Gib mir zu trinken!, du bätest ihn, und der gäbe dir lebendiges Wasser" (Joh 4,10), das heißt wörtlich: Quellwasser und im übertragenen Sinn: Wasser, das den Durst für immer stillt. Die Frau ist nun noch verwirrter, aber solches Zauberwasser möchte sie gerne von Jesus bekommen, um künftig nicht mehr in der Mittagshitze hier herauskommen und Wasser schöpfen zu müssen. Jesus verweigert ihr diese Bitte nicht, sondern fordert sie auf, ihren Mann zu holen und wiederzukommen. „Ich habe keinen Mann", sagt die Frau, und Jesus antwortet: „Ja ... fünf Männer hast du gehabt, und der, den du jetzt hast, ist nicht dein Mann; das hast du recht gesagt." (Joh 4,17 f.)

Die Frau macht keinen Versuch, das zu leugnen. Im Gegenteil. Sie ist nun davon überzeugt, dass sie es in Jesus mit einem Propheten zu tun bekommen hat, einem, der hinter die Fassade schaut, der Menschen in der Tiefe erkennt – auch sie mit ihrem verachteten, mehr oder weniger verpfuschten Leben.

Und an dieser Stelle setzt unser Predigttext ein, Johannes 4,19–26:

> Die Frau spricht zu ihm: Herr, ich sehe, dass du ein Prophet bist. Unsere Väter haben auf diesem Berge angebetet, und ihr sagt, in Jerusalem sei die Stätte, wo man anbeten soll. Jesus spricht zu ihr: Glaube mir, Frau, es kommt die Zeit, dass ihr weder auf diesem Berge noch in Jerusalem den Vater anbeten werdet. Ihr wisst nicht, was ihr anbetet; wir wissen aber, was wir anbeten; denn das Heil kommt von den Juden. Aber es kommt die Zeit und ist schon jetzt, in der die wahren Anbeter den Vater anbeten werden im Geist und in der Wahrheit; denn auch der Vater will solche Anbeter haben. Gott ist Geist, und die ihn anbeten, die müssen ihn im Geist und in der Wahrheit anbeten. Spricht die Frau zu ihm: Ich weiß, dass der Messias kommt, der da Christus heißt. Wenn dieser kommt, wird er uns alles verkündigen. Jesus spricht zu ihr: Ich bin's, der mit dir redet.

Liebe Gemeinde,

man hat den Eindruck, dass die Frau nicht die Chance nutzen will, in ein seelsorgliches Gespräch über ihr bisheriges Leben einzutreten, dass sie vielmehr ausweicht auf eine interessante Frage nach dem Motto: „Was ich schon immer wissen wollte: Wer hat denn nun eigentlich Recht: wir

Samariter, die wir auf dem Berg Garizim anbeten, oder ihr Juden, die ihr auf dem Berg Zion in Jerusalem anbetet?" Das kennt man als Seelsorger: Wenn es heikel und persönlich wird, dann weichen Menschen gerne auf solche allgemeinen Fragen aus, die sie irgendwo aufgeschnappt haben und zu denen sie gerne die Meinung eines kundigen Menschen wissen möchten: Warum es so *viele* Religionen gibt, wo es doch nur *einen* Gott gibt, und welche Religion denn nun die richtige und wahre ist. In diesem Fall also die jüdische oder die samaritanische, die Anbetung Gottes in Jerusalem oder auf dem Garizim.

Jesus bohrt nicht in ihrer Lebensgeschichte nach, sondern nimmt ihre Frage, die wie ein Ablenkungsmanöver klingt, auf, aber er führt diese Frage auch weiter. Er überschreitet im Gespräch mit dieser Frau eine weitere Grenze.

Dabei bekennt er sich zunächst ganz eindeutig zu seinem jüdischen Glauben: „Das Heil kommt von den Juden." Aus dem Mund eines Juden klingt das sehr selbstbewusst, fast hochmütig und herablassend. Aber es geht hier nicht um Hochmut, sondern um Glaubensgewissheit. Jesus macht aus seiner Überzeugung keinen Hehl, sondern steht zu ihr in einer Weise, wie wir als Christen das heute nur noch selten tun.

Und gerade aus christlicher Sicht muss man sagen: Jesus hat Recht, das Heil kommt von den Juden. Ob es der Glaube an Gott den Schöpfer ist, ob es die Zehn Gebote sind oder das Liebesgebot, und – vor allem – die Verheißung und Geburt des Messias, des Christus: Das alles kommt von den Juden.

Dass das im Johannesevangelium so deutlich ausge-drückt ist (deutlicher als in allen anderen Evangelien), ist schon deshalb erstaunlich, weil gerade im Johannesevan-gelium „die Juden" in der Regel als Gegner, ja als Feinde Jesu auftreten, die ihn bekämpfen und beseitigen wollen. Und trotzdem gilt: Das Heil kommt von den Juden. Frei-lich gilt zugleich das, was am Anfang des Johannesevange-liums gesagt wird: „Er kam in sein Eigentum; und die Sei-nen nahmen ihn nicht auf." (Joh 1,11) Und weil Jesus als der Christus von Israel weitgehend abgelehnt wird, darum kommt das Heil zu den Heiden, also auch zu uns, die wir der leiblichen Abstammung nach nicht zu Israel gehören.

Auf diese Öffnung weist Jesus in seinem Gespräch mit der Samariterin voraus, indem er von einer kommenden Zeit spricht, in der die Frage nach dem richtigen *Ort* der Anbetung Gottes überboten und überwunden werden wird durch die Einsicht, dass es auf etwas ganz anderes an-kommt, nämlich auf die richtige *Art,* Gott anzubeten. Die Orte haben in der Religions- und Christentumsgeschichte oft eine große Rolle gespielt und tun das auch heute noch. Wir müssen nur an den Tempelberg in Jerusalem denken. Aus den Streitigkeiten und Kämpfen um die rechten Orte der Gottesanbetung ist viel Herzeleid und Blutvergießen entstanden. Aber es kommt, wenn es nach Jesus geht, *nicht* auf den *Ort* an, *sondern* auf die *Art*, wie wir Gott anbeten.

Und was für eine Art ist das? „Im Geist und in der Wahr-heit", sagt Jesus; denn „Gott ist Geist, und die ihn anbeten, die müssen ihn im Geist und in der Wahrheit anbeten". Das sind ganz gewichtige und zugleich das Denken und das Fühlen unglaublich weitende Sätze. Konnte die Frau sie verstehen? Können wir sie verstehen?

Unser alltägliches Denken und Leben scheint weitgehend an *räumliche und zeitliche Gegebenheiten und Grenzen* gebunden zu sein. Und das ist gut so und zu respektieren; denn sonst fänden wir uns in unserer Welt gar nicht zurecht. Aber es gibt noch ein *anderes* Denken und Leben. Das trägt den Namen „Geist". Es ereignet sich nicht nur an den Rändern des Lebens oder bei irgendwelchen merkwürdig veranlagten Menschen, sondern das gebrauchen wir täglich, wenn wir in unseren Gedanken räumliche Grenzen überschreiten und auf eine nichtkörperliche Weise mit anderem und anderen verbunden sind. So schon, wenn wir an andere Menschen denken, die nicht anwesend sind; wenn wir uns erinnern an Personen oder Ereignisse, die der Vergangenheit angehören; wenn wir über unsere Hoffnungen und Pläne nachsinnen; wenn wir erspüren, was für eine Ausstrahlung, was für eine Atmosphäre, was für einen „Geist" ein einzelner Mensch, eine Gruppe oder auch ein Raum vermittelt. Geist ist die Weise, wie uns das Ganze des Lebens oder der Welt erschlossen sein kann, ohne dass es unserer sinnlichen Wahrnehmung direkt zugänglich und für uns verfügbar wäre.

Und so ist Gott, sagt Jesus: „Gott ist Geist", eine Wirklichkeit, die sich uns nur erschließt, indem wir uns *auf sie einlassen* und indem wir sie *in uns einlassen*. Das ist die Art, wie Gott ist und wie er angebetet werden muss.

Aber es kommt noch eine wichtige Ergänzung hinzu: „im Geist und in der Wahrheit". Was hat der Geist mit der

Wahrheit zu tun? Und warum *will* Gott nicht nur, sondern *muss* im Geist und in der Wahrheit angebetet werden? Antwort: Weil das einzige Gespräch, in dem die Lüge oder irgendeine andere Form der Täuschung völlig sinnlos ist, das *Gebet zu Gott* ist. Gott können wir nichts vormachen, aber – und das ist noch wichtiger – ihm brauchen wir auch nichts vorzumachen, weil er uns sogar noch besser kennt als wir uns selbst.

Das kann beim ersten Hören vielleicht bedrohlich klingen: nach einer Instanz, die alles sieht und alles kontrolliert, der nichts entgeht und die alle zur Rechenschaft zieht. Viele Menschen sind schon als Kinder mit einem solchen Gottesbild diszipliniert und geängstigt worden. Das sollte wohl ein Erziehungshelfer sein, unter dem aber mancher ein Leben lang gelitten hat und durch den ihm der Zugang zu Gott sogar verbaut wurde.

Der Gott, den Jesus Christus verkündigt, bringt und verkörpert, hat mit einem solchen Überwacher oder Oberbestrafer nichts zu tun. Denn dieser Gott ist, wie der 1. Johannesbrief (Kap. 4,8.16) sagt, Liebe, oder – wie Martin Luther es gelegentlich ausgedrückt hat – „ein glühender Backofen voller Liebe". Und darum können Menschen, die Gott in Jesus Christus begegnen, sich auf diesen Gott zuversichtlich einlassen.

Und wie ging das mit der Frau am Jakobsbrunnen weiter und zu Ende? Als Jesus sich ihr als der Messias zu erkennen gegeben hat, der Gottes Wesen in dieser Welt verkörpert, „da", so heißt es (in Johannes 4,28–30), „ließ die Frau ihren Krug stehen und ging in die Stadt und spricht zu den Leuten", deren Verachtung sie so lange zu spüren bekommen hatte: „Kommt, seht einen Menschen, der mir alles gesagt hat, was ich getan habe, ob er nicht der Christus sei! Da gingen sie aus der Stadt heraus und kamen zu ihm." Und sie bitten Jesus, er möge für einige Tage bei ihnen bleiben, und Jesus lässt sich bitten. Und dann heißt es: „Und noch viel mehr glaubten um seines Wortes willen und sprachen zu der Frau: Von nun an glauben wir nicht mehr um deiner Rede willen; denn wir selber gehört und erkannt: Dieser ist wahrlich der Welt Heiland." (Joh 4,41 f.)

So sind Menschen damals in Jesus Christus dem Gott begegnet, der Geist ist und durch seinen Geist wirkt. Und weil sie sich darauf eingelassen haben und davon dann auch anderen erzählten, entstand damals die christliche Kirche, und so ist das heute noch. Und wir sind mitten dabei.

[Abschluss am Israelsonntag: Sie ist entstanden aus der Erwählung Israels, die durch Jesus Christus *allen* Menschen zuteil wird und darum auch Israel nicht ausschließt, sondern umfasst.]

Lieder: EG 166,1–6; EG 129, 1–4; EG 264,1–3
Wochenpsalm: 74
Schriftlesungen: 1. Könige 8,22–30 und Römer 11,25–32

Die drei Bestimmungen des Menschen

Predigttext: 1. Mose 2,4b–9 und 15–25

Es war zu der Zeit, da Gott der HERR Erde und Himmel machte. Und alle die Sträucher auf dem Felde waren noch nicht auf Erden, und all das Kraut auf dem Felde war noch nicht gewachsen; denn Gott der HERR hatte noch nicht regnen lassen auf Erden, und kein Mensch war da, der das Land bebaute; aber ein Nebel stieg auf von der Erde und feuchtete alles Land. Da machte Gott der HERR den Menschen aus Erde vom Acker und blies ihm den Odem des Lebens in seine Nase. Und so ward der Mensch ein lebendiges Wesen. Und Gott der HERR pflanzte einen Garten in Eden gegen Osten hin und setzte den Menschen hinein, den er gemacht hatte. Und Gott der HERR ließ aufwachsen aus der Erde allerlei Bäume, verlockend anzusehen und gut zu essen, und den Baum des Lebens mitten im Garten und den Baum der Erkenntnis des Guten und Bösen.

Und Gott der HERR nahm den Menschen und setzte ihn in den Garten Eden, dass er ihn bebaute und bewahrte. Und Gott der HERR gebot dem Menschen und sprach: Du darfst essen von allen Bäumen im Garten, aber von dem Baum der Erkenntnis des Guten und Bösen sollst du nicht essen; denn an dem Tage, da du von ihm isst, musst du des Todes sterben. Und Gott der HERR sprach: Es ist nicht gut, dass der Mensch allein sei; ich will ihm eine Gehilfin machen, die um ihn sei. Und Gott der HERR machte aus Erde alle die Tiere auf dem Felde und alle die Vögel unter dem Himmel und brachte sie zu dem Menschen, dass er sähe, wie er sie nennte; denn wie der Mensch jedes Tier nennen würde, so sollte es heißen. Und der Mensch gab einem jeden Vieh und Vogel unter dem Himmel und Tier auf dem Felde seinen Namen; aber für den Menschen

ward keine Gehilfin gefunden, die um ihn wäre. Da ließ Gott der
HERR einen tiefen Schlaf fallen auf den Menschen, und er schlief
ein. Und er nahm eine seiner Rippen und schloss die Stelle mit
Fleisch. Und Gott der HERR baute eine Frau aus der Rippe, die er
von dem Menschen nahm, und brachte sie zu ihm. Da sprach der
Mensch: Das ist doch Bein von meinem Bein und Fleisch von meinem Fleisch; man wird sie Männin nennen, weil sie vom Manne
genommen ist. Darum wird ein Mann seinen Vater und seine
Mutter verlassen und seiner Frau anhangen, und sie werden sein
ein Fleisch. Und sie waren beide nackt, der Mensch und seine Frau,
und schämten sich nicht."

Liebe Gemeinde,
dass das alte Israel an den Anfang seiner Bibel, also unseres
Alten Testaments, gleich *zwei* Schöpfungserzählungen gestellt hat, ist jedenfalls erstaunlich – für die einen eher inspirierend, für andere eher irritierend. Da gibt es zunächst
die Schöpfungserzählung aus 1. Mose 1, die mit der Erschaffung des Lichts beginnt und mit der Erschaffung des
Menschen endet. Und daneben gibt es die eben verlesene
Schöpfungs- bzw. Paradieserzählung aus 1. Mose 2, die mit
der Erschaffung des Menschen *beginnt* und zur Anlage eines Paradiesgartens hinführt, in dem die Frau eine aus-
schlaggebende Rolle spielen wird. Diese zweite, ältere Erzählung lässt sich mit jener ersten, späteren Erzählung
nicht harmonisieren, auch wenn man das immer wieder
versucht hat. Die von einem französischen Arzt (Jean
Astruc) entdeckte Tatsache, dass in beiden Erzählungen
Gott mit einem unterschiedlichen Namen benannt wird,
war schließlich ein unübersehbarer Hinweis auf das Fak-
tum, dass wir es mit zwei unterschiedlichen Erzählungen

aus zwei verschiedenen Quellen zu tun haben, die sich nicht miteinander in Einklang bringen lassen.

In der ersten Schöpfungserzählung bewegt sich alles auf den Menschen als Mann und Frau zu. Er ist das letzte Werk der Schöpfung. Zuvor werden das Licht und das Firmament, Meer und Land, die Gestirne, Fische, Vögel und die Landtiere erschaffen; dann erst kommt der Mensch. Ganz anders in der eben verlesenen Erzählung aus 1. Mose 2. Hier beginnt die Schöpfung mit der Erschaffung des Menschen zu einem Zeitpunkt, als es weder Pflanzen noch Tiere gibt. Um den Menschen herum legt Gott dann einen Garten an, lässt in ihm Pflanzen sprießen und füllt ihn mit Tieren. Schließlich bildet Gott aus einer Rippe des Mannes die Frau, an der der Mann seine helle Freude hat. Zwei ganz unterschiedliche Vorstellungen und Erzählungen von Schöpfung.

Aber noch etwas anderes ist erstaunlich. Aus unserer Schöpfungserzählung erfahren wir das nicht, was uns brennend interessiert: wie alles begann, wie Gott Energie und Materie erschaffen hat. Ganz unbekümmert wird hier vorausgesetzt, dass es die Erde gibt und dass Gott aus der befeuchteten Erde wie ein Künstler oder Töpfer den Menschen formt und ihm dann den Lebensodem einhaucht. Man sieht förmlich, wie Gott sich bei der Schöpfung die Hände schmutzig macht. Darf man so von Schöpfung und vom Schöpfer reden? Die Bibel tut es.

Und noch etwas Drittes ist erstaunlich. Während laut 1. Mose 1 Gott jedes seiner Schöpfungswerke, nachdem er es vollbracht hat, begutachtet und für gut und schließlich insgesamt sogar sehr gut befindet, ist das hier anders. Von dem Menschen, den Gott erschaffen hat, sagt er selbst: „Es ist nicht gut, dass der Mensch allein sei." Der Mensch allein ohne ein passendes Gegenüber ist noch nicht gut.

Und Gott versucht Abhilfe zu schaffen, indem er die Tiere ebenfalls aus Erde formt und zum Menschen bringt. Der Mensch gibt ihnen allen einen Namen, aber er findet unter ihnen kein passendes Gegenüber, aufgrund dessen man sagen könnte: Nun ist es gut so. Auch dieser Versuch ist offenbar noch nicht zufriedenstellend geraten. Und so unternimmt Gott einen weiteren, indem er aus der Rippe des Menschen die Frau erschafft. Und nun ist Adam begeistert: „Das ist doch Bein von meinem Bein und Fleisch von meinem Fleisch." Endlich hat er das passende Gegenüber gefunden. Nun erst ist die Schöpfung gut.

Ob uns das gefällt oder nicht, liebe Brüder, so steht es da. Der *Mensch* alleine ohne die Frau als Gegenüber, und d. h. doch wohl: der *Mann* alleine ohne die Frau als Gegenüber ist noch nicht gut. Er ist nicht *der* Mensch, wie Gott ihn haben will. Das ergibt sich aus dem Verlauf und Ende dieser Schöpfungserzählung. Und es tut uns gut, das zu hören und ernst zu nehmen. Wenn die Feministische Theologie das schon vor Jahrzehnten als Steilvorlage für den Scherz genutzt hat: „Als Gott den Mann schuf, übte sie noch", dann darf man jedenfalls kontern: „Und als Gott die Frau schuf, konnte er es schon."

Noch einmal: Darf man so von Schöpfung und vom Schöpfer reden, als experimentierte und probierte Gott, als übte er noch und als gelänge es ihm erst allmählich, die Welt so zu erschaffen, dass sie gut ist? Die Bibel redet jedenfalls so von der Schöpfung und vom Schöpfer, und das kann man – wie gesagt – entweder als inspirierend oder als irritierend empfinden.

Jedenfalls wird uns damit aber eines unübersehbar deutlich gemacht: Die Frage, an der wir verständlicherweise brennend interessiert sind, wie nämlich die Welt uranfänglich entstanden ist, liegt offenbar außerhalb des Interesses der Bibel. Den biblischen Schöpfungserzählungen geht es nicht um die Frage, *wie* die Welt und der Mensch *entstanden* sind, sondern *wozu* die Welt und *wozu* vor allem der Mensch in ihr von Gott *bestimmt* ist. Nicht Naturkunde oder gar Naturwissenschaft wird hier vorgetragen, sondern die von Gott gegebene Bestimmung des Menschen wird in diesen beiden Schöpfungserzählungen dargestellt, und zwar in auffälliger Übereinstimmung miteinander.

Auf die Frage, *worin* diese Bestimmung des Menschen besteht, gibt unser Text zunächst *zwei* Antworten, die man gar nicht übersehen kann.

Die *erste* Antwort lautet: „Und Gott der Herr nahm den Menschen und setzte ihn in den Garten Eden, dass er ihn bebaute und bewahrte." Also, es ist die Bestimmung des Menschen, im Garten zu arbeiten, und wer einen Garten hat, weiß, was das heißt. Das Paradies ist jedenfalls kein Schlaraffenland mit herumfliegenden gebratenen Tauben, sondern ein Garten, der bepflanzt und gepflegt werden will.

Das haben wir Schwaben immer schon vermutet und auch so gesagt und vor allem so gemacht: Wir sind dazu da, die Erde zu bebauen – die Äcker, die Gärten und die Weinberge. Aber auch anderes sollen wir herstellen oder bauen: Kleider und Schuhe, Geräte, Maschinen und Werkzeuge, Häuser und Straßen, ja sogar Institutionen und Organisationen, Schulen und Universitäten. Und wir sollen das, was wir gebaut haben, schützen, es bewahren gegen Verfall, vor Naturkatastrophen und Vandalismus. Es gehört zur Ehre des geschaffenen Menschen, dass er dazu bestimmt ist, im Rahmen seiner Kräfte und Möglichkeiten zu arbeiten, die Erde zu gestalten und sich so seinen Lebensunterhalt zu verdienen. Das ist die *erste*, aber *nicht die höchste* Bestimmung des Menschen.

Weil der Mensch, selbst wenn er arbeitet, noch nicht „gut" ist, solange er alleine und beziehungslos ist, darum gibt die Schöpfungserzählung recht ausführlich eine *zweite* Antwort auf die Frage nach der Bestimmung des Menschen. Er ist bestimmt zur Gemeinschaft, zur Partnerschaft, zur Ehe, zur Liebe einschließlich der Erotik und Sexualität – ohne Vorbehalt und Scham. Und so lautet die zweite, diesmal ganz unschwäbische Antwort auf die Frage nach der Bestimmung des Menschen: Noch wichtiger als die Bestimmung zur Arbeit ist die Bestimmung zur *Liebe*. Auch sie enthält *zwei* Elemente. So wie bei der Arbeit vom Bebauen und vom Bewahren die Rede war, so ist nun die Rede vom *Verlassen* der Herkunftsfamilie, also der Eltern, und vom *Anhangen* an das neue Gegenüber, den Mann oder die Frau, um mit ihm bzw. ihr ein Fleisch zu werden.

Auffällig ist dabei, dass in einer patriarchal geprägten Gesellschaft, wie es das alte Israel war, gesagt wird, dass „ein Mann seinen Vater und seine Mutter verlassen und seinem Weibe anhangen" werde. Nicht die Frau wird aufgefordert, die Eltern zu verlassen und ihrem Mann anzuhangen. Das ist zwar *auch* nötig, besonders in Form der Lösung der Töchter von ihren Vätern. Aber offenbar noch wichtiger, weil noch schwieriger, ist die Ablösung der Söhne von ihren *Müttern*, wodurch sie erst fähig werden, eine neue Beziehung, eine reife Partnerschaft mit einer anderen Frau einzugehen.

Dieser Satz vom Verlassen und Anhangen und Ein-Fleisch-Werden wird im Neuen Testament mehrfach zitiert, vor allem von Jesus (Mt 19,5 f. und Mk 10,7 f.). Dadurch wird deutlich, dass es sich hier nicht um irgendeinen belanglosen Bestandteil handelt, der uns nichts mehr angeht, sondern dass gerade diese Bestimmung des Menschen im Neuen Testament – auch von Jesus selbst – ausdrücklich aufgenommen und bestätigt wird.

Arbeiten und Lieben, das ist die offensichtliche *zweifache Antwort*, die unser Predigttext auf die Frage nach der Bestimmung des Menschen in dieser Welt gibt. Aber daneben gibt es eine *dritte Antwort*, die noch gewichtiger und bedeutsamer ist. Sie liegt in unserem Text nicht so offen zu Tage, ergibt sich aber ganz eindeutig, wenn man den Zusammenhang zum dritten Kapitel, also zur Sündenfall-Erzählung, mit in den Blick fasst.

Sichtbar wird diese dritte Antwort dort, wo von dem merkwürdigen Baum der Erkenntnis die Rede ist, von dem der Mensch nach Gottes Willen nicht essen soll, weil er sonst des Todes sterben werde. Wie ist das zu verstehen? Geht es hier um eine Gehorsamsprobe, wie wir sie auch aus manchen Märchen kennen, wo ausdrücklich erlaubt wird, alle möglichen Türen zu öffnen, nur die *eine* verbotene nicht? Wird so hier erlaubt, von allen Bäumen zu essen, nur von dem *einen* verbotenen nicht? Wobei man von vornherein schon ahnt, dass genau *diese* Tür geöffnet und von *diesem* einen Baum gegessen werden wird, weil das Verbotene so unwiderstehlich lockt. Aber es geht in dem biblischen Text nicht um eine *Gehorsamsprobe*, sondern um eine *Vertrauensprobe*. So wie Eltern ihren kleinen Kindern sagen: Esst nicht von diesen Beeren, die sind giftig und ihr werdet davon krank oder könnt sogar sterben, so *warnt* Gott die Menschen vor dem Essen vom Baum der Erkenntnis von Gut und Böse. Er will sie vor dem Schaden bewahren, den sie damit sich selbst und ihrer Welt zufügen. Nicht blinder Gehorsam wird gefordert von Gott, wohl aber *Vertrauen auf Gott*, und *das* ist die dritte Bestimmung des Menschen.

An dieser Stelle wird gleich zu Beginn des folgenden Kapitels die Schlange einhaken, um den Menschen einzuflüstern, dass Gott es ja gar nicht gut mit *ihnen* meine, sondern nur mit *sich selbst*. Dass er auf den gehörigen Abstand zu den Menschen bedacht sei und nur Angst habe, die Menschen könnten ihm zu nahe kommen, sie könnten werden, wie er selbst ist.

Dieses so gesäte Misstrauen fällt bei den ersten Menschen – und nicht nur bei ihnen – auf fruchtbaren Boden. Sie bleiben nicht in der vertrauensvollen Beziehung zu dem Gott, der ihnen das Leben und diese Welt gegeben hat, sondern sie *misstrauen* ihm und wollen selber sein wie Gott.

Das ist die Signatur unserer Welt. Wir leben nicht mehr im Paradies, in dem der Mensch in Übereinstimmung mit seiner von Gott gegebenen Bestimmung existiert, sondern wir leben in einer Welt, in die das Misstrauen gegen Gott schon immer eingezogen ist und in der das Misstrauen gegen Gott auch die Beziehungen der Menschen untereinander, also ihre Liebe, und die Beziehung der Menschen zu der von ihnen zu bebauenden Erde, also zu ihrer Arbeit, beschädigt und zerstört hat. Davon ist in 1. Mose 3 ausgiebig und realistisch die Rede.

Wir leben „jenseits von Eden" (1. Mose 4,16). Cherubim mit flammenden Schwertern bewachen den Rückweg ins Paradies, damit wir nicht auch noch vom Baum des Lebens essen und ewig leben.

Zwar habe ich manchmal den Eindruck, als bemühten wir uns zur Zeit intensiv, diesen Rückweg ins Paradies und zum Baum des Lebens doch noch zu finden. Man kann nur hoffen, dass dieser Rückweg uns versperrt bleibt; denn das wäre wahrscheinlich das größte Unglück, wenn wir mit unseren gestörten Beziehungen auch noch unsterblich würden und ohne Ende leben und leiden müssten wie Tantalus in der griechischen Sage.

Wenn es auch *keinen Rückweg* zum verlorenen Paradies gibt, so ist doch damit nicht die dem Menschen von Gott gegebene dreifache Bestimmung hinfällig geworden. In Jesus Christus macht Gott sich die verlorene Sache des Menschen zu eigen. Er hält an der Bestimmung unbeirrt fest, die er dem Menschen gegeben hat, und führt ihn durch Schuld, Leid und Tod hindurch in ein *neues* Paradies. Seit der Geburt Jesu gilt: „Heut schließt er wieder auf die Tür zum schönen Paradeis; der Cherub steht nicht mehr dafür. Gott sei Lob, Ehr und Preis!" (EG 27,6) Dieser Gedanke taucht an einigen wenigen Stellen im Neuen Testament auf. Besonders eindrücklich in der Kreuzigungserzählung bei Lukas. Dort bittet einer der mitgekreuzigten Verbrecher Jesus vertrauensvoll: „Herr, gedenke an mich, wenn du in dein Reich kommst!". Und Jesus antwortet ihm: „Wahrlich, ich sage dir: Heute wirst du mit mir im Paradies sein." (Lk 23,42 f.)

Also doch kein endgültig verlorenes Paradies? Einen Rückweg in die Unschuld des Anfangs gibt es nicht. Aber es gibt in Jesus Christus einen *Weg nach vorn*, der in neuer Weise die Hoffnung auf das Paradies und damit auf das endgültige Erreichen der Bestimmung des Menschen eröffnet. So wie die Bestimmung des Menschen von ihm selbst verleugnet und verraten wurde, als er Gott das Vertrauen aufkündigte und der Stimme des Misstrauens sein Ohr und sein Herz schenkte, so findet die heilsame Umkehr und Erneuerung dort statt, wo Menschen durch das Evangelium wieder zum Vertrauen, d. h. zum Glauben an Gott finden. Dann dürfen sie auch die Erfahrung machen, dass die gestörten Beziehungen ihres Lebens, das Lieben und das Arbeiten – jedenfalls ansatzweise – wieder in Ordnung kommen. So können wir die Hoffnung festhalten, dass Gott, der das gute Werk angefangen hat, es auch vollenden wird. Das können wir schon hier und heute *erleben* – dort, wo das Vertrauen zu Gott auch die Beziehungen zu unseren Mitmenschen und zur übrigen geschaffenen Welt wieder in Ordnung bringt. „Des lasst uns alle fröhlich sein!" (EG 24,6)

> Lieder: EG 495,1–5; EG 369,1–4.7; EG 504,1–6
> Wochenpsalm: 146
> Schriftlesungen: Markus 7,14–23 und 1. Timotheus 4,1–5

Reich sein bei Gott

Predigttext: Lukas 12,13-21

Es sprach aber einer aus dem Volk zu Jesus: Meister sage meinem Bruder, dass er mit mir das Erbe teile. Er aber sprach zu ihm: Mensch, wer hat mich zum Richter oder Erbschlichter über euch gesetzt? Und er sprach zu ihnen: Seht zu und hütet euch vor aller Habgier; denn niemand lebt davon, dass er viele Güter hat.

Und er sagte ihnen ein Gleichnis und sprach: Es war ein reicher Mensch, dessen Feld hatte gut getragen. Und er dachte bei sich selbst und sprach: Was soll ich tun? Ich habe nichts, wohin ich meine Früchte sammle. Und sprach: Das will ich tun: ich will meine Scheunen abbrechen und größere bauen, und will darin sammeln all mein Korn und meine Vorräte und will sagen zu meiner Seele: Liebe Seele, du hast einen großen Vorrat für viele Jahre; habe nun Ruhe, iss, trink und habe guten Mut! Aber Gott sprach zu ihm: Du Narr! Diese Nacht wird man deine Seele von dir fordern; und wem wird dann gehören, was du angehäuft hast? So geht es dem, der sich Schätze sammelt und ist nicht reich bei Gott.

Liebe Gemeinde,

„niemand lebt davon, dass er viele Güter hat", sagt Jesus in unserem Predigttext, und das ist sogar die zentrale Botschaft dieses Textes. Dem würden wohl mit Sicherheit *nicht* alle Menschen zustimmen – weder bei uns noch in anderen Ländern. Ich vermute sogar, dass die meisten Menschen dem vehement *widersprechen* würden. Warum rackern wir uns denn ab? Warum leben wir sparsam?

Warum legen wir unser Geld möglichst sicher und ge-
winnbringend an? Warum spielen Millionen Menschen
bei uns und anderswo Woche für Woche Lotto und Toto?
Warum passieren Tag für Tage tausende Einbrüche oder
Raubüberfalle? Der einzige erkennbare Grund ist der, dass
Menschen *viele Güter* haben wollen, um davon zu *leben*
und zwar möglichst *gut* zu leben.

Bevor Jesus Zustimmung zu diesem Satz erwarten kann,
müsste er eine *einleuchtende Begründung* für ihn geben.
Das tut er. Jesus gibt sie in Form einer Beispielgeschichte
mit negativem Ausgang: der Geschichte vom reichen Kornbauern. Dass es sich bei ihm nicht um ein positives Beispiel,
also um ein Vorbild handelt, wird schon deutlich an den
beiden Worten, mit denen Gott ihn anredet: „Du Narr!".
Aber eine solche Bezeichnung, die fast wie eine *Beleidigung
oder Beschimpfung* klingt, ist noch keine *Begründung*. Und
darum verschiebt sich unsere Frage nur: Warum und inwiefern ist dieser Kornbauer ein Narr? Was ist das Närrische, Törichte, Dumme an ihm? Und kann man aus dieser
Begründung entnehmen, dass und warum der Satz richtig
ist: „Niemand lebt davon, dass er viele Güter hat"?

Das *erste*, was wir erfahren, ist, dass der Mensch, von
dem Jesus erzählt, *reich* war. Wir erfahren nicht, *wie* reich
er war, und reich zu sein ist eine *relative* Eigenschaft. Sie
hängt davon ab, in welchem Land, zu welcher Zeit, unter welchen weltwirtschaftlichen Bedingungen man lebt.
Wenn wir unsere heutigen Lebensverhältnisse hier in
Deutschland mit denen früherer Zeiten oder anderer Welt-
gegenden vergleichen, dann zeigt sich, dass wir nicht nur

bezogen auf Spitzenverdiener, sondern auf die Gesamtbe-
völkerung einen deutlich gestiegenen bzw. einen deutlich
höheren Lebensstandard und Wohlstand haben als frühere
Zeiten und andere Länder. Und das hat nicht nur mit unserem Wirtschaftssystem und seinem Zustand zu tun, sondern ebenso mit unserem Sozialstaat und seinen vielfältigen Hilfs- und Förderungsangeboten. Trotzdem gibt es
auch bei uns Armut und – wie die Armutsberichte der Bun-
desregierung immer wieder zeigen – sogar in bestimmten
Hinsichten *ansteigende, zunehmende Armut*, z. B. in Form
von Kinderarmut und Altersarmut oder als Armutsrisiko
von Alleinerziehenden und von Kinderreichen, und das ist
kein gutes Zeugnis für unser wohlhabendes Land.

Es ist ein Elend, arm oder gar absolut arm zu sein (d. h.
pro Tag weniger als 50 Cent zur Verfügung zu haben), weil
dadurch die Lebens- und Teilhabemöglichkeiten der Betroffenen erheblich eingeschränkt sind und ihr Leben akut
bedroht ist. Und deshalb ist es jedenfalls weder ein sinn-
volles *Ziel* noch eine erstrebenswerte *Tugend*, arm zu sein
oder arm zu werden. Denn, wer arm ist, ist auf die Hilfe
und Unterstützung von anderen angewiesen, die nicht
arm sind, sondern ihr Auskommen haben, ja vielleicht sogar „reich" genannt werden können und davon etwas ab-
geben können. Es kommt nicht darauf an, ob wir reich
sind, sondern wie verantwortungsvoll wir mit unserem Be-
sitz und Einkommen umgehen, und das heißt jedenfalls
immer auch, wie *hilfsbereit* wir damit im Blick auf unsere
notleidenden Mitmenschen umgehen.

Wie das bei dem reichen Kornbauern in unserer Beispielgeschichte gewesen ist, darüber erfahren wir *nichts*, weder dass er hartherzig noch dass er mildtätig gewesen sei. Man könnte zwar vermuten, schon die Tatsache, dass andere Menschen gar nicht erwähnt werden, sei vielsagend und verräterisch genug, aber mit solchen Schlussfolgerungen sollte man sehr vorsichtig sein. Da kann man sich arg vertun. Nein, sein Reichtum an sich ist gewiss nicht der Grund dafür, dass Gott ihn einen Narren nennt.

Zwar sagt Jesus einmal in einem berühmten Bildwort, es sei leichter, dass ein Kamel durch ein Nadelöhr gehe, als dass ein Reicher ins Reich Gottes eingehe, aber als seine Jünger ihn dann erschreckt fragen, wer denn dann überhaupt selig werden könne, antwortet Jesus: „Bei den Menschen ist's unmöglich, aber nicht bei Gott; denn alle Dinge sind möglich bei Gott." (Mk 10,25–27)

Das *zweite*, was wir über den reichen Kornbauern erfahren, ist, dass *sein Feld gut getragen habe*. Nun, das kann erst recht kein Grund sein, ihn einen Narren zu nennen; denn das gehört ja zu den Schöpfungsgaben, für die wir an einem Tag wie heute Gott danken.

Dann folgte das *dritte*. Er überlegt und geht mit sich zu Rate, was er tun solle, da seine Scheunen zu klein sind für diese große Ernte: Soll er den Überfluss verschenken? Dann kann er sein Korn jedenfalls nicht mehr verkaufen. Oder soll er die Ernte auf dem Halm verderben lassen, unterpflügen oder wegwerfen? Aber wir haben doch gelernt, dass wir mit Lebensmitteln nicht so umgehen dürfen. Da bleibt offenbar nur (der Abriss der alten und) der Bau von neuen, ausreichend großen Scheunen. Das ist alles andere

als närrisch. Es ist klug und wirtschaftlich richtig, ja fast –
wie man heutzutage gerne sagt – alternativlos.

Aber dann kommt das *vierte*, was wir von dem Korn-
bauern erfahren. Er plant eine kleine Ansprache an seine
Seele, also an sich selbst als lebendiges, fühlendes, ver-
nunftbegabtes Ich, und diese Ansprache soll lauten: „Liebe
Seele, du hast einen großen Vorrat für viele Jahre; habe nun
Ruhe, iss, trink und habe guten Mut!" Und genau an dieser
Stelle folgt nun Gottes Anrede an ihn: „Du Narr! Diese
Nacht wird man deine Seele von dir fordern; und wem wird
dann gehören, was du angehäuft hast?"

Das ist das Närrische an dem reichen Kornbauern, dass
er vergessen hat, dass er *sterblich* ist und dass er mit all seinen Gütern sein Leben *nicht verlängern*, ja nicht einmal erhalten kann, obwohl er das glaubt. Er kann sich vielleicht
die bestmögliche ärztliche Behandlung und teure Medika-
mente leisten, aber auch das garantiert ihm kein Leben „für
viele Jahre". Und darum und in diesem einfachen Sinn hat
Jesus recht, wenn er sagt: „niemand lebt davon (!), dass er
viele Güter hat". Das weiß auch der Volksmund und drückt
es anschaulich aus: „Vom Geld kann man nicht abbeißen"
oder: „Das Totenhemd hat keine Taschen" oder: „Auf die
letzte Reise kann man nichts mitnehmen".

Dass der reiche Kornbauer *das* nicht im Bewusstsein
hat und dass er darum so zu seiner Seele redet, wie er es tut,
das zeigt, dass er von seiner Seele *nicht viel versteht* und
dass er *kein gutes Verhältnis* zu seiner Seele hat. Oft lebt
unsere Seele zwar gut *damit*, dass wir viele Güter haben:
sorglos, gelassen, großzügig, dankbar. Aber unsere Seele

lebt jedenfalls nicht *davon*. Denn materielle Güter sind keine Lebensmittel für die menschliche Seele.

Sondern? *Wovon* kann unsere Seele dann leben? Der Kirchenvater Augustinus sagt: „Die Seele lebt von dem, woran sie sich freut." Das ist eine gute Antwort. Am Ende unseres Predigttextes gibt Jesus auch auf diese Frage eine kurze negativ formulierte Antwort, indem er sagt: „So geht es dem, der sich Schätze sammelt und ist nicht reich bei Gott." Das ist also die Alternative zu dem unfruchtbaren Schätzesammeln, von dem wir nicht leben können: *reich sein bei Gott*. Das ist keine geläufige und allgemein bekannte Formel. Was ist damit gemeint? Und wo findet man eine Antwort auf diese Frage? Ich glaube, dass man sagen kann: Die Botschaft vom Kommen der Gottesherrschaft, die Jesus in seinem Leben, Sterben und Auferstehen *verkündet*, ist insgesamt eine Antwort auf die Frage, was es heißt, reich zu sein bei Gott.

– Es heißt, in einer lebendigen *Beziehung zu Gott* zu leben, wie sie vor allem im Gebet ihren Ort hat und zum Ausdruck kommt;

– es heißt, darum auch mit den anderen *Menschen und Geschöpfen Gottes* in einer offenen, zugewandten *Beziehung* zu leben, die wir als *Nächstenliebe* und *Achtsamkeit* bezeichnen können;

– und es heißt schließlich, *zu sich selbst* in einer *ehrlichen, wahrhaftigen* Beziehung zu leben, in der wir uns und unser Leben so annehmen können, wie Gott uns erschaffen und angenommen hat.

In dieser *dreifachen Beziehung*: zu Gott, zu unseren Mitgeschöpfen und zu uns selbst können wir erleben, was es heißt, reich zu sein bei Gott. Und *davon* können wir leben.

Lieder: EG 321,1–3; EG 324,1–4.7.8; EG 505,1.7; EG 508,1–2
Wochenpsalm: 104
Schriftlesungen: 5. Mose 26,1–4.11 und 2. Korinther 9,6–15

Den Jerusalemsberg ganz hinunter

Predigttext: Luthers Auslegung des 1. Glaubensartikels im Kleinen
Katechismus (EG-Wü 834.2.1; kann auch als Glaubensbekenntnis
gesprochen werden).

Ich glaube, dass mich Gott geschaffen hat samt allen Kreaturen,
mir Leib und Seele, Augen, Ohren und alle Glieder, Vernunft und
alle Sinne gegeben hat und noch erhält; dazu Kleider und Schuh,
Essen und Trinken, Haus und Hof, Weib und Kind, Äcker, Vieh
und alle Güter; mit allem, was not tut für Leib und Leben, mich
reichlich und täglich versorgt, in allen Gefahren beschirmt und
vor allem Übel behütet und bewahrt; und das alles aus lauter
väterlicher, göttlicher Güte und Barmherzigkeit, ohn all mein
Verdienst und Würdigkeit: des alles ich ihm zu danken und zu
loben und dafür zu dienen und gehorsam zu sein schuldig bin.
Das ist gewisslich wahr.

Liebe Gemeinde,
über Jahrhunderte hin wurde dieser Text im evangelischen
Konfirmandenunterricht auswendig gelernt und hat Menschen ein Leben lang bei ihrem Nachdenken über „Schöpfung" angeregt und begleitet. Wer nicht (mehr) das Glück
hatte, diesen Text auswendig zu lernen und so „by heart"
(also: aus dem Herzen) zu können, wer aber Kenner und
Liebhaber von Thomas Manns beeindruckendem Famili-
enroman „Die Buddenbrooks" ist, für den er – endlich! –
den Literaturnobelpreis erhalten hat, dem könnte dieser

Text aus dem Beginn jenes Werkes vertraut sein oder jedenfalls bekannt vorkommen.

Die achtjährige Tony Buddenbrook hat dieses Katechismusstück für den Konfirmandenunterricht auswendig zu lernen und soll das Gelernte auf Wunsch des Großvaters im Familienkreis vortragen. Aber sie bleibt gleich am Anfang stecken, bei Luthers berühmter und wichtiger Katechismusfrage: „Was ist das?" Diese Frage bezieht sich auf das Glaubensbekenntnis zu Gott als Schöpfer des Himmels und der Erde. Und so beginnt der Roman:

> „Was ist das. – Was – ist das ...". [...] Die Konsulin Buddenbrook [...] kam ihrer kleinen Tochter zu Hilfe, die der Großvater am Fenster auf den Knien hielt. „Tony!" sagte sie, „ich glaube, dass mich Gott –". Und die kleine Antonie, achtjährig und zart gebaut, [...] blickte aus ihren graublauen Augen angestrengt nachdenkend und ohne etwas zu sehen ins Zimmer hinein, wiederholte noch einmal: „Was ist das", sprach darauf langsam: „Ich glaube, dass mich Gott", fügte, während ihr Gesicht sich aufklärte, rasch hinzu: „– geschaffen hat samt allen Kreaturen", war plötzlich auf glatte Bahn geraten und schnurrte nun, glückstrahlend und unaufhaltsam, den ganzen Artikel daher, getreu nach dem Katechismus [...]. Wenn man im Gange war, dachte sie, war es ein Gefühl, wie wenn man im Winter auf dem kleinen Handschlitten mit den Brüdern den Jerusalemsberg hinunterfuhr: Es vergingen einem geradezu die Gedanken dabei, und man konnte nicht einhalten, wenn man auch wollte.
>
> „Dazu Kleider und Schuhe", sprach sie, „Essen und Trinken, Haus und Hof, Weib und Kind, Acker und Vieh ..." Bei diesen Worten aber brach der alte Monsieur Johann Buddenbrook einfach in Gelächter aus, in sein helles, verkniffenes Kichern, das er heimlich in Bereitschaft gehalten hatte. Er lachte vor Vergnügen, sich über den Katechismus mokieren zu können, und hatte wahrscheinlich

nur zu diesem Zwecke das kleine Examen vorgenommen. Er
erkundigte sich nach Tonys Acker und Vieh, fragte, wieviel sie für
den Sack Weizen nähme, und erbot sich, Geschäfte mit ihr zu
machen [...].
Alle hatten in sein Lachen eingestimmt, hauptsächlich aus Ehrer-
bietung gegen das Familienoberhaupt [...].
Der Konsul [Tonys Vater] aber sagte mit einem Gemisch von ent-
gegenkommendem Lächeln und Vorwurf in der Stimme: „Aber
Vater, Sie belustigen sich wieder einmal über das Heiligste ...!".

Auf hintergründige und unbewusste Weise spricht der alte
Monsieur Johann Buddenbrook mit seinem Spott schon
hier am Anfang das an, was später in moralischer und wirt-
schaftlicher Hinsicht den Ruin der Familie Buddenbrook
einleiten wird: den unehrenhaften Kauf einer großen Ge-
treideernte noch auf dem Halm zu einem Spottpreis von einem Gutsbesitzer, der in Not geraten war – ein Geschäft,
das zum Fiasko wird, weil ein Hagelschlag die Ernte vernichtet. Aber dieser Tiefpunkt der Familiengeschichte
taucht hier in den Worten „Weizen" und „Geschäftema-
chen" erst wie ein fernes Wetterleuchten auf, und auch nur
für denjenigen, der den Fortgang und das Ende dieses Ro-
mans und dieser Familiengeschichte kennt. Im Vordergrund steht hingegen die Katechismus-Auslegung im Bild
der *Schlittenfahrt*, die man gar nicht auf halbem Weg beenden kann, sondern bis zum Ende hinunterfahren muss,
bis zu Luthers Wiedergabe des „Amen" durch die Worte:
„Das ist gewisslich wahr".

Aber *was* ist das, was da aus Kindermund mit den Worten des Katechismus als „gewisslich wahr" bekannt wird?
Es ist der für das Judentum, das Christentum und den Is-

lam grundlegende Glaube an Gott als den Allmächtigen, als den Schöpfer des Himmels und der Erde. Aber Luther gibt diesem Ersten Glaubensartikel eine ganz eigenständige, um nicht zu sagen, eigenwillige Auslegung, indem er die Aussage und den Text nicht auf Himmel und Erde, nicht auf Adam und Eva, nicht auf das Paradies bezieht, sondern auf die sprechende, bekennende Person selbst: „Ich glaube, dass mich Gott geschaffen hat." Damit erhält das Bekenntnis eine ganz persönliche Bedeutung. Es sagt etwas aus über mich, der diese Sätze spricht.

Das wirkt wie ein moderner, um nicht zu sagen modernistischer Zugang zu dieser Glaubensaussage, und man könnte vermuten, darin stecke nicht nur eine Verwässerung der biblischen Aussage, sondern auch der Subjektivismus und Individualismus, den man vor allem von römisch-katholischer Seite der evangelisch-lutherischen Kirche und Theologie immer wieder vorgeworfen hat und vorwirft. Zwar wird mit den Worten: „samt allen Kreaturen" der Horizont denkbar umfassend ausgeweitet, aber den Mittelpunkt bildet eben doch das sprechende, bekennende, glaubende Ich.

Aber es ist ein Irrtum zu glauben, dass Luther sich mit dieser Auslegung vom Bibeltext entfernt. Im Gegenteil: Er führt zum biblischen Denken zurück. Denn wir lesen in Psalm 139,13: „du hast [...] mich gebildet im Mutterleibe". Und so reden auch das Buch Hiob, die Sprüche und mehrere alttestamentliche Propheten von der Schöpfung. Die Erschaffung des Menschen durch Gott findet nach biblischem Denken im *Mutterleib* statt. Hier zeigt sich, dass

Luther diesen Zugang zum Verstehen des Schöpfungs-
glaubens nicht beliebig ersonnen oder willkürlich an den
Bibeltext herangetragen, sondern aus ihm gewonnen und
fruchtbar gemacht hat. Freilich, es stellt sich die Frage,
ob die Bedeutung dieser Auslegung in der Kirche, geschweige denn in unserer Zeit überhaupt schon angekommen ist.

Es ist schon einige Jahrzehnte her, dass ich in Marburg
ein Proseminar hielt, in dem ich anhand des Kleinen Katechismus eine Einführung in die Systematische Theologie
zu geben versuchte. Als wir uns mit unserem heutigen Predigttext, also mit der Auslegung des Ersten Artikels, beschäftigten, sagte ich, eher beiläufig, ich befürchtete, dass
diese Auslegung und ihre grundlegende Bedeutung in den
christlichen, auch in den Lutherischen Gemeinden noch
gar nicht wirklich rezipiert worden sei; ich vermutete, dass
auf die Frage, wen oder was Gott erschaffen habe, kaum irgendein Christenmensch mit Luthers Kleinem Katechismus antworten würde: „Mich!".

Die Studierenden nahmen das zunächst schweigend
zur Kenntnis, aber am Beginn der nächsten Sitzung mel-
dete sich eine Studentin, die sagte, das hätten sie mir in der
letzten Sitzung nicht geglaubt und deshalb hätten sie sich
mit einer Gruppe von Studierenden verabredet, im Anschluss an den gut besuchten Gottesdienst am vorigen
Sonntag in ihrer Gemeinde eine Umfrage zu veranstalten
und den Gottesdienstbesuchern die Frage zu stellen: „Wen
oder was hat Gott Ihrer Meinung nach erschaffen?". Das
Ergebnis habe meine Vermutung vollständig bestätigt:

Niemand habe geantwortet: „mich!" oder „uns alle!" Die dem am nächsten kommende Antwort sei gewesen: „Alles!", und das schließe ja immerhin mich mit ein.

Ich empfinde es nach wie vor als einen Jammer, dass dieser großartige und weitreichende Zugang zum Schöpfungsglauben sich bisher so wenigen Menschen erschlossen hat; denn hier wird eine Antwort gegeben, die durchaus und gerade heute noch wert ist, gehört und bedacht zu werden. Zunächst einmal bestätigt Luther mit seiner Auslegung etwas, wovon wir hier in Europa jedenfalls alle überzeugt sind: Zwischen naturwissenschaftlicher Welterklärung (sei es durch Urknall oder durch Evolution) und biblischem Schöpfungsglauben besteht kein Gegensatz, keine Konkurrenz. Man muss nicht das eine bestreiten, wenn man das andere bejaht, beides lässt sich vielmehr gut miteinander vereinbaren. Gottes Schöpfung geschieht, soweit wir das heute wissen, durch die Evolution. Aber wie ist beides zusammenzudenken?

Luther bezieht den Schöpfungsglauben auf Tatsachen, deren naturwissenschaftliche Ursachen uns hinreichend bekannt sind. Luther weiß doch, wie er und alle anderen Menschen durch Zeugung und Empfängnis, Schwangerschaft und Geburt auf die Welt gekommen sind. Er braucht den Rückgriff auf Gottes Schöpferhandeln nicht, weil es da eine Lücke in der Erklärung gäbe, zu deren Füllung man Gott ins Spiel bringen müsste. Und wer davon noch nicht voll überzeugt sein sollte, weil es immerhin um die Entstehung von *Leben* geht, den müsste spätestens die Erwähnung von Kleidern und Schuhen in Luthers Auslegung davon überzeugen, dass da kein Rückgriff auf Gott als Ursache vonnöten ist. Dazu reicht der Rückgriff auf die Schneiderin und den Schuster aus.

Aber gerade, wenn man es so sieht, dann stellt sich natürlich noch einmal verschärft die Frage: Was besagt es dann überhaupt noch, im Blick auf diese uns bekannte, in ihren Entstehungsbedingungen weitgehend durchschaubare und erklärbare Welt, im Blick auf unsere Existenz mit allem, was dazu gehört, zu sagen: „Ich glaube, dass mich Gott *geschaffen* hat?" Was meint dann dieses Wort: „geschaffen"?

Hierzu gibt uns die achtjährige Tony Buddenbrook mit ihrer Metapher von der Schlittenfahrt eine gute Hilfe: Man muss die Schlittenbahn bis zum Ende hinunterfahren, bis ans Ziel. Erst dort kommt heraus, worauf das Ganze zuläuft: „und das alles aus lauter väterlicher, göttlicher Güte und Barmherzigkeit, ohn all mein Verdienst und Würdigkeit: das alles ich ihm zu danken und zu loben und dafür zu dienen und gehorsam zu sein schuldig bin."

Zugegeben: Die abschließende Redewendung vom Schuldig-Sein ist zwar nicht verkehrt, aber sie setzt den Akzent doch sprachlich und sachlich nicht gut. Jedenfalls in unserer Sprachwelt verweist das „Schuldig-Sein" in geschäftliche Zusammenhänge. So fragen wir möglicherweise die Bedienung nach dem Essen oder den Kfz-Handwerker, der unser Auto wieder flott gemacht hat: „Und was bin ich schuldig?" Und dann erfahren wir in aller Regel die Summe, die wir zu begleichen haben, damit diese Schuld getilgt ist.

Aber, wenn es richtig ist, dass all dies uns aus „lauter väterlicher, göttlicher Güte und Barmherzigkeit" zuteil wird,
dann passt dazu die Rede vom „Schuldig-Sein" denkbar
schlecht. Was damit gemeint ist, käme besser zum Ausdruck in Worten wie „Grund-Haben", „Anlass-Haben",
„Motiviert-Sein" oder „Bewegt-Sein". Und das, wozu der
Schöpfungsglaube uns motivieren und bewegen will,
bringt der Katechismus in zwei Wortpaaren zum Ausdruck: „Danken und Loben" sowie „Dienen und Gehorsam-Sein". Auch mit diesen beiden letztgenannten Worten
haben Menschen heute ihre verständlichen Schwierigkeiten. Und deswegen bedarf Luthers Erklärung des Ersten
Artikels an dieser Stelle heute einer zusätzlichen, einer wei-
terführenden Erklärung. Mit dem „Loben und Danken"
haben wir in der Regel keine großen Schwierigkeiten – zumal heute am Erntedankfest.

Ich habe mich in den zurückliegenden Jahren immer
wieder einmal gefragt, was mir vor allem fehlen würde,
wenn mir der Glaube an Gott verloren ginge, und ich stelle
diese Frage gelegentlich auch im Zusammenhang von Vor-
trägen an meine Hörer, und die häufigste Antwort, die ich
(von mir und anderen) dazu erhalte, heißt: „Es würde mir
ein Adressat für meine Dankbarkeit (und für meine Klage)
fehlen".

Das heißt aber: Der Glaube, dass mich Gott geschaffen
hat samt allen Kreaturen, kommt zuerst und grundlegend
zum Ausdruck in dem Gefühl, dass dieses Leben und diese
Welt – mit ihren Höhen und Tiefen, ihrem Schönen und
Hässlichen, ihrem Leichten und Schweren – eine Gabe sind,

vielleicht sogar ein *Geschenk*, das uns zuteilgeworden ist. Schöpfungsglaube ist so gesehen das Gefühl, bejaht und angenommen zu sein.

Und dann gibt es diese andere Seite, die in den Worten „Dienen und Gehorsam-Sein" versuchsweise zum Ausdruck kommt. Das könnte nun wieder arg missverstanden werden als eine Art Gegenrechnung, die aufgemacht wird: „Für diese Gabe, dieses Geschenk müsst ihr nun aber dienstbar und gehorsam sein." Und wieder wäre alles verdorben, weil ein Geschenk, das einen zu einer Gegenleistung verpflichtet, eben kein *Geschenk* ist, sondern ein (allenfalls notdürftig verkapptes) *Geschäft*.

Nein, das, worum es mit dem zweiten Gedanken geht, erfasst man wohl am besten, wenn man es aus dem ersten Gedanken ableitet und direkt an ihn anknüpft: Wenn es uns zuteil wird, dieses Leben und diese Welt als Gabe zu empfangen und zu empfinden, dann ist es die *innere Konsequenz* dieses Gefühls und Empfindens, mit dieser Welt und diesem Leben, und zwar dem fremden ebenso wie dem eigenen, behutsam, pfleglich, verantwortlich umzugehen, sie als die Kostbarkeit zu behandeln, die sie tatsächlich sind. Gerade weil es sich nicht um ein Geschäft, sondern um eine Gabe handelt, darum enthält der Schöpfungsglaube einen inneren Grund dafür, die von Gott gegebenen Ordnungen des Lebens, die dem Schutz und der Erhaltung dieser Gabe dienen, zu achten und zu beherzigen.

Auf dieser Spur kann man am Ende der Auslegung recht einfach zusammenfassen, was es heißt, an Gott als den

Schöpfer zu glauben: für das eigene Leben und für alles, was uns umgibt, *dankbar zu sein* und *behutsam damit umzugehen.*

Lieder: EG 321,1–3; EG 324,1–3.7.13; EG 304,1.3–5; EG 171,1–4
Wochenpsalm: 104
Schriftlesungen: 1. Mose 1,1.31. u. 2,1–4a und 1. Korinther 10,23–31

Alle Heiligen

Liebe Gemeinde,

ich begrüße Sie herzlich zu diesem Ökumenischen Gottesdienst zum Reformationstag und zu Allerheiligen. Obwohl es im evangelischen Gottesdienstbuch nach dem Gedenktag der Reformation, dem 31. Oktober, auch den Gedenktag der Heiligen, den 1. November gibt, haben wir doch über Jahrhunderte hin als evangelische und katholische Christen in aller Regel diese beiden Gedenktage getrennt gefeiert: die einen den einen, die anderen den anderen. Aber durch die Ökumenische Bewegung des 20. Jahrhunderts haben sich beide Kirchen so aufeinander zubewegt (und tun das immer noch), dass wir heute einen gemeinsamen, ökumenischen Wortgottesdienst feiern können.

Die Reformation hatte ja von Anfang an mit Allerheiligen zu tun. Kurfürst Friedrich der Weise besaß eine umfangreiche Reliquiensammlung, die an Allerheiligen besichtigt werden konnte und einen großen Ablass versprach. Wäre das nicht so gewesen, hätte der Augustinermönch und Theologieprofessor Martin Luther am 31. Oktober 1517 bestimmt nicht seine 95 Thesen veröffentlicht, durch die er zu einer Disputation über den Ablass einlud. Diese Thesen waren übrigens nicht gegen den Ablass gerichtet, sondern nur gegen Missdeutungen und Missbräuche des Ablasses, die es damals reichlich gab.

Aber trennt unsere Kirchen nicht bis heute auch die *Heiligenverehrung*, der gerade der morgige Feiertag gewidmet ist? Ja und Nein. Ja, weil die Verehrung und Anrufung der großen Heiligen für römisch-katholische Christen eine ganz andere, und zwar positivere Bedeutung hat als für evangelische Christen. Aber Nein, weil evangelische Christen aus der Bibel lernen können, dass dort *alle* Menschen, die getauft sind und zur christlichen Kirche gehören, als *Heilige* bezeichnet werden. Wenn wir das als evangelische Christen ernst nehmen, dann haben wir also nicht weniger, sondern viel mehr Heilige, die wir würdigen können: nämlich alle Getauften, weil alle Getauften zu Gott gehören und darum Heilige bzw. heilig sind. Und das passt sehr gut zu Allerheiligen. Ich vermute sogar, dass wir uns darauf gemeinsam verständigen können. Dazu möge auch dieser Gottesdienst beitragen, der unter dem biblischen Motto aus Epheser 2,19 steht: „So seid ihr nun nicht mehr Gäste und Fremdlinge, sondern Mitbürger der Heiligen und Gottes Hausgenossen."

(Es folgen Lied, Wochenpsalm, Schriftlesungen und das Wochenlied EG 351,1–3.7.13.)

Wir hören den Predigttext aus dem 1. Korintherbrief 4, 1–5:

> Dafür halte uns jedermann: für Diener Christi und Haushalter über Gottes Geheimnisse. Nun fordert man nicht mehr von den Haushaltern, als dass sie für treu befunden werden. Mir aber ist's ein Geringes, dass ich von euch gerichtet werde oder von einem

menschlichen Gericht; auch richte ich mich selbst nicht. Ich bin mir zwar nichts bewusst, aber darin bin ich nicht gerechtfertigt; der Herr ist's aber, der mich richtet. Darum richtet nicht vor der Zeit, bis der Herr kommt, der auch ans Licht bringen wird, was im Finstern verborgen ist, und wird das Trachten der Herzen offenbar machen. Dann wird einem jeden von Gott sein Lob zuteil werden.

Liebe Gemeinde,

haben Sie schon einmal darüber nachgedacht, von wessen Meinung und Beurteilung Sie sich abhängig fühlen? Wenn dabei herauskäme: von niemandem, dann wäre das ein Zeichen großer Selbstständigkeit und innerer Freiheit. Ich vermute aber, dass die meisten Menschen in unserer Gesellschaft das ehrlicherweise von sich nicht sagen könnten. Wir hören und lesen immer wieder, dass schon im Kindergarten und in der Schule bestimmte Kleidermarken oder Turnschuhe ein absolutes Muss sind, wenn man dazugehören und sich nicht lächerlich machen will. Und das geht ja so weiter, wenn junge Menschen sich im Internet um Beliebtheitspunkte, sog. *Like-Punkte* bemühen, oder wenn Nachbarn und Arbeitskollegen sich aneinander messen und miteinander vergleichen, was die Automarke, die Urlaubsreisen, die Wohnungseinrichtung, den Schmuck oder die Kleidung anbelangt. Das sind Standards, an denen man gemessen wird und sich messen lassen muss, wenn man anerkannt, beliebt, geschätzt sein oder bewundert werden will.

Der Apostel Paulus schreibt in seinem Brief an die Korinther, dass es ihm so ähnlich geht. Er wird von seinen Mitchristen argwöhnisch beobachtet, ob er wohl das bringt, was man von einem Apostel erwarten darf, dem das Evangelium zur Verkündigung anvertraut ist, nämlich dass er – wie Paulus das nennt – ein treuer Haushalter („Ökonom") über die ihm aufgetragene Botschaft ist. Aber er nimmt das leicht und sagt: „Das ist mir ein Geringes". Das heißt: Es macht mir nichts aus, ob ich von euch oder einem anderen menschlichen Gericht beurteilt oder vielleicht sogar verurteilt werde. Da könnte man vermuten, dass eine so starke Persönlichkeit wie Paulus insgeheim denkt oder gar sagt: Ich stehe doch haushoch *über eurem Urteil*, weil ich selbst weiß, was ich mache und dass ich mein Amt *richtig* ausführe.

Aber *das* ist nicht seine Position. Zwar kann er von sich sagen: Ich bin mir keiner Schuld oder Versäumnisse bewusst; doch er fährt fort: „aber darin bin ich nicht gerechtfertigt". Wenn Paulus aber nicht *dadurch* gerechtfertigt und vom Urteil der anderen frei ist, dass er sich über sie stellt, wodurch dann? Seine Begründung lautet: „Der Herr ist's, der mich richtet." Das ist eine starke Aussage, die deutlich macht: Letztlich werden wir nicht dadurch innerlich frei und unabhängig vom Urteil oder vom Tratsch der anderen, dass wir uns *über sie* erheben, sondern dadurch, dass wir *unter dem göttlichen* Herrn, dem einzigen *wirklichen* Herrn stehen. Das heißt doch: Frei, wirklich frei sind nicht die Menschen, die nichts über sich anerkennen (die sind vielleicht ihre eigenen Sklaven), sondern frei, wirklich frei sind Menschen dann, wenn sie sich ganz und ausschließlich von Gott und seinem Urteil abhängig wissen. Denn wir Menschen sehen immer nur, was vor Augen ist, aber Gott sieht das Herz an (1. Sam 16,7), kennt uns wirklich und ganz – besser als wir uns selbst kennen.

Aber macht uns diese Erkenntnis wirklich frei und unabhängig, so dass wir aufrecht stehen und gehen können? Kennt Gott dann nicht auch die finsteren Winkel unseres Herzens, das, dessen wir uns schämen? Ist es nicht schrecklich, so durchschaut zu sein? Das hängt davon ab, wie der, der uns so kennt und erkennt, zu uns steht, ob missgünstig, argwöhnisch, überwachend oder ob er uns von Herzen zugetan ist und unser Bestes will. Das war Luthers befreiende Erkenntnis als Mönch: Ich muss mir nicht erst Gottes Gnade, Gunst oder Liebe verdienen, sondern er kommt mir schon als ein Liebender entgegen – wie der Vater im Gleichnis seinem verlorenen Sohn (Lk 15,11–32).

Und weil das so ist, darum kann auch Paulus diesen Abschnitt seines Briefes mit einer einprägsamen Empfehlung und mit einer überraschenden Ankündigung beenden. Die Empfehlung lautet: „Darum richtet nicht vor der Zeit, bevor der Herr kommt." Die Ankündigung heißt: „Dann wird einem jeden von Gott sein Lob zuteil werden." In unseren Worten gesagt: Hört auf, einander zu beurteilen und zu verurteilen! Ihr könnt einander doch nicht wirklich gerecht werden, und ihr tut damit weder den anderen noch euch selbst etwas Gutes.

Das letzte Wort, das uns gerecht wird, hat Gott, und das ist – erstaunlicherweise – ein Wort des *Lobes*. So, wie Gott seine Schöpfung im Anfang ansieht und als „sehr gut" lobt, so wird er auch im Endgericht uns als seine um Christi willen geliebten Geschöpfe loben. Und durch dieses Urteil Gottes sind wir als seine Heiligen endgültig gerechtfertigt.

Lieder: EG 253,1.2.5; EG 351,1–3.7.13; EG 362,1.2; EG 154,6
Wochenpsalm: 46
Schriftlesungen: Jesaja 6,1–8 und Johannes 17,1–6.15–19

Die Geistes-Gabe

Liebe Gemeinde,

was haben *Buße* und *Beten* miteinander zu tun? Das nächstliegende und vielleicht sogar am weitesten verbreitete Missverständnis käme zum Ausdruck in der Antwort: Beten ist eine der wichtigsten Bußleistungen bzw. zeitlichen Sündenstrafen. So hat auch Martin Luther während seiner Klosterzeit in Erfurt lange Zeit die Buße und das Gebet missverstanden. Dabei musste er schmerzvoll entdecken, dass ihn dieses Verständnis von Buße und Gebet Gott nicht näherbrachte und ihm nicht den erhofften Frieden der Seele schenkte.

Was ist daran verkehrt? Alles! Weder besteht die *Buße*, zu der Jesus die Menschen auffordert, im Erbringen von Leistungen, sondern in einem Umdenken und einer Neuausrichtung auf Gott hin (*metanoia*), noch kann das Sprechen eines Gebets jemals den Charakter einer *Strafe* haben. Im Gegenteil: Es ist ein Vorrecht, mit Gott reden zu dürfen.

Ist also die Zusammenstellung von Buße und Beten, wie sie im Buß- und Bettag geschieht, ein grundlegender Fehler? Keineswegs! Aber man darf nicht das Beten als Strafe verstehen, sondern als Weg zur rechten, befreienden Buße, also zur Umkehr und Neuausrichtung des Lebens. Und darum soll es auch in diesem Gottesdienst gehen.

Deshalb habe ich einen Bibelabschnitt, der vom Beten handelt, als Predigttext für diesen Gottesdienst am Buß- und Bettag gewählt.

Wir hören aus dem Lukasevangelium Kapitel 11,9–13 folgende Worte Jesu:

> Und ich sage euch auch: Bittet, so wird euch gegeben; suchet, so werdet ihr finden; klopfet an, so wird euch aufgetan. Denn wer da bittet, der empfängt; und wer da sucht, der findet; und wer da anklopft, dem wird aufgetan. Wo ist unter euch ein Vater, der seinem Sohn, wenn der ihn um einen Fisch bittet, eine Schlange für den Fisch biete? oder der ihm, wenn er um ein Ei bittet, einen Skorpion dafür biete? Wenn nun ihr, die ihr böse seid, euren Kindern gute Gaben geben könnt, wie viel mehr wird der Vater im Himmel den Heiligen Geist geben denen, die ihn bitten!

„Bittet, so wird euch gegeben; suchet, so werdet ihr finden; klopfet an, so wird euch aufgetan", das klingt gut und verheißungsvoll. Aber stimmt es denn auch? Kennen wir nicht alle Situationen, in denen wir gebeten und gebetet, gesucht und angeklopft haben, aber uns wurde *nicht* gegeben, wir haben *nicht* gefunden, uns wurde *nicht* aufgetan? – Und zwar nicht nur bei und von Menschen nicht, sondern auch von Gott nicht. Machte nicht auch Jesus diese Erfahrung, als er in Gethsemane betete: „Abba, mein Vater, alles ist dir möglich; nimm diesen Kelch von mir" (Mk 14, 36)? Paulus machte dieselbe Erfahrung. Als er dreimal Gott anflehte, dass der ihn quälende Engel Satans von ihm weichen möge, erhielt er von Gott die Antwort: „Lass dir an meiner Gnade genügen; denn meine Kraft ist in den Schwachen mächtig." (2. Kor 12,9)

Ja, unsere Gebete werden nicht immer erhört, jedenfalls nicht immer *so*, wie wir es uns wünschen und vorstellen, und auch nicht immer *dann*, wenn wir es uns wünschen.

Was sagt und meint unser Predigttext aber dann? Er sagt: Bitten, Suchen, Anklopfen ist wichtig, um *das Gute* zu finden und zu bekommen. Dass es darum geht – um das (wirklich) Gute –, das zeigt das kleine Bildwort, das Jesus hier gebraucht: von dem Vater, der von seinem Sohn um einen Fisch gebeten wird und der ihm stattdessen eine (man darf annehmen giftige, also gefährliche) Schlange gibt. Nein, das macht kein normaler Vater. Wie viel weniger Gott.

Aus dem Nachdenken über unser eigenes Verhalten als Eltern sollen wir also erkennen, dass wir von Gott Gutes erbitten sollen und erwarten dürfen. Und dabei ist offensichtlich das Bitten, Suchen und Anklopfen wichtig. Es ist die Weise, wie wir von Gott das Gute empfangen sollen. Dazu passt sehr schön das Bild, das Luther in seinem Großen Katechismus für das Gebet geprägt hat: *Beten heißt, den Mantel weit ausbreiten und auftun, um viel (von Gott) zu empfangen* (BSLK 668,38 ff.).

Aber was ist denn das Gute, das uns Gott in jedem Fall geben will? Darauf gibt unser Predigttext eine eindeutige Antwort: „Wenn nun ihr, die ihr böse seid, euren Kindern gute Gaben geben könnt, wie viel mehr wird der Vater im Himmel den heiligen Geist geben denen, die ihn bitten." Sind Sie nun etwas enttäuscht, weil Sie eigentlich an etwas anderes, an etwas Handfesteres, wie z. B. Gesundheit, Wohlergehen, langes Leben, gedacht hatten als an den

Heiligen Geist? Oder sind Sie nun etwas ratlos, weil Sie gar nicht so genau wissen, was mit Heiligem Geist gemeint ist?

Ich kann beides verstehen, aber nicht teilen. In den zurückliegenden Jahren ist mir die Bedeutung des Heiligen Geistes immer wichtiger geworden. Nicht weil ich abgehobener geworden wäre, sondern ganz im Gegenteil, weil mir die alltägliche Erfahrung Gottes immer wichtiger geworden ist. Der Heilige Geist ist die einzige Wirklichkeit und Weise, wie Gott *in uns* wohnen und wirken kann. Als der Vater und Schöpfer ist Gott *um* uns. In Jesus Christus begegnet Gott uns in menschlicher Gestalt und ist uns so *gegenüber*. Aber nur als Heiliger Geist ist und wirkt Gott *in* uns. Gott ganz nah. Geist kann man nicht sehen, anfassen, messen oder wiegen, und deshalb halten viele Menschen den Geist für nichts. Aber Geist kann man spüren, empfinden, erfahren, und darum können wir an anderen Menschen – und sie an uns – mit dem Herzen wahrnehmen, wes Geistes Kinder wir sind.

Unser Predigttext lädt uns dazu ein, Gott um seinen Heiligen Geist zu bitten, und er verheißt uns, dass Gott diese Bitte erhören wird.

Was ist das für ein Geist? Was bewirkt er in uns? Die Bibel gibt darauf mehrere Antworten, die aber alle gut zusammenpassen:

– Der Heilige Geist ist ein Geist der *Wahrheit*, der uns die Wirklichkeit (auch unsere eigene) erkennen lässt, wie sie ist.

– Der Heilige Geist ist ein Geist der *Freiheit*, der befreien kann und will aus Abhängigkeiten und Bindungen, die uns belasten oder zerstören.

– Der Heilige Geist ist ein Geist der *Liebe*, der die Gleichgültigkeit und den Hass überwindet und Menschen miteinander versöhnt und verbindet.

– Und mit alledem ist der Heilige Geist ein Geist des *Lebens*, ein Geist, der lebendig macht und sogar den Tod überwindet.

Wahrheit, Freiheit, Liebe, Leben, das sind Wirkungen des Heiligen Geistes, und davon können wir sagen: Das ist gut für uns, und es tut uns gut, wenn wir daran Anteil bekommen.

Ich möchte Sie dazu ermuntern, immer wieder um diesen Heiligen Geist Gottes zu bitten mit den ganz einfachen Worten: „Herr, gib mir deinen Heiligen Geist!"

– Morgens beim Aufstehen, wenn der Tag vielleicht wie ein großes Fragezeichen vor uns steht;

– vor Begegnungen, die uns Beklemmung oder Angst bereiten, weil wir nicht wissen, was da auf uns zukommt;

– vor Aufgaben, die wie ein Berg vor uns stehen, von denen wir nicht wissen, wie wir sie bewältigen sollen;

– vor dem Zubettgehen und Einschlafen, wo wir um einen guten, erquickenden Schlaf und um Ruhe für unsere Seele bitten.

Das ist nicht wie ein Zauberspruch oder Mantra gemeint, sondern wie eine echte Bitte, ein ausgebreiteter Mantel vor Gott, den Gott füllen will, weil schon diese Bitte, wenn sie von Herzen kommt, eine Regung des Heiligen Geistes in uns ist.

Manchmal vergesse ich vor angespannten oder schwierigen Situationen, um Gottes Geist zu bitten, und dann merke ich es oft nachträglich, dass mir diese Bitte und ihre Erhörung gut getan hätte.

Und was hat das alles mit Buße und dem Bußtag zu tun? Sehr viel. Denn Buße tun, heißt nicht, eine Strafe auf sich zu nehmen, sondern *sich auf Gott ausrichten zu lassen, sich Gott zuzuwenden.* Und wie könnte das wirksamer geschehen als so, dass wir Gott bitten, in unser Herz und Leben zu kommen und da Wohnung zu nehmen. Das Gebet um den Heiligen Geist ist die wirksame Bitte darum, dass Gott uns erfülle und uns – immer neu – auf sich ausrichte. Und spätestens daran wird deutlich, dass Buße im biblischen Sinn keine traurige Veranstaltung ist, sondern ein Umdenken und eine Neuausrichtung auf Gott. Und das tut uns gut.

Lieder: EG 369,1.4.7; EG 144,1.6.7; EG 136,1–2; EG 171,1.4
Wochenpsalm: 51
Schriftlesungen: Jesaja 1,10–17 und Römer 8,14–16 u. 26–28

Scheiden, nicht schneiden!

Predigttext: Hebräer 4,9–13

Es ist also noch eine Ruhe vorhanden für das Volk Gottes. Denn wer zu Gottes Ruhe gekommen ist, der ruht auch von seinen Werken so wie Gott von den seinen. So lasst uns nun bemüht sein, zu dieser Ruhe zu kommen, damit nicht jemand zu Fall komme durch den ... Ungehorsam. Denn das Wort Gottes ist lebendig und kräftig und schärfer als jedes zweischneidige Schwert, und dringt durch, bis es scheidet Seele und Geist, auch Mark und Bein, und ist ein Richter der Gedanken und Sinne des Herzens. Und kein Geschöpf ist vor ihm verborgen, sondern es ist alles bloß und aufgedeckt vor den Augen Gottes, dem wir Rechenschaft geben müssen.

Liebe Gemeinde,

zwei Ausdrücke aus diesem Textabschnitt haben mich förmlich angesprungen und nicht mehr losgelassen und zwar vermutlich vor allem deswegen, weil sie gefühlsmäßig in einer starken Spannung zueinander stehen: „Gottes Ruhe" und „zweischneidiges Schwert". Wie soll man angesichts eines zweischneidigen Schwertes zur Ruhe kommen? Sei es, dass es wie ein Damoklesschwert drohend über einem hängt oder einem als gefährliche Waffe entgegengehalten wird. Die Ruhe, die hier in Aussicht gestellt wird, hat doch keinen bedrohlichen, sondern einen einladenden Charakter.

Dabei ist es gut, sich klarzumachen, dass Ruhe nicht für alle Menschen ein erstrebenswertes Ziel ist. Ich kann mir vorstellen, dass Kinder und Jugendliche sich oftmals nicht nach Ruhe, sondern eher nach Leben und *action* sehnen, danach, dass etwas los ist. Auch im Alter gibt es nicht nur eine Sehnsucht nach Ruhe, sondern auch einen Überdruss an Ruhe in Form von Untätigkeit, Leere und Langeweile. Und im gesellschaftlich-politischen Bereich empfinden viele Menschen die alte Parole von der Ruhe als der ersten Bürgerpflicht ohnehin eher als besorgniserregend denn als einladend.

Die Ruhe, die unser Predigttext als etwas Verheißungs-volles in Aussicht stellt, hat wohl am ehesten zu tun mit dem, was der Kirchenvater Augustinus in seinen „Bekennt-nissen" (I,1) als Lebensmotto beschreibt: „Unruhig ist un-ser Herz, bis es Ruhe findet in dir (Gott)". Ein unruhiges Herz ist – so glaube ich – unabhängig von Alter und Le-benssituation nichts Angenehmes, nichts, was man sich wünscht, sondern etwas, was man gerne loshätte. Wenn das Herz als die Mitte des Fühlens, Wollens und Denkens einer Person unruhig ist, dann hat dieser Mensch offenbar noch nicht seinen Platz, seine Orientierung, sein Ziel ge-funden. Augustinus selbst hat die Erfahrung gemacht, dass er nach einer langen Zeit des Widerstands gegen den christlichen Glauben, nach vielen Irrungen und Wirrun-gen diese Ruhe seines Herzens erst relativ spät in Gott ge-funden hat. „In Gott" heißt dabei für ihn immer: *nicht* im Zeitlichen, Vergänglichen, *sondern* im Ewigen, in dem, was bleibt.

Die Frage nach dem, was bleibt, wenn alles Irdische vergeht, beschäftigt Menschen in der Regel intensiv, wenn sie spüren, dass sie sich ihrem eigenen Tod nähern oder wenn sie einen lieben Menschen verloren und ihn zur letzten irdischen Ruhestätte begleitet haben. Hat dieser Mensch nun seine Ruhe oder seinen Frieden gefunden? Und können wir im Rückblick auf das gelebte Leben mit all seinen Höhen und Tiefen damit unseren Frieden machen? Können wir beides, das zu Ende gegangene Leben und unsere Beziehung zu dieser Person in der verheißenen Gottesruhe geborgen sein lassen?

Unser Predigttext beschreibt das so, dass deutlich wird: Dieses Ziel stellt sich nicht automatisch, es stellt sich nicht in jedem Fall ein, sondern man kann auf dieser Suche zu Fall kommen, stolpern, straucheln, stürzen. Das tut im Ernst niemand absichtlich, aber das kann einem passieren. Das zeigt aber auch, dass diese Worte nicht als Drohung, sondern als heilsame Warnung gemeint sind, d. h. sie kündigen keine Strafe an, sondern sie wollen vor einem Unglück bewahren.

Aber warum verwendet der Text in diesem Zusammenhang ein so aggressiv wirkendes Bild wie das eines – zweischneidigen – Schwertes? Wollten und sollten wir die nicht eigentlich zu Pflugscharen umschmieden? Ich habe mich anfangs sehr und lange an diesem Bild gestört, bis ich entdeckte: Das Schwert hat hier *nicht* die Funktion, zu bedrohen, zu verletzen oder gar zu töten, nicht einmal zu *schneiden*, sondern zu *scheiden*. Von ihm heißt es: „bis es scheidet Seele und Geist, auch Mark und Bein", also das, was wir kaum auseinander bekommen, weil es so eng miteinander verbunden ist. Und deswegen ist es so wichtig zu betonen, dass es ein zweischneidiges, ein auf beiden Seiten scharfes Schwert ist.

Wo braucht man das? Das braucht man dort, wo man Dinge auseinander bekommen will, die ineinander verheddert und verhakt sind, von denen man aber spürt, sie passen und gehören nicht zusammen – ich müsste sie auseinander bekommen. Das wäre hilfreich. Das wäre lebensdienlich.

Lassen Sie mich das an einem Beispiel verdeutlichen, das wir in dieser oder einer ähnlichen Form vermutlich alle kennen. Es gibt Konflikte und Streitigkeiten – auch im Umfeld von Sterben und Tod –, die sich irgendwann aufschaukeln und an Heftigkeit immer mehr zunehmen. Die gegenseitigen Vorwürfe und Anklagen werden dann immer *pauschaler*: „Du hörst ja nie zu!" „Auf dich hat man sich doch nie verlassen können!" „Du suchst doch immer nur deinen Vorteil!" „Du warst doch immer Papas Liebling!" „Das war doch schon immer so!" Und diese pauschalen Vorwürfe und Anklagen machen denjenigen, der mit ihnen konfrontiert wird, hilflos oder bockig, aggressiv abwehrend, bereit zum Gegenangriff oder ironisch: „Natürlich, ich bin immer an allem schuld!" „Macht ruhig weiter so, ladet alles auf mir ab!"

Das sind fruchtlose Auseinandersetzungen, in denen Menschen immer undifferenzierter angreifen oder angegriffen werden. Wie kann man da herauskommen? Vermutlich nur dadurch, dass man anfängt zu *unterscheiden* und sagt (oder denkt): „Da hast du Recht! Ich war heute kleinlich, und das ist eine Schwäche von mir. Das tut mir leid, weil ich anderen dadurch das Leben schwer mache." So übernimmt ein Mensch das, was wirklich mit ihm zu tun hat, und zwar in dem Maß, in dem es stimmt, aber nicht in der maßlosen Übertreibung.

Vielleicht kann ich dann irgendwann sagen, – aber es ist gut, wenn bis dahin einige Zeit vergangen ist –: „Übrigens, so pauschal wie du's gemacht hast, so schlecht wie du mich dargestellt hast, das bin ich nicht! Das kann und will ich auch nicht übernehmen. Aber das, was daran richtig ist, dazu stehe ich und daran will ich arbeiten." So können Menschen aus verworrenen, heillosen Auseinandersetzungen, die sich irgendwann fruchtlos im Kreis drehen, herauskommen und miteinander neue Wege finden. Und das kann auch gelingen in der einsamen oder gemeinsamen Auseinandersetzung mit unseren Toten, um ihnen im Rückblick gerecht zu werden.

Diese *Kunst der Unterscheidung* zeigt einen Weg zu der entlastenden, befreienden Ruhe, die weder fauler Friede noch Hochspannung vor einer Explosion ist. *Das* wären beides Formen heil*loser* Ruhe. *Das* wäre nicht die von Gott verheißene Ruhe. Bei Gott geht es um eine Ruhe, wie sie sich nach einer ehrlichen Aussprache einstellen kann, wenn alle Beteiligten spüren, jetzt haben wir Ruhe für unsere Seele, Frieden für unser Herz gefunden – wenigstens vorerst.

Aber damit dies gelingt, bedarf es noch eines Letzten. Auch die größte Offenheit und Ehrlichkeit kann immer noch auf andere bedrohlich wirken, wenn wir nicht versuchen, denjenigen, der uns verletzt hat, mit den Augen des Herzens anzuschauen, wie es im Neuen Testament heißt (Eph 1,18). Mit den *Augen des Herzens* schaut Gott, der in Jesus Christus Mensch geworden ist, auf uns. Und das kann auch uns ermutigen, so auf *andere* und schließlich auf *uns selbst* zu schauen und so zur Ruhe Gottes zu finden.

Lieder: EG 450,1.4.5; EG 147,1–3; EG 194,1–3; EGWü 680,1–4
("Brich herein, süßer Schein sel'ger Ewigkeit")
Wochenpsalm: 126
Schriftlesungen: Jesaja 55,6–11 und Johannes 6,35–40

Ein Gott der Lebenden

Predigttext: Markus 12,18–27

Da traten die Sadduzäer zu ihm, die lehren, es gebe keine Auferstehung; die fragten ihn und sprachen: Meister, Mose hat uns vorgeschrieben (5. Mose 25,5.6): »Wenn jemand stirbt und hinterlässt eine Frau, aber keine Kinder, so soll sein Bruder sie zur Frau nehmen und seinem Bruder Nachkommen erwecken.« Nun waren sieben Brüder. Der erste nahm eine Frau; der starb und hinterließ keine Kinder. Und der zweite nahm sie und starb und hinterließ auch keine Kinder. Und der dritte ebenso. Und alle sieben hinterließen keine Kinder. Zuletzt nach allen starb die Frau auch. Nun in der Auferstehung, wenn sie auferstehen: wessen Frau wird sie sein unter ihnen? Denn alle sieben haben sie zur Frau gehabt.

Da sprach Jesus zu ihnen: Ist's nicht so? Ihr irrt, weil ihr weder die Schrift kennt noch die Kraft Gottes. Wenn sie von den Toten auferstehen werden, so werden sie weder heiraten noch sich heiraten lassen, sondern sie sind wie die Engel im Himmel.

Aber von den Toten, dass sie auferstehen, habt ihr nicht gelesen im Buch des Mose, bei dem Dornbusch, wie Gott zu ihm sagte und sprach (2. Mose 3,6): »Ich bin der Gott Abrahams und der Gott Isaaks und der Gott Jakobs«? Gott ist nicht ein Gott der Toten, sondern der Lebenden. Ihr irrt sehr.

Liebe Gemeinde,

gleich zweimal bescheinigt Jesus den Sadduzäern in diesem kurzen Streitgespräch, dass sie *irren*, ja sogar *sehr irren*, weil sie weder die Bibel kennen noch die Kraft Gottes. Das ist ein ziemlich heftiger Vorwurf, und der richtet sich ausgerechnet gegen die Sadduzäer, die zur hellenistisch gebildeten Oberschicht in Israel gehören und den Hohepriester stellen. Da lässt man sich nicht gerne öffentlich als in Glaubensfragen ahnungslos hinstellen. Was hat Jesus gegen die Sadduzäer, dass er sie so angeht?

Nun, nicht Jesus hat dieses Streitgespräch gesucht und eröffnet, sondern das waren die Sadduzäer, von denen es kurz und treffend heißt: „die lehren, es gebe keine Auferstehung". Die Sadduzäer wissen offensichtlich, dass Jesus (ebenso wie die Pharisäer) an die Auferstehung glaubt. Und nun haben sie sich vorgenommen, öffentlich zu beweisen, dass dieser Glaube absurd ist und auch nicht mit den Vorstellungen der Schrift, also des Alten Testaments übereinstimmt.

Zu diesem Zweck erzählen sie eine merkwürdige, offenbar erfundene Geschichte von einer Frau, die nacheinander mit sieben Brüdern verheiratet war, die alle starben, bevor sie Kinder hinterlassen konnten. Und die Fangfrage der Sadduzäer lautet: „Nun in der Auferstehung, wenn sie auferstehen: wessen Frau wird sie sein unter ihnen? Denn alle sieben haben sie zur Frau gehabt." Man kann diese Frage und ihren Sinn nicht verstehen, wenn man nicht weiß, dass es im Alten Testament eine gesetzliche Norm gibt, die erklärt, warum die Frau in der Erzählung die sieben Brüder der Reihe nach geheiratet hat. Diese Norm steht im 5. Buch Mose (25,5–6) und besagt:

Wenn Brüder beieinander wohnen und einer stirbt ohne Söhne, so soll seine Witwe nicht die Frau eines Mannes aus einer andern Sippe werden, sondern ihr Schwager soll zu ihr gehen und sie zur

Frau nehmen und mit ihr die Schwagerehe schließen. Und der erste Sohn, den sie gebiert, soll gelten als der Sohn seines verstorbenen Bruders, damit dessen Name nicht ausgetilgt werde aus Israel.

Dieser letzte Satz enthält alles Entscheidende, was man über die Schwagerehe (bzw. Leviratsehe) wissen muss: Der Bruder soll seine verwitwete, kinderlos gebliebene Schwägerin heiraten, und wenn er mit ihr einen Sohn zeugt, dann soll dieser erste Sohn als der Sohn seines verstorbenen Bruders gelten, damit der Name des ohne Sohn Verstorbenen nicht ausstirbt in Israel.

Dahinter steht ganz offensichtlich die Überzeugung, dass Männer in ihren Söhnen fortleben, und wenn sie keine Söhne haben, aussterben, keine Zukunft haben. Wo Menschen nicht an ein Leben über den Tod hinaus glauben, da tauchen sehr oft solche Vorstellungen auf. Denn die Frage: „Was bleibt von uns nach unserem Tod?" ist eine typisch menschliche Frage. Mit dieser Vorstellung können offenbar auch die Sadduzäer etwas anfangen, die nicht an die Auferstehung der Toten glauben. Deshalb berufen sie sich auf diese Bibelstelle. Aber sie wollen damit zugleich den Glauben an die Auferstehung lächerlich machen durch die Frage, mit wem von den sieben Brüdern die Frau in bzw. nach der Auferstehung verheiratet sein werde.

An dieser Stelle des Gesprächs bescheinigt Jesus den Sadduzäern zum ersten Mal, dass sie irren. Inwiefern? Jesu Begründung lautet: „Wenn sie von den Toten auferstehen werden, so werden sie weder heiraten noch sich heiraten lassen." Diese Antwort ist nicht sehr überzeugend, denn es geht ja nicht darum, ob Menschen in der Auferstehung *hei-*

raten oder *geheiratet werden*. Das sind bzw. waren sie ja schon, und zwar in diesem Fall sieben Mal. Es geht vielmehr um die Frage, welche dieser sieben Ehen, die alle vollzogen wurden, aber kinderlos blieben, in der Auferstehung *gilt*. Auf diese Frage gibt Jesus keine Antwort.

Stattdessen gibt er aber eine viel tiefgründigere Antwort, für die er sich nicht auf eine gesetzliche Norm wie die Schwagerehe bezieht, sondern auf einen der zentralsten Texte des Alten Testaments: auf die *Selbstvorstellung Gottes* an Mose am brennenden Dornbusch, (die wir vorhin als Schriftlesung gehört haben). Aus dieser Schriftstelle können wir – wie Jesus sagt – die Schrift und die Kraft Gottes kennenlernen; denn hier begegnet Gott selbst einem Menschen und *gibt sich zu erkennen*, und zwar als der Gott, dessen Macht *nicht durch den Tod begrenzt* ist. Sonst müsste man ja die Hoffnung auf die Auferstehung der Toten und das ewige Leben fallen lassen.

Aber *inwiefern* erkennt Jesus in diesen Worten der Selbstvorstellung Gottes die entscheidende Begründung für die Hoffnung auf die Auferstehung der Toten und das ewige Leben? Von beidem ist doch in den Worten Gottes gar nicht die Rede, wenn er sagt: „Ich bin der Gott Abrahams und der Gott Isaaks und der Gott Jakobs." Woran erkennt Jesus in dieser Selbstvorstellung Gottes die Begründung für die Hoffnung auf Auferstehung und ewiges Leben? Jesus selbst erläutert das durch die Worte: „Gott ist nicht ein Gott der Toten, sondern der Lebenden." Isoliert betrachtet, könnte man diesen Satz so verstehen, als wollte Jesus sagen: Mit den Toten hat Gott nichts mehr zu tun. Er ist nur ein

Gott der Lebenden und für die Lebenden. Wenn *das* seine Meinung wäre, dann würde er den Sadduzäern nicht widersprechen, sondern ihnen völlig recht geben: Mit dem Tod ist alles aus.

Aber Jesus sagt ausdrücklich nach diesem Satz noch einmal zu den Sadduzäern: „Ihr irrt sehr." Also hat er ihnen mit seinen beiden letzten Sätzen nicht recht gegeben, sondern massiv widersprochen. Aber inwiefern? Wenn Jesus aus der Selbstvorstellung Gottes die bekannten Worte zitiert: „Ich bin der Gott Abrahams und der Gott Isaaks und der Gott Jakobs", dann weiß jeder Jude und auch wir wissen es: Zu dem Zeitpunkt, an dem Gott sich Mose mit diesen Worten vorstellt, sind Abraham, Isaak und Jakob schon *längst tot*. Und trotzdem sagt Gott nicht zu Mose: Ich *war* der Gott Abrahams und Isaaks und Jakobs (als sie lebten), sondern er sagt: „Ich bin es". An diesem „Ich bin" Gottes – bezogen auf Abraham, Isaak und Jakob – hängt bei der Begründung Jesu *alles*, aber auch wirklich *alles*. Denn das heißt: Gott ist und bleibt der Gott der Menschen, deren Gott er einmal war, und er bleibt es auch über die Grenze des Todes hinaus. Und darum gibt es eine Auferstehung der Toten und ein ewiges Leben. Man könnte auch sagen: Und darum gibt es für jeden Menschen, der an Gott glaubt, ein ewiges Leben, in dem er unbegrenzt mit Gott verbunden ist und bleibt. Und dieses Bleiben in der Gemeinschaft Gottes über den Tod hinaus können wir als „Auferstehung der Toten" bezeichnen.

Was Jesus da in schlichten, kurzen, einfachen Sätzen sagt, ist eine überzeugende und beglückende Begründung für den Glauben an das ewige Leben, das schon im Glauben hier und jetzt beginnt (Joh 5,24) und durch den Tod nicht begrenzt oder beendet wird. *So* werden wir durch den Tod hindurch und über den Tod hinaus mit Gott und auch als Menschen untereinander verbunden sein und bleiben.

Aber *ein* Gedanke muss hier noch hinzugefügt werden, damit kein Missverständnis entsteht: Dass es dieses durch den Tod nicht abgebrochene ewige Leben gibt, diese Gottesbeziehung, die in Ewigkeit bleibt, beruht ganz auf der Initiative *Gottes. Er* ist ein Gott der Lebenden, weil er mit ihnen Gemeinschaft haben will. Das ist und bleibt Gottes Gabe und Geschenk an uns, das müssen wir uns nicht erst verdienen.

Martin Luther hat das in seiner großen Vorlesung über das 1. Buch Mose so ausgedrückt: „Wo also und mit wem Gott redet, sei es im Zorn oder in der Gnade, der ist gewiss unsterblich. Die Person des redenden Gottes und das Wort zeigen an, dass wir solche Kreaturen sind, mit denen Gott bis in Ewigkeit und auf unsterbliche Weise reden will." (WA 43,481,32–35) Wenn Gott aber mit uns bis in Ewigkeit und auf unsterbliche Weise reden will, dann zeigt sich auch dadurch, dass er „nicht ein Gott der Toten, sondern der Lebenden" ist.

Lieder: EG 526,1–4; EG 370,1.10–12; EG 533,1–3; EG 345,1–3
Wochenpsalm: 102
Schriftlesungen: 2. Mose 3,5–8a.13–15 und Römer 8,38–39

Amen

Liebe Gemeinde,

kürzer als im heutigen Gottesdienst kann ein Predigttext kaum sein. Er besteht aus einem einzigen Wort, das nur vier Buchstaben hat: „A – m – e – n". Solche Kürze hat meist die erfreuliche Folge, dass man sich einen solchen Predigttext gut merken kann.

Viel *bekannter* als das Wort „Amen" kann ein Predigttext auch kaum sein, kommt dieses Wort doch in der Bibel an fast 100 Stellen und in jedem Gottesdienst mehrfach vor: „so sicher wie das Amen in der Kirche" – wie es sprichwörtlich heißt. Und wahrscheinlich erinnert sich mancher noch aus Kindertagen, wie sehnlich man oft das „Amen" als Abschluss der Predigt erwartet hat – und vielleicht nicht nur in Kindertagen, obwohl heutzutage und hierzulande die Predigten ja wesentlich kürzer geworden sind.

Das Amen scheint so etwas wie ein feierliches Schlusszeichen zu sein, gleichbedeutend mit „Ende", „Schluss", „aus", „vorbei", „fertig". Aber das ist *nicht* der Sinn des Wortes „Amen"! Auch wenn uns das aufgrund unserer liturgischen Praxis und Gewohnheit oft so erscheint, trifft diese Deutung von „Amen" den Sinn und die Bedeutung dieses hebräischen Wortes *überhaupt nicht*. Das zeigt sich schon daran, dass Jesus dieses Wort (einfach oder doppelt) gerne als *Beginn* seiner Worte verwendet hat: „Amen, amen ich sage euch ...". Martin Luther hat das „Amen" an diesen Stellen mit „Wahrlich" übersetzt. Das führt auf die richtige Spur. In dem Wort „Amen" steckt „wahr sein", „fest sein", „zuverlässig sein". Die zugehörigen Substantive bedeuten: „Wahrheit", „Glaube", „Gewissheit" und „Vertrauen".

Deshalb ist das „Amen" seinem Wortsinn nach eine *Bekräftigung* von etwas, das gesagt wird oder gesagt wurde, sei es die Bekräftigung einer *Aussage* („Ja, so ist es!" „Dem stimme ich ausdrücklich zu!") oder die Bekräftigung einer *Bitte* („So möge es sein!" „So soll es geschehen!"). Deswegen hat das „Amen" am Ende eines Glaubensbekenntnisses oder eines Gebets einen guten Platz. Es ist ein Ausdruck der Bekräftigung dessen, was man soeben bekannt hat, oder ein Einstimmen in das Gebet und Ausdruck der Zuversicht der Erhörung.

Wir können es noch einfacher und zugleich anspruchsvoller formulieren: Das Amen ist *Ausdruck des Vertrauens*. Und darum kann man das „Amen" als ein „Grundwort des Glaubens" bezeichnen. In diesem einfachen, kleinen Wort findet das Vertrauen auf Gott konzentrierten Ausdruck. Darin spricht ein Mensch – sei es mit Festigkeit oder mit Zittern und Zagen, mit dankbarer Gewissheit und Freude oder begleitet von Anfechtung und Zweifel – das aus, worauf er im Leben und Sterben vertrauen will, das, was er von Gott an Gutem und an Erfüllung erhofft.

Der früh verstorbene Marburger Theologe Henning Luther hat einmal gesagt: „Glauben heißt, unterwegs sein mit einer Verheißung". Beides ist daran wichtig: das

Unterwegssein, das Noch-nicht-fertig-sein, das Christsein im Werden, und die *Verheißung*, die uns auf diesem Weg begleitet und Wegweisung gibt.

Was der Inhalt dieser Verheißung ist, kommt in der ganzen Botschaft Jesu Christi zum Ausdruck. Und mit ihrem von Herzen kommenden „Amen" hängen Menschen sich an die Verheißungen, die Gott uns gegeben hat und immer neu zuspricht. Wer zu diesen Verheißungen „Amen" sagt, bringt das zum Ausdruck, was ihm vertrauenswürdig geworden ist und/oder worauf er seine Hoffnung setzt.

Das heißt aber: Mit dem Wort „Amen" *antwortet* die christliche Gemeinde auf eine gehörte Verkündigung. Und damit kommt noch ein zusätzliches Element hinzu: Wir hören die Verheißungen Gottes ja immer in *menschlichen* Worten, insbesondere in den Worten der Bibel, der Liturgie, der Predigt, der Seelsorge oder des Unterrichts. Und da stellt sich die Frage, ob wir in diesen menschlichen Worten die Stimme des dreieinigen Gottes, die Stimme des guten Hirten wiedererkennen, oder ob die Gebote und Verheißungen Gottes uns in einer fremden, verfälschten, irreführenden Gestalt begegnen.

Die Möglichkeit der Verfremdung, der Verfälschung, der Irreführung besteht immer und ist nie auszuschließen – auch nicht durch ein „unfehlbares Lehramt", von wem auch immer es in Anspruch genommen wird. Und genau hier gewinnt das „Amen" eine dritte Bedeutung: Es ist nicht nur *Bekräftigung* des Gehörten, nicht nur *Ausdruck* des Glaubens und der Zuversicht, sondern es ist auch ein *Urteil über die Lehre.* Das ist eine grundlegende Aufgabe, die allen Christenmenschen aufgrund ihrer Teilhabe am Allgemeinen Priestertum aufgetragen ist und die sie letztlich an niemand anderen delegieren können. Selbst dort, wo durch die Kirchenordnung vorgesehen ist, dass das „Wachen über der Lehre" zu den primären Aufgaben von Päpsten, Bischöfen, Dekaninnen und Synoden gehört, bleibt doch der Auftrag des „Wachens" *letztverantwortlich* bei der christlichen Gemeinde als der Gesamtheit derer, die den Ruf des guten Hirten gehört haben und seine Stimme kennen. Das wird dann auch praktisch akut, wenn Kirchenleitungen selbst einer Irrlehre anheimfallen, wie das im 3. Reich geschehen ist.

Vor einiger Zeit nahm ich in einer Landeskirche an einem Verabschiedungsgottesdienst für einen Dozenten aus einem Predigerseminar teil. Er selbst hielt die Predigt und sprach – befreit von der Last seines Amtes und seiner Verantwortung – mit Schwung und Kühnheit. Und die Gemeinde ging sichtbar und hörbar mit Freude und Begeisterung mit. Beim anschließenden Empfang äußerte einer der Redner sein Bedauern darüber, dass man heutzutage in der Kirche nicht (mehr) nach einer Predigt applaudieren könne, wie das zum Beispiel in der Alten Kirche Gang und Gäbe gewesen sei. Das hätte er an diesem Tag gerne getan. Der zuständige Kirchenpräsident nahm das in seinem Grußwort auf und sagte: „Ja, das könnten wir (wieder) einführen, aber dann müssen Sie auch zulassen, dass nach einer Predigt gepfiffen wird". Nun ist das Pfeifen zweifellos eine sehr rüde Form, seine Ablehnung und Kritik gegenüber einer Predigt zu äußern, aber grundsätzlich hat der

Kirchenpräsident damit natürlich Recht: Ein solches Echo, in dem das Urteil über die Lehre zum Ausdruck kommt, kann nicht nur zustimmend und bejahend sein – also ein: „Ja und Amen" –, sondern es muss auch kritisch und ablehnend ausfallen können – sozusagen als ein „Nein und Amen". Die christliche Kirche gebrauchte in ihrer Geschichte dafür in der Regel den griechischen Ausdruck „Anathema" oder das lateinische Wort „damnamus", und das heißt: „Wir verwerfen oder verurteilen diese Aussage".

Ich möchte Sie ermutigen, von diesem Recht und dieser Aufgabe, „alle Lehre und Lehrer zu beurteilen" (wie Martin Luther es genannt hat), Gebrauch zu machen. Und viele von Ihnen tun das, indem Sie nach dem Gottesdienst am Ausgang (wenn dazu Gelegenheit gegeben ist) mit kurzen Worten ein – meist positives – Echo geben. Fassen Sie sich ruhig ein Herz und bringen Sie auch Ihre *Fragen, Einwände und Kritik* Ihren Pfarrerinnen und Predigern gegenüber freimütig zum Ausdruck. Es muss ja nicht immer gleich im Anschluss an den Gottesdienst sein. Vielleicht ist es manchmal gut, das Gehörte noch einmal zu überdenken und zu überschlafen. Wir alle brauchen das Echo, die Kritik, die Zustimmung, also das Wachen über der Lehre. Insofern ist das „Ja und Amen" oder das „Nein und Amen" praktiziertes Allgemeines Priestertum. Davon könnten wir in unserer Kirche gerne etwas mehr haben.

Vielleicht kann ja auch von diesem Gottesdienst ein kleiner Impuls dazu ausgehen, dass diese bescheidene, aber deutliche Form der liturgischen Beteiligung und der kirchlichen Mitverantwortung durch das gesprochene oder verweigerte „Amen" wieder etwas lauter hörbar wird. An einigen Stellen im Gottesdienstablauf ist das ja vorgesehen: so am Anfang nach der trinitarischen Eröffnungsformel und nach dem „Ehr sei dem Vater", sowie im Schlussteil des Gottesdienstes nach dem Vaterunser in gesprochener Form und nach dem Aaronitischen Segen in gesungener Form.

Natürlich gibt es – je nach der örtlichen liturgischen Praxis – noch andere Orte im Gottesdienstablauf, an denen das gemeinsame „Amen" einen guten, sinnvollen Platz hat: etwa nach dem Kanzelsegen insbesondere nach der Predigt. Dort ist eigentlich der ideale Ort, um der Zustimmung oder dem Missfallen über eine Predigt Ausdruck zu verleihen. In diesem kleinen liturgischen Stück ist alles enthalten, was das Amen ausmacht: die Bekräftigung des Gehörten, die Zuversicht und Gewissheit des Glaubens, die persönliche Antwort auf die Zusage von Gottes Verheißung.

Aber *eines* bedeutet dieses „Amen" auch hier *nicht*: Es heißt nicht „Ende", „Schluss", „fertig", „aus". Es ist kein feierlicher Punkt, sondern ein feierlicher *Doppelpunkt*; denn mit der Botschaft des Evangeliums werden wir im Frieden hingeschickt an unseren Platz im Leben und auf den Weg, auf dem wir unterwegs sind mit Gottes Verheißung.

Und der Friede Gottes, der höher ist als alle Vernunft, bewahre unsere Herzen und Sinne in Christus Jesus

[ohne Amen des Predigenden, aber hoffentlich mit dem Amen der Gemeinde].

Lieder: EG 198,1–2; 316,1,3.5; 364,1.2.4; 344,9
Als Wochenpsalm: 1. Chronik 16,8–10.31–36
Schriftlesungen: Johannes 16,20–24 und 2. Korinther 1,18–22

ANHANG: REFORMATORISCHE TEXTE ZUM AMEN
(sprachlich leicht modernisiert)

Luthers Kleiner Katechismus, BSLK 515,13–18

Was heißt Amen? Dass ich soll gewiss sein, solche Bitten sind dem Vater im Himmel angenehm und werden erhört. Denn er selbst hat uns geboten, so zu beten, und verheißen, dass er uns erhören will. Amen, Amen, das heißt: Ja, Ja, so soll es geschehen.

Luthers Großer Katechismus, BSLK 690,13–46

Also hat uns Gott aufs kürzeste vorgelegt alle Not, die uns immer bedrängen mag, dass wir je keine Entschuldigung haben, das Beten zu unterlassen. Aber darauf kommt es an, dass wir auch lernen AMEN dazu zu sagen, das ist nicht zweifeln, dass es gewisslich erhört sei und geschehen werde; denn es ist nicht anders als eines unbezweifelten Glaubens Wort, der da nicht auf gut Glück betet, sondern weiß, dass Gott nicht lügt, weil er's verheißen hat zu geben. Wo nun solcher Glaube nicht ist, da kann auch kein rechtes Gebet sein. Darum ist's ein schädlicher Wahn derer, die also beten, dass sie nicht von Herzen ja dazu sagen und gewisslich schließen dürfen, dass Gott erhört, sondern bleiben in dem Zweifel und sagen: Wie sollte ich so kühn sein und rühmen, dass Gott mein Gebet erhöre? Bin ich doch ein armer Sünder etc. Das macht, dass sie nicht auf Gottes Verheißung, sondern auf ihre Werke und eigene Würdigkeit sehen, womit sie Gott verachten und Lügen strafen; weshalb sie auch nichts empfangen, wie Sankt Jacobus sagt: Wer da betet, der bete im Glauben und zweifle nicht; denn wer da zweifelt, ist gleich wie eine Woge des Meeres, die vom Winde getrieben und bewegt wird. Solcher Mensch denke nur nicht, dass er etwas von Gott empfangen werde. Siehe, so viel ist Gott daran gelegen, dass wir gewiss sein sollen, dass wir nicht umsonst bitten und dass wir auf keine Weise unsere Gebete verachten.

Heidelberger Katechismus, Antwort 129,

Amen heißt, das soll wahr und gewiss sein; denn mein Gebet ist viel gewisser von Gott erhört, als ich in meinem Herzen fühle, dass ich solches von ihm begehre.

Kurze Anleitung zur Erarbeitung von Predigten über biblische Texte

Der Normalfall einer christlichen Predigt ist die Auslegung eines biblischen Textes[1]. Dabei gibt die Ordnung der Perikopen (= Bibelabschnitte) in sechs Reihen durch das ganze Kirchenjahr (vom 1. Advent bis zum Totensonntag bzw. Gedenktag der Entschlafenen) für jeden Sonn- und Feiertag die Bibeltexte vor, über die jeweils gepredigt werden soll. Zusätzlich gibt es eine vollständige Reihe von sogenannten Marginaltexten, die zu den sechs Perikopenreihen eine Ergänzungsmöglichkeit bieten. Auch dadurch wird deutlich, dass die durch die Perikopenordnung vorgegebenen Predigttexte für die jeweiligen Sonn- und Feiertage ein *Soll*, aber kein *Muss* darstellen. Für manche Predigttexte ist man im Moment einfach (noch) nicht reif.

Es gibt jedoch mindestens zwei gute Gründe dafür, sich nach Möglichkeit an die Perikopenordnung zu halten. Zum einen dient die Perikopenordnung als Ganze dazu,

---

[1] Neben diesem Normalfall gibt es mindestens zwei Sonderfälle: die Predigt über einen anderen *Text*, z. B. über das Glaubensbekenntnis oder ein Gesangbuchlied (siehe in diesem Band den Silvestergottesdienst) oder über ein *Thema*, das durch das Kirchenjahr (z. B. das Gedenken an die Reformation) oder durch ein zeitgeschichtliches Ereignis (z. B. das Gedenken an das Ende des Zweiten Weltkriegs) vorgegeben ist. Zu diesen klassischen Sonderfällen sind in den zurückliegenden Jahrzehnten Predigten über *Filme* hinzugekommen, die oft beachtliche Resonanz finden.

die christliche Botschaft möglichst *umfassend* zu Gehör zu bringen, d. h. zugleich, Einseitigkeiten und Lücken möglichst zu vermeiden.[2] Zum anderen *verbindet* die Ordnung der Perikopen die evangelischen Kirchengemeinden untereinander auch über die unvermeidliche räumliche Trennung hinweg, wenn in den unterschiedlichen Gemeinden über denselben Text[3] gepredigt wird. Im Idealfall ermöglicht das im Anschluss an die Gottesdienste einen anregenden, gewinnbringenden Austausch der Gemeindeglieder über ihre (unterschiedlichen) Predigteindrücke zu demselben biblischen Text.

Die folgende kurze Anleitung konzentriert sich aus den genannten Gründen auf das Predigen über *biblische Texte*. Das schließt nicht aus, dass sich manches – unverändert oder verändert – auch auf Predigten über andere Texte, über kirchliche Feiertage, über Themen, über Filme usw. übertragen lässt. Aber das Besondere der biblischen Texte liegt darin, dass sie *kanonischen* Charakter haben. Das heißt, sie sind Teile der Heiligen Schrift, die für die christliche Verkündigung und Lehre der verbindliche

---

2 Dieses Ziel der Perikopenordnung hat für die einzelne Predigt zugleich eine *entlastende* Funktion. Die Predigenden stehen nicht unter dem Erwartungsdruck, in jeder Predigt *das Ganze* der christlichen Botschaft zu verkündigen. Dieses Ziel kann und soll nur durch die Gesamtheit der Predigten im Kirchenjahr und in den sechs Perikopenreihen verfolgt werden.

3 Dieser Verbundenheit der Gemeinden untereinander dienen aber nicht nur die Predigten über dieselben Perikopen, sondern ebenso die Schriftlesungen, die Wochensprüche, die Wochenpsalmen und die (Wochen-)Lieder der jeweiligen Sonntage, die ihnen ein charakteristisches liturgisches Gepräge geben (das sogenannte Proprium).

Maßstab ist. Der biblische Kanon hat sich dem frühen Christentum als *maßgebliches* (prophetisches und apostolisches) *Zeugnis von der Selbstoffenbarung Gottes* in Jesus Christus durch den Heiligen Geist erwiesen. Die Bibel verdankt ihre normative Bedeutung weder einer eigenständigen göttlichen Textoffenbarung noch einer willkürlichen kirchlichen Entscheidung, sondern dem von ihr bezeugten *Inhalt*, also der Selbstoffenbarung des dreieinigen Gottes. Dieses biblische Zeugnis ist im Geist dieses Inhalts verfasst worden (aus Glauben) und will in diesem Geist verstanden und ausgelegt werden (zum Glauben). Das ist auch der unaufgebbare Wahrheitsgehalt der schon in der Bibel (2. Tim 3,16) angelegten *Inspirationslehre.*

Deshalb stehen wir, wenn wir Bibeltexte auslegen, vor der Aufgabe, den Inhalt der biblischen Botschaft zu erfassen und in eigenen Worten auszudrücken. Die Bibel ist aber ursprünglich in Sprachen geschrieben, die nicht die unsrigen sind: in Hebräisch, Aramäisch und Griechisch. Zum Glück verfügen wir über zahlreiche sehr gute Bibelübersetzungen in unsere Sprache. Die älteste und sprachlich genaueste ist wohl die Zürcher Übersetzung, die 1531 erschien, 1987 bis 2007 nach dem Urtext erneut übersetzt wurde und seit 2008 in 2. Auflage zugänglich ist. Die sprachlich schönste und vertrauteste Übersetzung ist nach allgemeiner Überzeugung die von Martin Luther, die 1534 vollständig erschien und 1984 vorläufig zum letzten Mal revidiert wurde.[4] Die verständlichste und mit den besten

---

4 Für 2017 ist eine erneute Revision in Aussicht gestellt.

Erläuterungen versehene Übersetzung war seit 1997 die „Gute Nachricht" und ist nun die „BasisBibel", von der im Jahr 2012 das Neue Testament und die Psalmen veröffentlicht wurden.[5]

Es ist empfehlenswert, diese Übersetzungen zur Hand zu haben und vergleichend heranzuziehen, wenn man eine Predigt über einen Bibeltext vorzubereiten hat. Noch dichter kann man jedoch an den Urtext herankommen mit Hilfe der Interlinearübersetzung, die es (gut erschwinglich) für das Neue Testament[6] und (kaum erschwinglich) für das Alte Testament[7] gibt.

Und dann beginnt die eigentliche Erarbeitung der Predigt – *spätestens eine Woche* bevor sie zu halten ist – mit dem mindestens zweimaligen, möglichst lauten *Lesen* der Perikope. Schon bei dieser Erstbegegnung mit dem Predigttext sind drei Fragen hilfreich:

1. In welchem biblischen und liturgischen Kontext ist die Perikope verortet? D. h. inwiefern werfen die vorangehenden und nachfolgenden Textabschnitte ein Licht auf die Botschaft des Textes[8], und was besagt die Verortung einer bestimmten Perikope im Kirchenjahr?[9]

---

5   Die Übersetzung des restlichen Alten Testaments als Teil der BasisBibel ist in Vorbereitung. Eine komplette Vorgängerin der BasisBibel ist die „Gute Nachricht" als „Bibel in heutigem Deutsch", Stuttgart (1997) 2000. Sie ist ebenfalls noch lieferbar.

6   Das Neue Testament. Interlinearübersetzung Griechisch-Deutsch, übersetzt von Ernst Dietzfelbinger, Witten (1986) 2012[9].

7   Das Alte Testament, Interlinearübersetzung, Hebräisch-Deutsch, von Rita Maria Steuer, Bd. 1–5 Witten/Stuttgart/Holzgerlingen (1989/90), 2003[4]/2014[3].

2. Was spricht mich an diesem Bibeltext persönlich an? Nur diese Frage kann vermeiden, dass die Predigtvorbereitung *desinteressiert* geschieht und damit den Bezug zu dem in dem Text bezeugten Inhalt von vornherein verfehlt.

3. Wo habe ich Schwierigkeiten, diesen Text zu verstehen und ihm zuzustimmen? Damit wird die Aufmerksamkeit bewusst auf die *sperrigen* Elemente des Textes gelenkt, die in der Regel auch aus der Sicht der Hörer so empfunden werden. Wenn man diese Probleme nicht übergeht oder überspielt, sondern sich ihnen stellt, erweisen sie sich oft als besonders fruchtbare Elemente.

Die Antworten auf diese Fragen sind mir jedenfalls wichtiger als die sich oftmals sofort einstellenden *Predigteinfälle* zum Einstieg oder zur anekdotischen Auflockerung der Predigt. Diese kann man, wenn sie denn kommen, zusammen mit den ersten Antworten auf die drei Sachfragen notieren, man sollte sich aber nicht an sie klammern. Ich habe gelegentlich die Erfahrung gemacht, dass solche Einfälle faktisch nicht gut zum Predigttext passten und dann

---

8 Ein eindrucksvolles Beispiel hierfür sind die biblischen Kontexte der drei Leidensankündigungen Jesu im Markusevangelium (Mk 8,31; 9,31 und 10,32 f.), denen jeweils ein Textabschnitt folgt, in dem einzelne Jünger das Leiden Jesu verhindern wollen oder sich mit ihren Herrschaftswünschen im Reich Gottes nach vorne drängen. Deutlicher kann man das Unverständnis und die Abwehrhaltung der Jünger gegenüber der Kreuzesbotschaft kaum zum Ausdruck bringen.

9 Ein theologisch ergiebiges Beispiel hierfür ist die Platzierung der Erzählung vom Einzug Jesu in Jerusalem sowohl am Beginn der Adventszeit als auch am Beginn der Karwoche (siehe dazu die Predigt zum 1. Advent in diesem Band).

die Arbeit an der Predigt eher behinderten als förderten, manchmal sogar blockierten. Und dann ergab sich die Notwendigkeit, in der Nacht vom Samstag auf den Sonntag, wo sich solche Blockaden ungehindert zu Wort meldeten, die Predigt ganz neu zu erarbeiten. Keine schöne Erfahrung!

Wenn man die Möglichkeit dazu hat, empfiehlt es sich, den aufgeschlagenen Bibeltext während der Zeit der Vorbereitung in *Sichtweite* liegen zu haben. Man wird dann immer wieder einmal in ihn hineinschauen oder ihn erneut ganz durchlesen – und dabei immer wieder einmal neue Entdeckungen machen. Hingegen ist es nicht zu empfehlen, über viele Tage oder gar Wochen hindurch *kontinuierlich* an der Predigtvorbereitung zu arbeiten. Man sollte – nach einer intensiven Anfangsbegegnung – den Text eine Zeit lang *ruhen* und *gären* lassen. Diese Einsicht ist mir zunächst bei der Beschäftigung mit der Hirn- und Schlafforschung, sodann in der Begegnung mit dem Gleichnis von der selbstwachsenden Saat (Mk 4,26–29) bewusst geworden[10] und wurde durch meine persönliche Erfahrung nachträglich bestätigt.

Aus der Schlafforschung ist bekannt, dass unser Gehirn während des Schlafs verschiedene Phasen durchläuft, in denen es teilweise hochaktiv ist und wichtige Aufgaben bei der Verarbeitung geistiger Probleme und bei der Gedächt-

---

[10] Die Ergebnisse dieser beiden unterschiedlichen Begegnungen habe ich erstmals veröffentlicht in dem Aufsatz: „Hirnforschung und Predigtarbeit. Beobachtungen, Überlegungen und praktische Konsequenzen", in: Praktische Theologie. Zeitschrift für Praxis in Kirche, Gesellschaft und Kultur, 47/2012, Heft 2, S. 108–117.

nisspeicherung erledigt. Dabei hat sich experimentell gezeigt, dass beim Vergleich zwischen mehreren Probanden(gruppen), die sich mit geistigen Problemen zu beschäftigen hatten, nicht diejenigen die besten Ergebnisse erzielten, die kontinuierlich an den Problemen arbeiteten. Viel erfolgreicher waren diejenigen, die sich – nach einer kurzen, intensiven Anfangsphase – mit anderen Aufgaben bzw. Themen beschäftigten und erst kurz vor dem Lösungstermin Bilanz machten und dabei dann die Ernte einbrachten. Wichtig waren hierbei nicht nur Unterbrechungsphasen bei der gezielten Arbeit am Thema, sondern auch ausreichende Schlafphasen.

Spätestens da fielen mir zwei Bibeltexte ein, von denen einer ein geflügeltes Wort geworden ist und oft mit einem spöttischen Unterton verwendet wird: „Den Seinen gibts der Herr im Schlaf".[11] Diese allgemeine Erfahrung, wie Gottes Segen wirkt, wird in Jesu Reich-Gottes-Verkündigung im Gleichnis von der selbstwachsenden Saat aufgenommen und zum *Kommen der Gottesherrschaft* in enge Beziehung gesetzt.[12] Dass der Mensch im Gleichnis „Samen aufs Land wirft und schläft und aufsteht, Nacht und Tag" (Mk 4,26 f.) verweist auf einen geistlichen Zusammenhang zwischen dem Geschehen von Säen, Wachsen und Ernten sowie von Schlafen und Wachen, der für die Predigtvorbereitung von

---

[11] Der Satz stammt aus Psalm 127,2 und heißt wörtlich: „seinen Freunden gibt er es im Schlaf".

[12] Siehe dazu in diesem Band die erste Predigt zum Sonntag Sexagesimae: „Automatisch".

unmittelbarer Bedeutung ist bzw. sein kann. Dabei wäre die darin enthaltene Botschaft völlig missverstanden, wenn man sie als ein Plädoyer für „Schlaf *statt* Predigtvorbereitung" interpretierte, während es in Wirklichkeit um „Predigtvorbereitung (auch) *durch* Schlaf" geht.

Das in Klammern gesetzte „auch" darf freilich – auch im Sinn des Gleichnisses – nicht eliminiert werden. Es kommt vielmehr auf den geordneten *Wechsel* und das *Zusammenspiel* zwischen der schlafenden und der hellwachen Beschäftigung mit dem „Saatgut", sprich: dem Predigttext, an. Und diese wache Phase sollte – individuell unterschiedlich – zwei bis drei Tage vor dem Predigttermin ihren Ort haben. Dabei geht es dann vor allem darum, die zwischenzeitlich entdeckten Fragen und Antworten, klärungsbedürftigen Probleme und sich einstellenden Einsichten zu sichten und zu ordnen. Das ist der Ort für die exegetische und dogmatische bzw. systematische Durchdringung des Predigttextes. Dabei kommt es meiner Erfahrung nach häufig zu einer erneuten intensiven Begegnung mit dem Bibeltext, bei der mir bewusst wird, was ich anfangs übersehen bzw. überlesen hatte. Hier erweist sich oft auch der Blick in einen biblischen *Kommentar* oder eine allgemeinverständliche *Glaubenslehre* als hilfreich und fruchtbar. Bei alledem kristallisiert sich mehr und mehr heraus, was *die Botschaft des Bibeltextes* ist, die *sich* mir bei dieser Predigtvorbereitung erschließt und die bei

---

¹³ Vergleiche dazu in diesem Band die Predigt zum 2. Advent: „Gott ante portas."

mir gewissermaßen „anklopft" und „eingelassen werden will".[13]

In dem Zutrauen, dass das, was sich *mir* erschließt, auch etwas sein kann, das zumindest einige andere Predigthörer erreicht, mache ich mich dann an die Ausarbeitung der Predigt, die von dem *Zielpunkt* der Botschaft aus, also vom *Ende* her geschehen sollte. Dafür eignet sich die Leitfrage: Wo und wie sollte ich *beginnen* und in welchen Schritten sollte ich *vorangehen*, um zusammen mit den Zuhörenden den Weg zu dieser Botschaft mit möglichst wenigen Ablenkungen zu suchen und – so Gott will – zu *finden.* Dabei entdecke ich immer wieder, dass und wie sehr es sich lohnt, den (manchmal kleinen) Spuren aufmerksam zu folgen, die in den Bibeltexten selbst vorhanden sind und sich zu sehen geben.

Ich predige in der Hoffnung und Zuversicht, dass die Predigttexte uns unsere Lebenswirklichkeit im Licht des Evangeliums so zu sehen geben, dass wir dadurch unser Leben und unsere Welt deutlicher wahrnehmen, besser verstehen, getroster annehmen und tatkräftiger gestalten können. Dabei halte ich es für wichtig, dass die Predigten und Gottesdienste *nicht* primär Orte für *Verhaltensappelle* sind,[14] sondern Orte für *Einsichten,* die sich bewähren und *darum* Verhaltensorientierung bewirken.[15]

---

[14] Die wird man auch im vorliegenden Predigtband nur selten finden und darum möglicherweise *vermissen.* Aber das ist kein Versehen, sondern meinem Verständnis des Evangeliums geschuldete *Absicht.*

[15] Ich habe in dieser Hinsicht viel von dem gelernt, was der Kieler Praktische Theologe Reiner Preul „deskriptiv predigen" nennt. Vgl. dazu Preuls im-

Ob eine Predigt Wort für Wort ausgeschrieben und im Gottesdienst abgelesen wird, oder ob sie nur in ihrem Grundriss und Aufbau skizziert und dann mehr oder weniger frei vorgetragen wird, hat auch in erheblichem Maß mit der persönlichen Veranlagung und den rhetorischen Fähigkeiten zu tun. Mir ist jedenfalls im Laufe meines Prediger- und Theologenlebens bewusst geworden, dass man die Vorliebe für die freie Predigt nicht als Empfehlung oder gar als Forderung verallgemeinern darf, und dass abgelesener Sinn besser ist als frei formulierter Unsinn. Dass die Gabe der freien Rede den Vorteil hat, bei den Zuhörenden den Eindruck zu erwecken, der Prediger sage nur das, wovon er selbst überzeugt sei, was er also *glaube,* das ist wohl richtig, aber es wird denen nicht gerecht, die ihre Predigten mit großer sprachlicher Gründlichkeit ausarbeiten und dann auch so vorlesen.

Dem will ich abschließend nur noch *einen* Gedanken anfügen. Er hat damit zu tun, wie wir die letzten Stunden und Minuten vor dem Gottesdienst und der Predigt verbringen. Als Pastorensohn und regelmäßiger Kirchenbesucher weiß ich, dass insbesondere Pfarrerinnen und Pfarrer unmittelbar vor dem Gottesdienst vielen Ablenkungsfak-

---

mer noch lesenswerten Programmaufsatz: „Deskriptiv predigen! Predigt als Vergegenwärtigung erlebter Wirklichkeit", in: ders., Luther und die Praktische Theologie. Beiträge zum kirchlichen Handeln in der Gegenwart, Marburg 1989, S. 84–112. Eine Fortschreibung dieses Ansatzes findet sich in Preuls Aufsätzen zur Kirchentheorie, die 2008 bei der Evangelischen Verlagsanstalt Leipzig unter dem Titel: „Die soziale Gestalt des Glaubens" veröffentlicht wurden, dort vor allem auf S. 269–287.

toren ausgesetzt sind: letzten Hinweisen zu den Abkündigungen oder Mitteilungen und Anfragen zum Gemeindeleben in der bevorstehenden Zeit. Ich erlebe das, wo es mir widerfährt, als eine *Zerstreuung*, die dem Gottesdienst und der Predigt nicht gut tut. Deshalb versuche ich, schon auf dem Weg zur Kirche, dann aber vor allem in den letzten Minuten vor dem Gottesdienstbeginn, mich so gut und konsequent wie möglich zu konzentrieren. Ich habe dafür die Sakristei als äußeren Ort und das Gebet als inneren Ort der *Sammlung* immer mehr zu schätzen und zu lieben gelernt.

Verzeichnis der Bibelstellen

Wilfried Härle, Dr. theol., Jahrgang 1941, ist Professor em. für Systematische Theologie. Er lehrte von 1975 bis 2006 an den Universitäten Kiel, Groningen (NL), Marburg und Heidelberg. Parallel dazu war er achtzehn Jahre lang Mitglied und zwölf Jahre lang Vorsitzender der Kammer für Öffentliche Verantwortung der EKD und drei Jahre lang Mitglied der Enquetekommission des Deutschen Bundestages für Ethik und Recht der modernen Medizin. Seit seiner Emeritierung ist er als Buchautor, Vortragsreisender und Seelsorger am Augustinum in Stuttgart-Killesberg tätig.

Ilze Ķezbere-Härle, Dr. theol., Jahrgang 1968, stammt aus Riga und studierte zunächst in ihrer lettischen Heimat Violine und Evangelische Theologie, bevor sie 2003 in Stuttgart ordiniert wurde und 2004 in Heidelberg im Fach Neues Testament promovierte. Sie war Klinikpfarrerin und Religionslehrerin und ist seit 2008 als Seelsorgerin am Augustinum Stuttgart-Sillenbuch sowie als Übersetzerin und Vortragsreisende tätig.